本書係「敦煌文獻系統性保護整理出版工程」項目成果

二〇二一—二〇三五年國家古籍工作規劃重點出版項目

「十四五」國家重點出版物出版規劃項目

國家古籍整理出版專項經費資助項目

法國國家圖書館藏

敦煌文獻

榮新江　主編

第 一 一 三 册

P.3381 ~ P.3404v

上海古籍出版社

# MANUSCRITS DE DUNHUANG CONSERVÉS À LA BIBLIOTHÈQUE NATIONALE DE FRANCE

# 113

P.3381 ~ P.3404v

Directeur

RONG Xinjiang

Les Éditions des Classiques Chinois, Shanghai

# DUNHUANG MANUSCRIPTS IN THE
# BIBLIOTHÈQUE NATIONALE DE FRANCE

## 113

### P.3381 ~ P.3404v

Editor in Chief

RONG Xinjiang

Shanghai Chinese Classics Publishing House

主　編　榮新江

編　纂　史睿　王楠　馮婧　范晶晶　付馬　陳瑞翾
　　　　沈琛　包曉悦　李昀　何亦凡　郝雪麗　毛秋瑾
　　　　嚴世偉　宛盈　袁勇　李子涵　李韞卓　忻然
　　　　路錦昱　徐偉喆　潘雪松　關子健
　　　　府憲展　曾曉紅　盛潔

支持單位　北京大學敦煌學研究中心

責任編輯　張褘琛

美術編輯　王楠瑩　嚴克勤

# 目録

Bibliothèque nationale de France

# Pelliot chinois 3381

秦婦吟一卷

中和癸卯春三月　洛陽城外花如雲　東西南北路人絕
綠楊悄悄香塵滅　路傍忽見如花人　獨向綠楊陰
下歇　鳳側鸞欹鬢腳斜　紅攢黛斂眉心折　借問
女郎何處來　含嚬欲語聲先咽　回頭斂袂謝行人　喪
亂漂淪何堪說　三年陷賊留秦地　依稀記得秦中事　
能為妾身陳亂狀　前後相隨見面時　西面官軍入匝圍
不語忽省街中鼓　含嚬斂鏡梳頭倚雕欄慵
正開金籠教鸚鵡　忽見塵頭起紅塵　家家走失親與眷
見自旗旌來匝地　扶嬴擁幼竟相呼　家戶蒼惶盡驚
隣走入北鄰藏　東鄰走向西鄰避　北隣諸婦咸相湊
户外崩騰如走獸　轟轟崐崐乾坤動　萬馬雷聲從地湧
涌火迷金星上九天　十二官街煙烘烔　日輪西下寒光白
帝無言空脈脈　陰雲暈暈日重圍　宮闕蒼茫暮烟起
紫氣潛隨帝座移　妖光暗射台星折　家家流血如泉
沸　處處冤聲動地哀　舞伎歌姬盡暗捐　嬰兒繦褓皆
生棄　東鄰有女眉新畫　傾國傾城不知價　長戈擁得
上雕鞍　迴首香閨淚盈把　旋抽金線學縫旗　才
知巧妙呈纖指　回鸞反袖地旋空　不解迴鸞空自舞
有女真仙子　一寸橫波剪秋水　粧成對鏡慵
紗門外事　天吼躍工金階斜祖半扉啟相見　
奴門少婦行相逗　旋開朱門紅粉粧下瓦　南隣有女　不記姓名　昨日良媒納
納紗瑠璃階下不聞行李聲　影急看　定陰陽力
刀鳴身首交橫在俄頃　仰天撥面哭一聲　女弟女兄同入井
北隣少婦行相促　旋拆雲鬟拭眉綠　已開鑿壁高門不
覽峰緣工重屋　漢史四面大光來　欲下迴槌

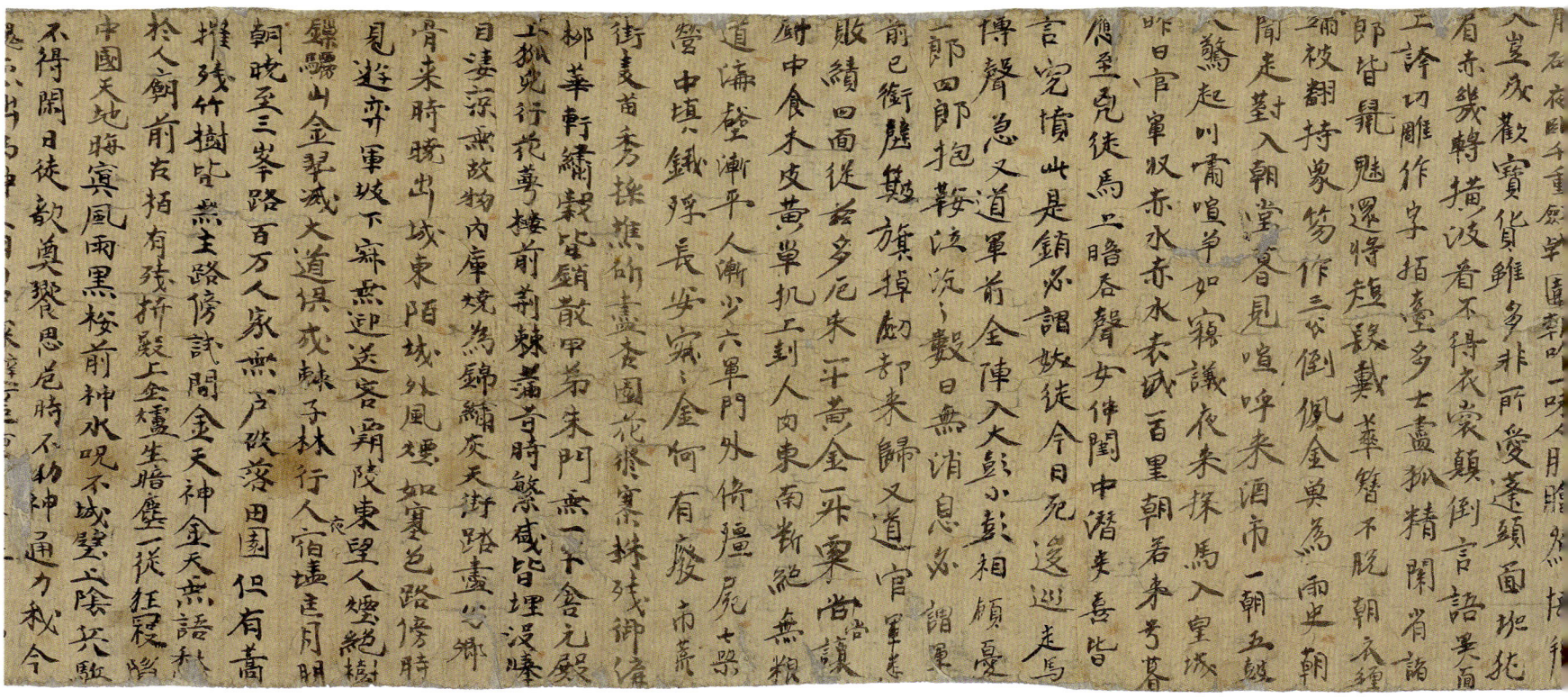

P.3381　秦婦吟（總圖）　（一）

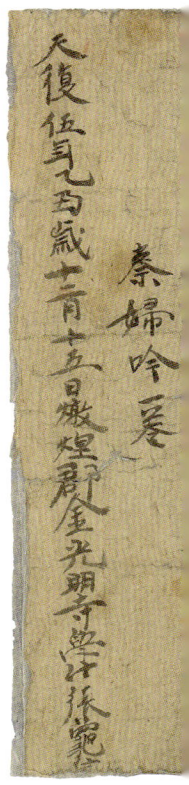

P.3381　秦婦吟（總圖）　（二）

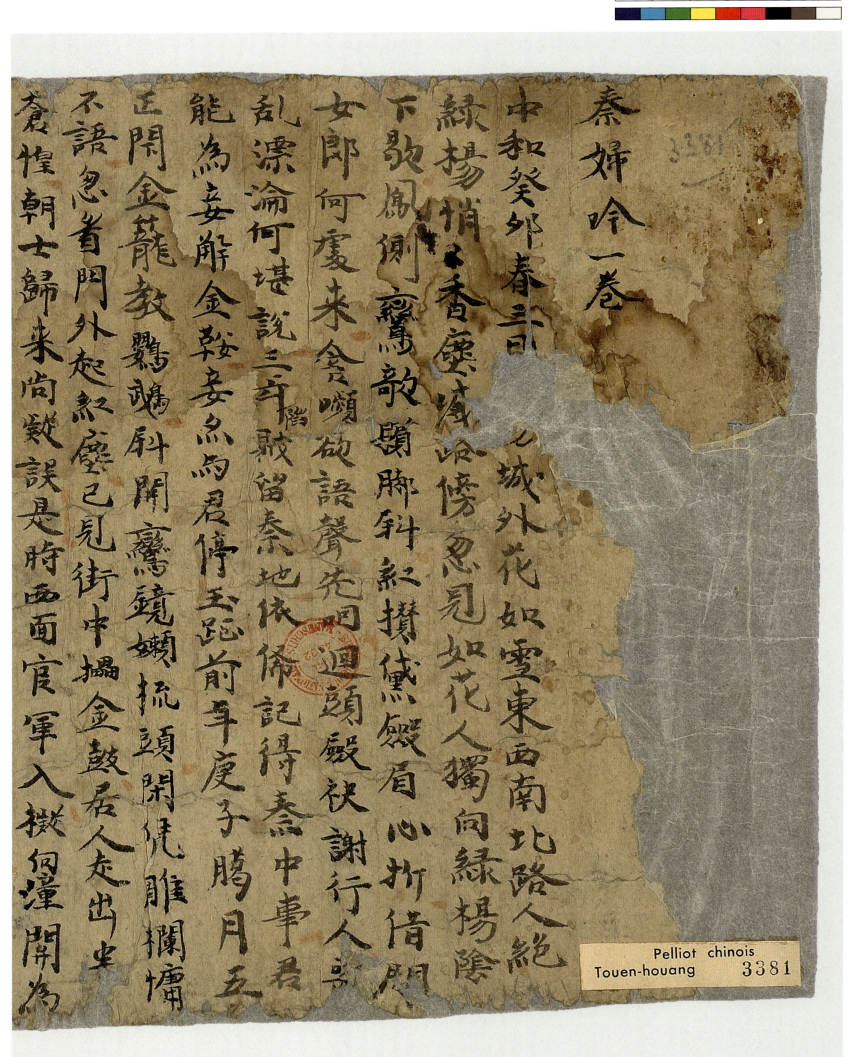

秦婦吟一卷

中和癸卯春三月□

綠楊悄悄香塵滅□城外花如雲東西南北路人絕

下敬鳳側鸞欹鬢腳斜紅攢黛斂眉心折借問

女郎何處來含嚬欲語聲先咽迴頭斂袂謝行人喪

亂漂淪何堪說三年陷賊留秦地依稀記得秦中事君

能為妾解金鞍妾亦為君停玉趾前年庚子臘月五

正閉金籠教鸚鵡斜開鸞鏡懶梳頭閑憑雕欄慵

不語忽看門外起紅塵已見街中擂金鼓居人走出半

倉惶朝士歸來尚疑誤是時西面官軍入擬向潼關為□

P.3381　　秦婦吟　　（10—1）

不語忽省門外起紅塵已見街中攔金鼓居人走出坐

奔惶朝士歸来尚疑誤是時西面官軍入橫衙謹開為

驚急皆言傳野相相持盡道賊軍来未及須更主

見白旗来迤地扶羸攜幼竟相呼上屋緣墻不知次南

父乗奔至下入門巘似醉適逢紫蓋吾家廬盡已

隣走入北隣藏東隣走向西隣避北隣諸婦咸相凑

戶外崩騰如走獸嶷嶷乾坤動萬馬雷聲從地

涌火迸金星上九天十二官街煙塵西下塞光白上

帝無言空脈脈陰雲暮軍氣若重圍宮者流星如血色

紫氣潛随帝座移妖兇暗射台星拆家家流血如泉

沸雲之兇聲動地無侯歌姬盡暗慎嬰覓雛女皆

生齊東陸有女眉新畫頃國傾城不知價長七纏衙

沸豪之竟聲～動地舞低歌姬盡暗擡纓嬰視維皆

生齊東隣有女眉新畫顏國傾城不知價長七攏海

工代車迴首香閣涙盈把旋抽金線學縫旗縷工

雕鞍敷走馬有時馬上良人不敢迴驕空涙下西隣

有女真仙子一寸橫波鷰秋水粧戎以對鏡中春斗紀不

敘門外事一天跳躍工金階斜祖半肩欲相耻牽衣不

肯出朱門怨粉香暗刀下死南隣有女不記姓昨回良媒新

納紗瑠璃階上不聞行非平聚簾間空見影忽者庭際刀

力鳴身首交離在俄傾仰天掩面哭一聲女弟女兒同入井

北隣少婦行相從旋拆雲鬟拭眉緑巳聞擊托壞高門不

覽舉緑工重屋頂吏四面火光來欲下迴擇～又摧煙中大

猶求救梁工懸屍巳作灰妾身幸得全刀鋸不敢跳蹰

迴顧庭先單寶～軍～盡長武眉出門茶～畫里汝不

P.3381　秦婦吟　（10—3）

覺拳緣上重屋頂更四面火光來欲下迴拔上又攀煙中大

叫猶求救梁上懸屍巴作灰妾身幸得全刀鋸不敢踟蹰

又迴顧旋梳蟬鬢逐軍行強展蛾眉出門春舊里從茲不

得歸六親自此無尋處一從隔賊經三載終日驚憂心

膽碎夜臥千重劍戟園朝喰一味人肝膽鴛鴦縱

人皇度歡寶貨雖多非所愛蓬頭面垢欲

眉赤幾轉描波者不得衣裳顛倒言語異面

工詐巧雕作字拓臺多士畫孤精開省諸

郎皆鼠魅還將短褐戴華簪不脫朝衣種

彌被翻持象笏作三台倒佩金魚為兩史朝

聞走對入朝堂暮見喧呼來酒市一朝五鼓

人驚起叫囂單如竄謗夜來探馬入皇城

P.3381　秦婦吟　（10—4）

聞走對入朝堂暮見喧呼来酒市一朝五鼓
人驚起叫嘯喧单如窺議夜来探馬入皇城
昨日官軍收赤水赤水去城百里朝若来昏暮
應至兒徒馬上暗吞聲女伴閨中潛羨喜皆
言寃憤此是銷咏謂妖徒今日死邊巡走馬
博聲急又道軍前金陣入大彭小彭相顧憂
二郎四郎抱鞍泣次〻數日無消息必謂軍
前已銜齟齬旗掉劍部来歸又道官軍去
敗績四面徒茲多厄朱平黃金一开栗當讓
尉中食木皮黃單扎二割人肉東南断絕無粮
道遍螢漸平人漸少六軍門外倚殭屍七崇

尉中食禾皮黄單扒工割人肉東南斷絶無粮

道邊壁壘漸平人漸少六軍門外倚殭屍七架

營中填鐵䃺長安寂寂金何有廢市荒

街麥苗秀揿燕所盡杏園花後寨林殘御溝

柳華軒繡轂半顛散甲芽朱門無一下舎兀殿

土狐兎行花夢樓前荆棘滿音時繁盛咸皆埋沒嶧

目凄涼無故物内庫燒為錦繡灰天街踏盡公卿

骨来時曉駕出城東陌城外風煙如塞邑路傍時

見遊弈軍坡下家無迎送客霸陵東望人煙絶樹

鞢驪山金翠滅大道俱戎棘子林行人宿墻近月明

朝晚至三峯路百万人家無户砍落田園但有蒿

驪山金翠滅大道俱戎棘子林行人宿墻違月明

朝晚至三峯路百万人家無一戶復落田園但有蒿

摧殘竹樹皆無主路傍試問金天神金天無語

於人廟前有殘折殿上金鑪生暗塵一從狂寇陷

中國天地晦寖風雨黑桜前神水呪不城壁上陰兵駈

不得閑日徒歆奠饗思苟胕不扐神通力秘今

槐愁地為神且向山中深避邌蹟中簫管不曾

聞遶三歲牲無霎覓咬教魔鬼傍鄉村誅剝

生靈過朝夕妾聞此語愁更愁天遣胕灾非自

由神在山中遶獨避難阿須之貞聖東諸侯前年又

出楊震開峯頭雲陰見荊山如從地府到人

間須臾覽待清天也闇夹州王師忠且貞不

由神在山中選遞避難何須望聖東諸侯前年又
出楊震關峰頭雲滲見荊山如從地府到人
間頻覺時清天地閑陝州王師忠臣貞不動于
聲朝攜寶貨無人問夜挿金釵唯獨行朝朝
弋惟守城蒲津主師能覺矢千里晏然無戶夫
又過新安東路工亢漿逢一翁蒼蒼面帶□答□廳□
隱隱身藏遂救中間□□□本是何鄉典□車□宴□
天霜路宿老翁竈起欺陳詞却坐交顏顏行
天央鄉園本貫東畿縣藏耕桑臨近旬歲
種良田二百廛与輪戶稅三千万小姑慣織褐袍
袍中婦能炒紅黍飯千間倉兮方絲箱黄□
□□□自爱作□□□□□□下□□□百夜巴兵

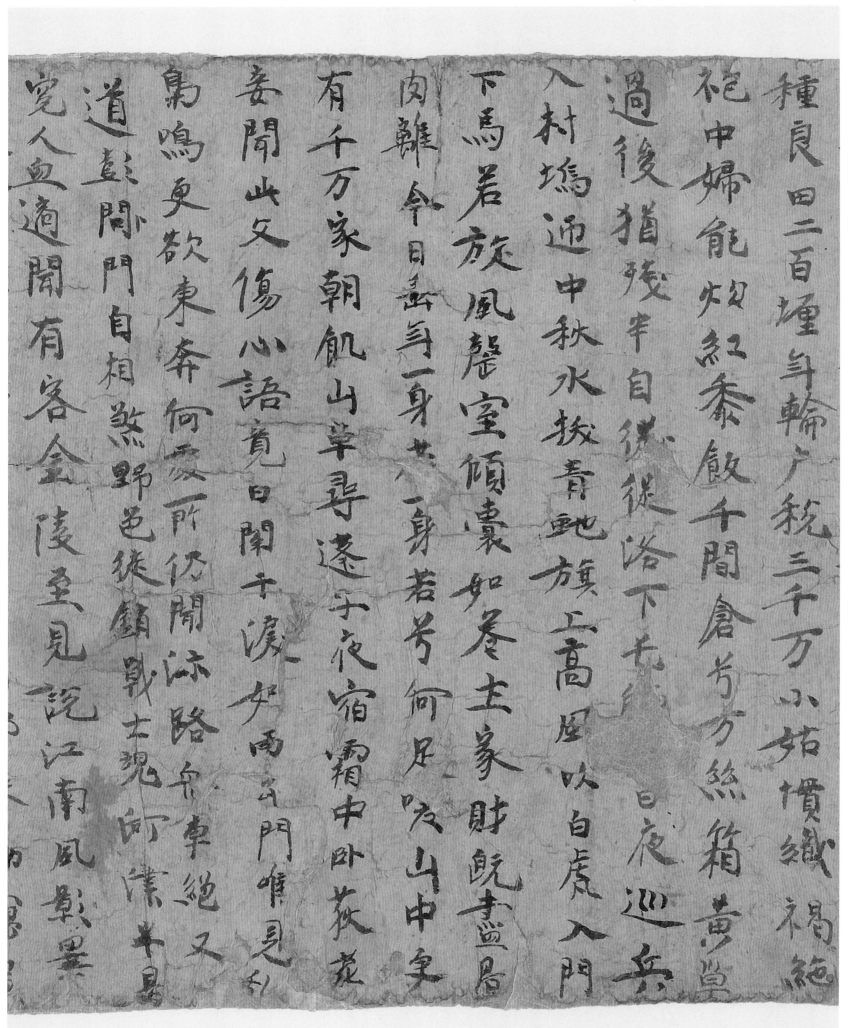

種良田二百輪广税三千万小姑慣織褐絁

袍中婦能炊紅黍飯千間倉芳粉絲箱黃亹

過後猶殘半自綵徙洛下夾㝵日夜巡兵

入村塢逆中秋水拔青虵旗工高屋吹白虎入門

肉離令目盡當一身若為何足吒山中更

下馬若旋風髣室傾臺如冬主豪財睍晝昏

有千万家朝飢山草尋遠于夜宿霜中卧荻花

妾聞此父傷心語竟日閑千溪夕兩五門惟恩刊

烏鳴更欲東奔何慶一所仍開沶路戰士覩又

道遙閡門自相煞野邑徙鎮戰兵車絕半裏

覔人血適閡有客金陵至見說江南風景墨

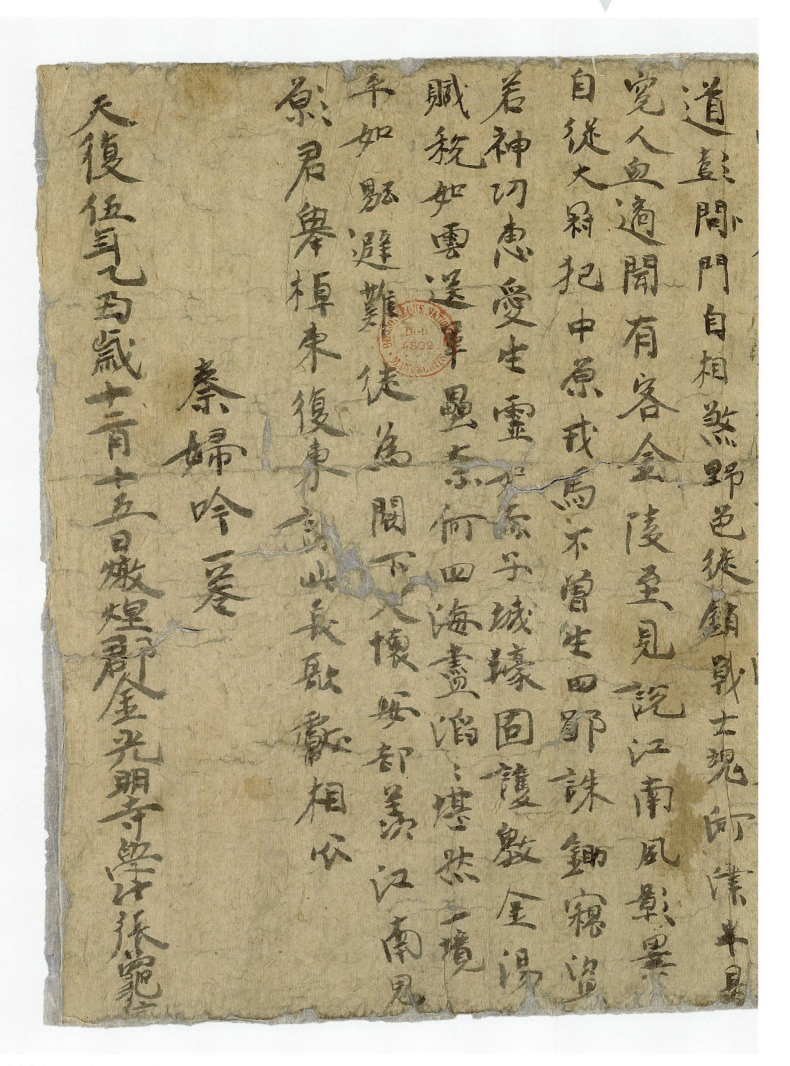

P.3381　　秦婦吟　　（10—10）

P.3381v　　秦婦吟習書（總圖）　　　（一）

P.3381v　　秦婦吟習書（總圖）　　　（二）

P.3381v　　秦婦吟習書　　（2—1）

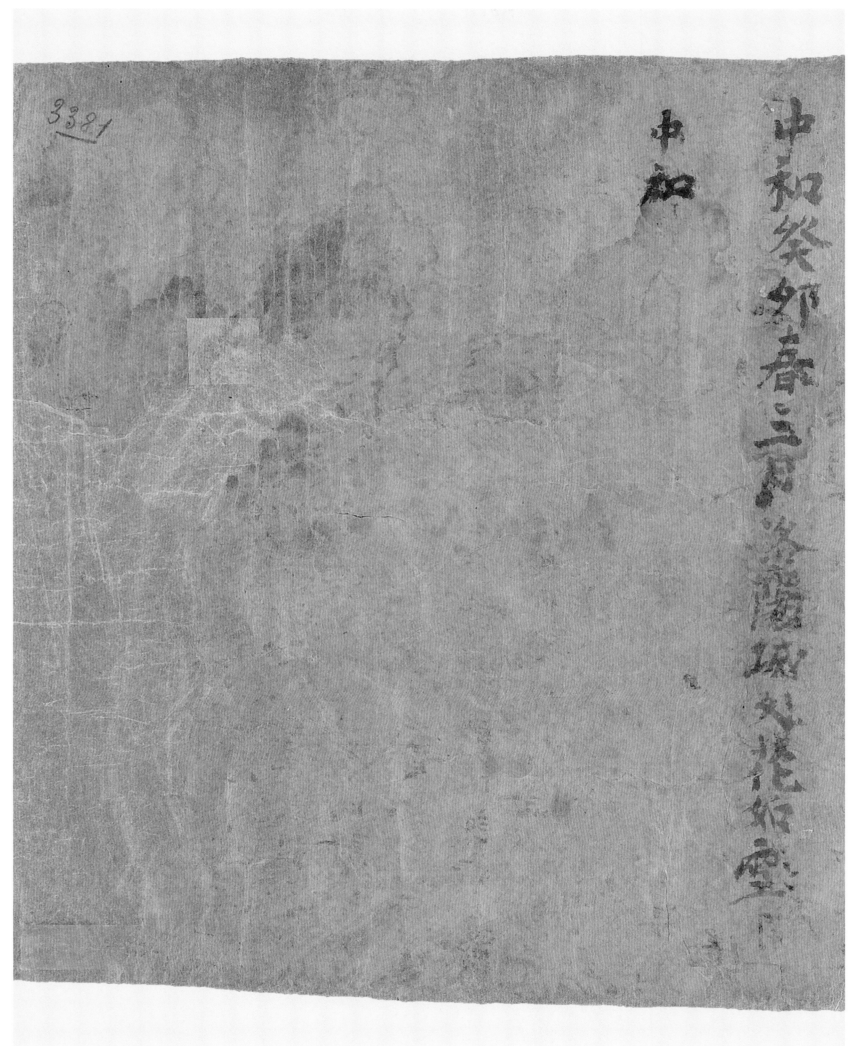

P.3381v　　秦婦吟習書　　（2—2）

# Pelliot chinois 3382

以順天下

先王見教之可以化天下也
故先之以博愛而民莫遺其親
陳之以德義而民興行
先之以敬讓而民不爭

道之以礼樂而民和睦
示之以好惡而民知禁

詩云赫赫師尹民具尓瞻

孝治章第八

子曰昔者明王
之以孝治天下也
不敢遺小國之臣
而況於公侯伯子男乎
故得万國之歡心
以事其先王

治國者不敢侮於鰥寡
而況於士民乎
故得百
姓之歡心以事其先君

治家者不敢失於臣妾
而況於妻子乎
故得人之歡心以
事其親

夫然故生則親
祭則鬼享之

是以天下和平
災害不生禍乱不作
故明王
之以孝治天下
也如此
詩云有覺德行四國順之

聖治章第九

曾子曰敢問聖人之德無以加於孝乎

P.3382　　　孝經注（總圖）

人之行莫大於孝

嚴父莫大於配天

昔者周公郊祀后

宗祀文王於明堂以

配上帝

則周公其人也

褥以配天

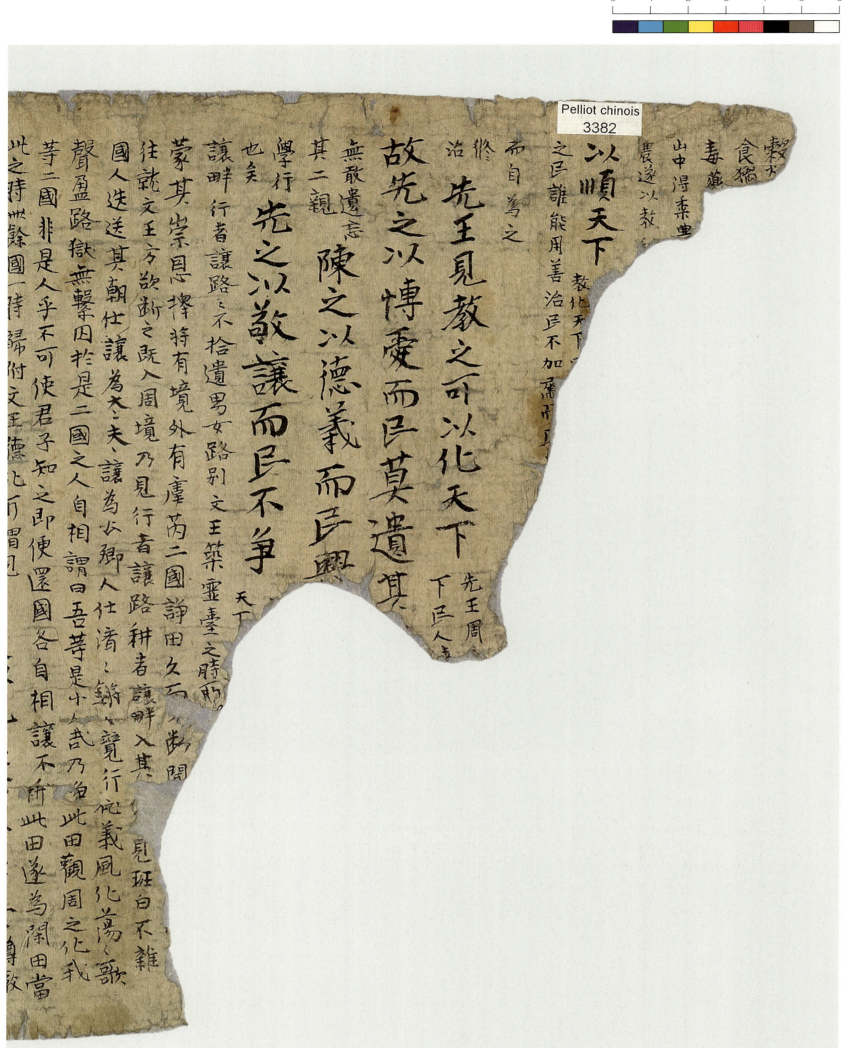

穀火
食豬
毒藥
山中得柔重
農遂以教

之臣誰能用善治民不加焉而

而自篤之

從

治

以順天下
教化天下

先王周

下臣人妻

天下

先王見教之可以化天下
故先之以博愛而民莫遺其

無敢遺忘
其二親

學行
先之以敬讓而民不爭

陳之以德義而民興

也矣
讓畔行者讓路之不拾遺男女路別文王築靈臺之時耶

蒙其崇恩擇持有境外有虞芮二國諍田久不能閒
往就文王方欲斷之既入周境乃見行者讓路入其
國人迭送其朝仕讓為大夫讓為公卿人仕清之辭
覽行恭義風化湯之化歌
聲盈路獄無繫囚於是二國之人自相謂曰吾等是小人武乃為魚此田藺周之化我
芋二國非是人乎不可使君子知之即便還國各自相讓不衒此田遂為閒田富
此之時世諍國一時歸附文王德化而胃見

見班白不雜

法國國家圖書館藏敦煌文獻

聲盈路獄無繫因於是二國之人自相謂曰吾
等二國非是人乎不可使君子知之即便還國各自相讓不衒此田遂為閑田當
此之時世無餘國一朝歸附文王德化而謂見
教人無不和營皆相親穆
以歆新樂以和性言先王用礼樂之道道
不敢為非有所畏罪也此法刱人民不敢惡有罪懲也
謂虗見善ー者貴之於朝以衆舉之惡者罰之㧞法之以衆人齊之見以流ー知禁

子者言詩赫ー天之盛明之狼詩玄書ー者政
詩玄赫ー師尹民具尒瞻 教也公仕衆有不尊敬者俱共瞻視之
其治人書行
李義也

子曰昔者明王 孝治章弟八

天下 子者夫子曰語辝昔者明王

不敢遺小國之臣 故昔時堯舜禹湯是也
也 小國謂男子之國郷大夫若以四春秋来
丞王命接之以礼 之以孝治天下 李道治
不敢遺忽之也 公地方百里侯地方 以用明王
王礼依封法之下臣来朝尚之接 七十里子男五十里文
下以礼既於公侯百子之貴者明須接也
礼㪅朝於上先王以礼接於下以是故ー 故得乃國之歡心 子男下
得万國衆人歡悅之心 言万國皆歡 言臣依

治國者不敢侮於 以事其先王 行李道故各以
其諸國方有琦来珍貢 言行李道故各
勸祭先王之一廟 治國者諸侯稱國之道尚不敢輕愓於鰥
於士ー三ー 寡ー而況 改得百

其諸國方有琦来珎貢
勳祭先王之廟

治國者不敢侮於鰥寡而況
於士民乎 治國者諸侯稱國之道尚不敢輕憬於鰥寡
孤獨之人而況於仕乎人也矣

姓之歡心以事其先君 文王依教誨以下百姓莫
不歡悦以時礼於先君 治家者

不敢失於臣妾之心而況於妻子乎
臣妾之心況能薄於妻子手當接之以礼之

事其親
歡悦眾人之心可以奉養二親 治家者猶由不失臣之心故知

安之 然猶能之用敬外用順於內不失能
養其二親安悦而無所憂

鬼者歸也言人死化精神上歸於天寔
下歸於地孝子四時祭祀鬺亨神靈應之也

災害不生禍乱不作
若有安害宫政敬遂臣曰乱國事靈

政教乎 物曰宫政敬遂臣曰乱國事靈
破曰禍乱無緣得起古昔明王陰陽和順寒暑隨時萬物故藥鳳

故得人之歡心以

故得百姓者
卿大夫稱家之士有

故明王
明王是也 之以孝治天

是以天下和平

祭則鬼享之

夫然故生則親

天下和
鳳祥集驎騶来應 幽泉涌出甘露降於庭天下清泰蟲蝗不累

五穀熟成盗賊不起八方安寧
故曰安宫不生禍乱不作

下如此 天下當如是
以用之孝道治

故明王
明王是也 之以孝治天
詩玄

詩衣有覺德行四國順之者
詩玄

言詩也覧者大言天子有大德之

下如此（天下當如是，以用孝道治）。言詩也，覺者大，言天子有大德之行於天下，則四方之國莫不從使者乎。

詩云「有覺德行，四國順之」者（詩云）。

曾子曰：敢問聖人之德，無以加於孝乎？

聖治章第九（曾子見上用孝道治德天下）

使無灾，言禍乱不生，以為聖人之德不能復加於孝乎，上清敢問也。

子曰：天地之性，人最為貴。孔子道唯人為貴者，人頭方法天之刑，足方法地，天行人有五藏，天有六律，地有六府，天有七星，地人有四時，人有四支，天有五行。

人有九竅，地有九州，人有十二節，地有十二月，人有十二經脈，天有廿四氣，人有廿四喻，天有卅樂，人有卅骨，地有金石，人有骨齒。是故法天地人最為貴。

又解衣而以天生万物人最為貴，人受五常之性，天地之象人躬。天有晝夜，人有嬰兒，天有陰陽，人有啼涕，天有風雨，人有喜怒，天有雷電，人有嗔怒。

天有三百六十日為一歲，人有三百六十骨節。天有日月，人有耳目，人有毛髮，地有金石。

有三百六十小骨，九万九千毛，人有九孔，膿血常流，身如五屏舍堀在中不自知覺。身中有四百四病，一病不調，百病生，躰有八万四千戶虫，戶別有三千小虫，虫有三毒，貪世間財迫忍不能得，即揎散其身，雖人命盡君能忍得此三毒，即是立身之本，即合天地常性。富知人一身中法天而制。

天有北十七星，有人九孔，天有五行，人有五官，地有五岳四瀆，人五有藏膿為貴。解臗腑瞻，魂心意，各自相持，倣合共立此身，腎為木常，魂為游擊將軍，瞻居中，合為天地之象，頭圓法天，足圓法地，南廣北使人足前開後，鮫四支法四時，五藏通五行，上下以天地共人相應，以人最為貴，賢內合五常外受五經。詩云礼樂易尚書，在東方為仁，礼在南方為音寺，左西方。

閉後鍐四交法四時五藏通五行上下以天地共人相應以人最為貴覽內含五

常外壹五紀詩玄礼樂易高書在東方為音詩在西方

為義易在西方為智樂在中央為信五紀配五常以持

人以治身五行治天地子雖有群臣睔賢肺聽二嗣猶天子心膽是敀以

則法天地而生古人法天人最為貴也

人之行莫大於孝　莫無人既貴於万物

莫無嚴尊人循已孝行唯嚴　人能唯以孝行為大

尊父母是最為大也　　尊嚴其父以配天而祭

則周公其人也　者唯周公如此之　嚴父莫大於配天

褅以配天　郊者是祭天名在其南郊謂之右褅也者周公武王廿四世祖

到郊上見一大人脚跡履大人脚跡乃端大人一女母指姜嫄曰以弊然如有娠也後

日月完滿乃生右褅醜陋姜嫄耶憨不忍留姜嫄以董箕戒之弃善林野

之中睹有狼狩臨上氣之不肯死後復徒善五道郊上使牛馬踐煞

昔者周公郊祀吞　孝莫大於嚴父

其牛羊芋乃見野之尒不得踐死復遣善於深泉水上遂有一神馬鳳凰一

翼補之一翼霞之夕後不死始知右褅有賢德乃聖因収還遂寄周公養之

長大成人曉明為竟右褅言能教人播種百穀礼後生湯為褅已此是皇右

褅姜嫄頒大人跡而生敀名右褅以養箕戒以弃之於林野曰以姓姬名弃

愛周公養長大戌人故号周公右褅有大至聖而以身自不為王但有三被

翼補之一翼霞禄食在於林野深淋之難世循其其莘業後世時王王姬旦為殷西伯天下歸

之及子薍伐紂而有天下為武王周公旦授武王苹王旦有聖德攝政七奇乃追

念為尊先祖祟為右褅南郊祀南郊祀右褅以配天是也一解云皇帝

姜嫄見聖人跡長三丈皇右嫄姜敀而又復之攺萬海青姜原降中

念為尊先祖拜為右禓神祀南郊郊祀右禓以配天是也一解之皇帝

姜嫄見聖人跡長三丈皇右嫄敦而履之政滿指姜嫄躄中

戚之辛著巷中頌使牛羊踐之不踐亦不死著深林之中驪

鳳百狩皆來乳之姜嫄右耻即收養之長大咸人堯舜為皇右官故曰若

褄箕弃之目姓姬弃不权故号為名弃唐公武王代紂冠定天下号為

周公追尊先祖拜考右褄以配天

故為孝經却礼右褄以配南郊郊祭於天

## 配上帝

天子已造明堂配五常而祭之於明堂

宗者尊廥者猶宗祀於明堂、者是國公追尊為其文祀於西伯

## 宗祀文王於明堂以

宗者尊廥者猶宗祀於明堂、者是帝之廥上圓下

十五戶牖四丈五尺二九十八基卷高丈八南北九伊法九明東西七巡法北方五九四

方八牖四闊卅六牖遠之四相以求依天圓而安求之九之八十一尺膊堂舉高

星上圓法天下圓法地八節四闊法四時世六牖法三百六十日膊下五十四尺五九七

三耕為一月法三公以水遠之法陰陽東西南地中法日月五星合為七政故為

明堂太當周公祭五帝東方清帝名曰靈威仰此歲星東方動万物蠢動

以正月一日闢東戶取明王在東依時而祭使節氣調和皆合万物而

草木敷甲而生不有殘殤保至三月晋四月一日夏付南方赤帝名曰

赤標怒此是黃或星方所在闢南門取明氣王在依時而祭者使節

氣調適万物茲茂不令殘殤保至六月晋七月一日付西方白帝名

日規雜此是太白星方所以開西門取明王氣茶在西方白帝各依時而

祭使節氣調通万物結實當吏受其身保至九月晋付十月一百入

冬付北方黑帝名曰執訓紀此是北辰星北方廬心藏万物而以依

祭使節氣調通万物結實當吏變其身保至九月卅付十月一百八

冬付北方黑帝名曰執剄紀此是北辰星北方應心藏万物兩以依

四時祭音使節舟調適不令復動保至十一月卅日十二月祭中央黄帝

名曰含珠紐此是鎮星祭祀西方周而復始此是五行之帝讚曰滿

明天望此是咨太微聖帝文王魏巍周公崗礼四海歸焉無兩

不通流　是以四海之内各以其來臧祭

傳代方行孝刀越常重驛來貢廩之各　　四海者南蛮北狄

四海周公行孝刀　　　　　　　　　　　夫聖

以其方賄珠綢來耿祭於先王之一蕃也　天聖　　　東

聖人德廣大田復不能加於孝乎　　　　　　　　　父渭之

以加於孝乎　能加於孝乎　　　　　　　故親生之

父母曰嚴　育養父生之母養之及至　　　　長大戊人當湏供父母首

一聖人見孝子有尊嚴正

P.3382　　孝經注　　（7—7）

Bibliothèque nationale de France

# Pelliot chinois 3383

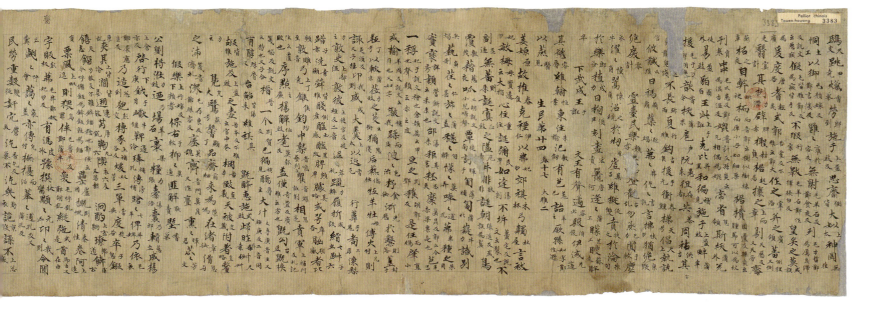

法國國家圖書館藏敦煌文獻

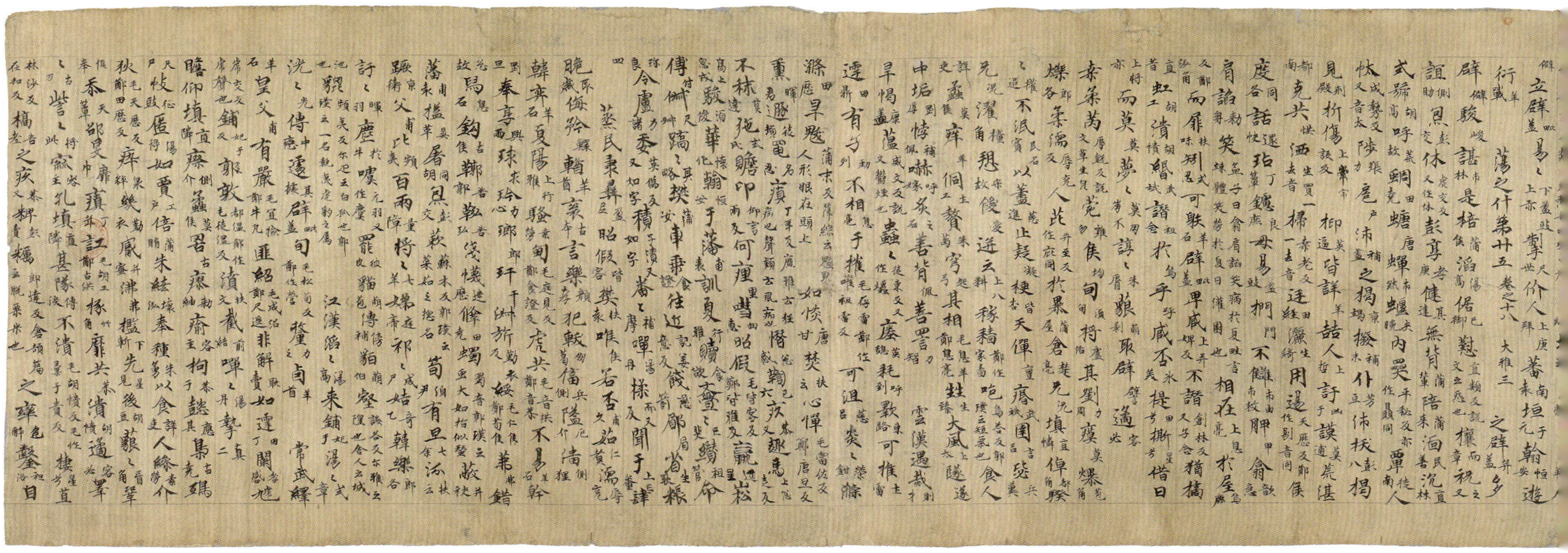

P.3383　毛詩音義（總圖）

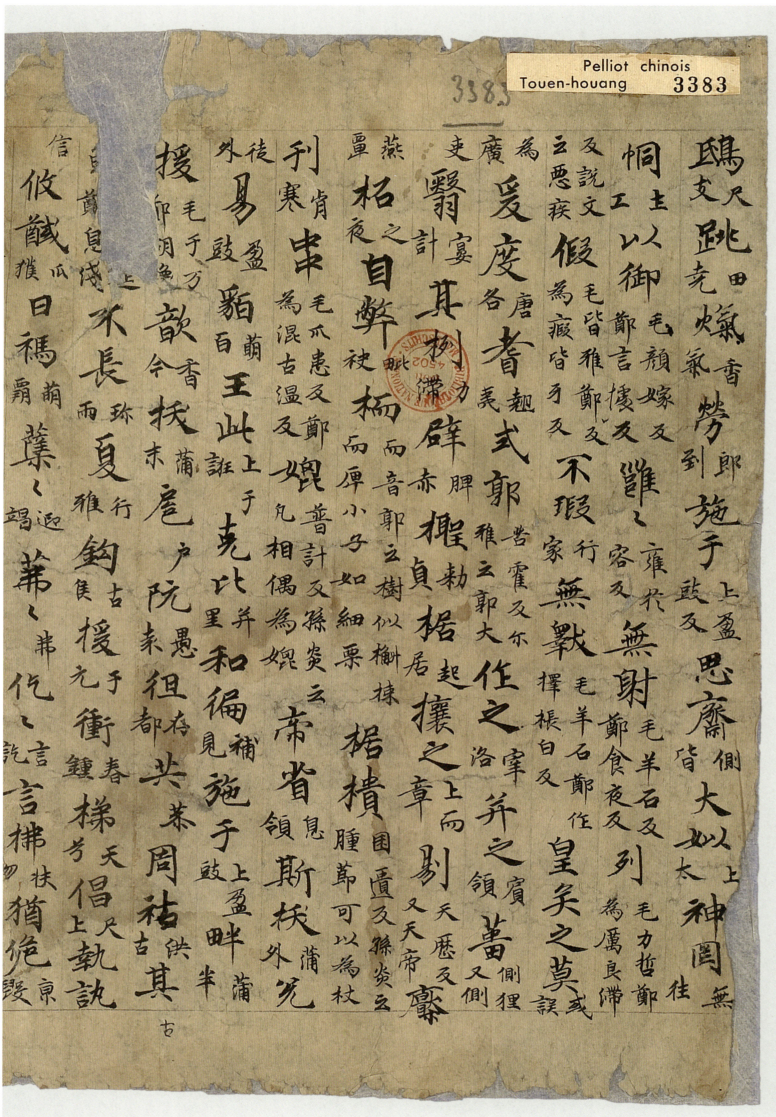

信　收鹹　日鵠　藝藝弟弟仇仇言拂猶絶

絶戾　靈臺民樂顏

於樂　郎植力日枸刻畫賣竈唐逢

午　下武成王　文王有聲遹駿伊域

以燕　其慈辱維翰東往訹汇鍧有芭訛歐

生巳茅廿四　卷十七　大雅二

姜嫄原故推克禋以茀郊祺杯弓韣屋言祓

敏栖　毋賈逢心任誕彌如達不坏言祓

副逼無蕾誕實之隘牛排誕朝馬

覆藉夜呱覃南訏匐嶷識別

兵鵠荏荏旆蒲毯懷嘩逋菲種

兵
鞙魚
觳 莌之甚 筛之 盖 毯之醉 懐之咮之 逋 韮種之 朱
仁句蒲
實襄詳 營餙說文 邠湯 耗 麋 用
秀穎 之禾未也 其 不 赤粱粟是也 芭 巳
妃于說文稽也 倉頡篇 云甲 昆 郭云今
或榆 羊周反說文云 補 而 直
引也又如字 籤 蹂 溲 将 是任鳩 小
一稃 類 云米之皮 我 周 流 浙 於 則封
也聲 息 后 歷 蘳 于
靬 丁 蒲 莄 衛 儒 牡 母 傅火付 則
芳 莄 致 之芝 生 拙 羊牡 上凡
又以軭 卬 成 大羹 太 以近气
諫 力 子樓 泹 年 蹛輟 履折 設 絹立跗 六
之又子 上徒官反徒 二音 反 礼 胡
敦 彼 桓反 鬼 于 工 陳梨
敦史 溫 敦 彼 蹛 行葦 者 犀
力 上都反 北
類雕 上丁 皆側 臨 肶 各 者
弓充 黑 產 臨 胮 或号 腦 北
至 克 艣 鑊 飮 略 號 感者
注云覆 序 均 中 藝列反 瞿 相 上補門
歉也 序 點 之 犖 莫報 貢 反礼記
笺恟反 晉 一个 庸低 反 軍
欻也又子合 橦 雅 奇置反廣 古
云柎也又子合 補 主 雅云芳也 豉 豉桃
殊辱 大什 之專庚音主又 豉勾
宥隩 台鮎来 鍾庚反二音同
皆湯 維祺其
毇醉惠施 歸 素
豉 歸昳 梅州尺
素州州

有贍 天殊脣 台鮪来 皆湯 維祺其

鰕 皆湯 施及政 既醉惠施政歸�III梅尺

雅箋音 上盈 之壺 本及尔雅 素州州

之壺 立宮中卷 捆 敢 義 天被義附著鼈

之沐 濟礼 漀 鄭殊容及塵 鼀 熏君芠文

假樂上行嫁及 保右 柳逋賣堅 氣

見夫醫 燕 馨丁 品齊細前来為榮在渚滑息

公劉将往遲 場石裹 果羊 糧臺張臺洛郎輯立戚楊

上舍 啟行庚鈇 獻牛邊補湁踏俾乃依

鄭晨應乃造到鉋 博豕 煖管三單度各卒忽鐁

宣又 乃造到交 煖管三單度各卒忽鐁

饎餾 今呼脩飯為饎飯孰為餾 蠱正回盧概慨清秦卷阿逋

夾其 沿澗遡速芮 鞠六陳 洞酌駒道古

亂乱乎 遡速芮 又篤報

貟 票風 則猥為伴鄭蒲半又 宇販非妃勿反

志餾 罪伴 清秦 瓊郎甫

宇販权弟 彭毛弗鄭耘 有馮皮豫撰爲顯区印劓令聞

詁 辟 行 僻 民 濯 衞 泄 盡 遠能 民勞重數 覬 字敗 弟鄭箋 有馮皮
助 側 駿峻 戰羊 立辟 殿見 乱踖 泄世 繼 遠 乃登鄭箋 代反 呼 豫撰狀 元卬 我令聞
恩 休 諶 市 蕩之什第卅五 昏伊 其略反說文云 咎 卷 能代反 會蕎 正
交反 虎交反 是梧 卷之十六 爾雅云申也孫 釋 霞大玉妜 能 亦傳
彭尊 蒲 滔高 大雅三 報燭 繹石蹋 覆敷 謢柬 撫擾
考 庚 陽居御 之辟 慈咢旦悲旹 又荒 閑世又斬妜 玉妜 讀束 蒲孔
健達無背 巳 南垣元翰遊 香約反 五高反爾雅 極凡 氣不 通孔
蒲陸 文云慈也 前 警 嚴辛怛癉 汔幾 華
洒善沉林 穰章又祝又 儜細 高五莧 早 詭毀 蒲孔
林 瓜反 文草新 諽諽 譖不 勤

爍各策漓辱兗
郎至反人芘<br>卉至反於暴屋倉亮兄沈填憚倬
權民名作庇同蒲會楚都嵺
追迫慈蒲進止疑凝皆角騤

不泯賓以蓋進止疑凝皆天僤亶瘇武
況濯角慢懥故鞝逆立耕上八稼穡家喬國言兵
兄沈角橦懥故愛逆立梗杏鄭作呛烏咎反郭燓燛
詳蠚莫佳羊朱呼個贅穿其相鄭息亮食人
吏蠚佳補主贅窮鄭息亮生毛息半生
中垢悖嚇嫁訧石善背佩善詈牲臻大風太隧逐
劉厚佩威文醫煙也蟲作燸徒東反又雲漢遇哉才
旱帽蘊文醫煙也蟲作燸庶耗到歡路可推雷
田康息毛厲雷鄭作可阻呂炎人榮
遷鼎省亏列不相于推唯祖雷反歡路可推雷
田勍息不相亮于推唯祖雷反
滌田暉徒人形眼在頭上如憒甘焚唐云心憚毛當佐及
應旱魃蒲末及薩綜云魅鬼狀鄭唐旦反
薰君豚迴壏忍病也聲穎云風痛也惸感鞠亥又恭趣馳逸及
田莫茂名丁羊及廣雅古狂已林又趣馳之及
不秣達民懷恒兩反何瘅嚳惠昭假惸六毛時客及迆嵌
達俊華化于藩甫表訓夏行食客及贏嵌
高上湑懷安雅贖欲壹三祖呈生管省聯糧
息戎駿俊化翰訓夏記姜慇斐纘命
傳付尺略樊安車乘證往近意及餞前郁眉省聯糧
伱州蹄其郁眉省聯糧

傳俯尺其𣎴蒲　車乗遟食往近　記姜慈生
令盧委諸力莫僑反　子漬反補湯反　安箭意及鄔眉省糧
　環　　又如字積又如字番　　摩嘽樣反上肆
蒸民秉彝盈　昭假客樊求唯集　聞于肆
脆歲侮矜　　轄首襄古言樂孝顏　客否久茹黄瀉气　蔞側
　　　　　　　　　本　犯軏　僑隘　狸
韓奕石夏陽雅　騷笋甸鄭食證反虎共　不昜幹
　　　　　　　　　　　　音拱　羊
剖奉專兩球求玲　郷郎圢于洲旐　緩鄭苟隹弟錯
旦　興心　　勤衰反　鄭苟隹
故焉鈞佳　慄懷違修田　蜀音郭璞云　筍須有旦湯
息　　　　歷克蝎　　　　　　　　余
藩來檻草　蘇末反郭璞云　黿大如指似蟹　敫徒反
　　甫晏　交慈反茄三惣名　　　　　　　　
　　屠昆　彭蘇　　　　　　　　　　　
　胡　　　　茹苞　　　　　　　　　
蹶父浦此類　羊娣帝祁成姞奇韓樂郎
京父比羡　女尸嫄乙　　　　
訐牛作塵　彼蘋傍補貊伯朝諶谷反爾雅云
　　羽又　皮罷貊苞傳　　　　含人云城
頯元羽又慶　　室隍也　舍人云
貌璞云一名執夷虎豹之屬　江漢滔高來鋪于
　　頻夷及尔足云白狐也郎　　妃　湯式
池　　　　　　　　　　　　　湯章
洗光傳憲邊攘其　君句　牧僅力向首常武繹
　　憲中　盖其　毛松筍反　羊
　　　　鄭作營

洗之 光 傳戀邊擾其毗辟蓋司 𧣪力反 常武繹
皇父甫 有嚴 匪紹 非解賣如還關感爐
石 羊 鄭牛兀 鄭尺遶
常支反 鋪 敦 漬戩嘽之摯
庸聲也 妃于 都溫鄭作 文紏結 丹 真
瞻仰填直療 側蠶罟瘵𤺺胊懿集古瑦
殿陛 介簑侇 紬 主 其克
尸坡匿如賈倍朱絃壞奉種簩以食詳人綠勞介
毛天歷反瘁幾勤衣寒蜜沸檻斬先見後豆麒
狄鄭田歷反 斬 星 頖之角翠
俱天 靡瘦 豚靡共潰遵容
奉 竿邸旻 角茶冀暈
丁又古 將容窳主孔填陛後不潰樓芎直
乂刀此 甚隊 毛胡憤反毛作星
在加反橢恙之疾粺責糯脫粟米也 醉
林沙反 茅彭 舍頏篇之厸鑾浴自
郎達反

Bibliothèque nationale de France

# Pelliot chinois 3384

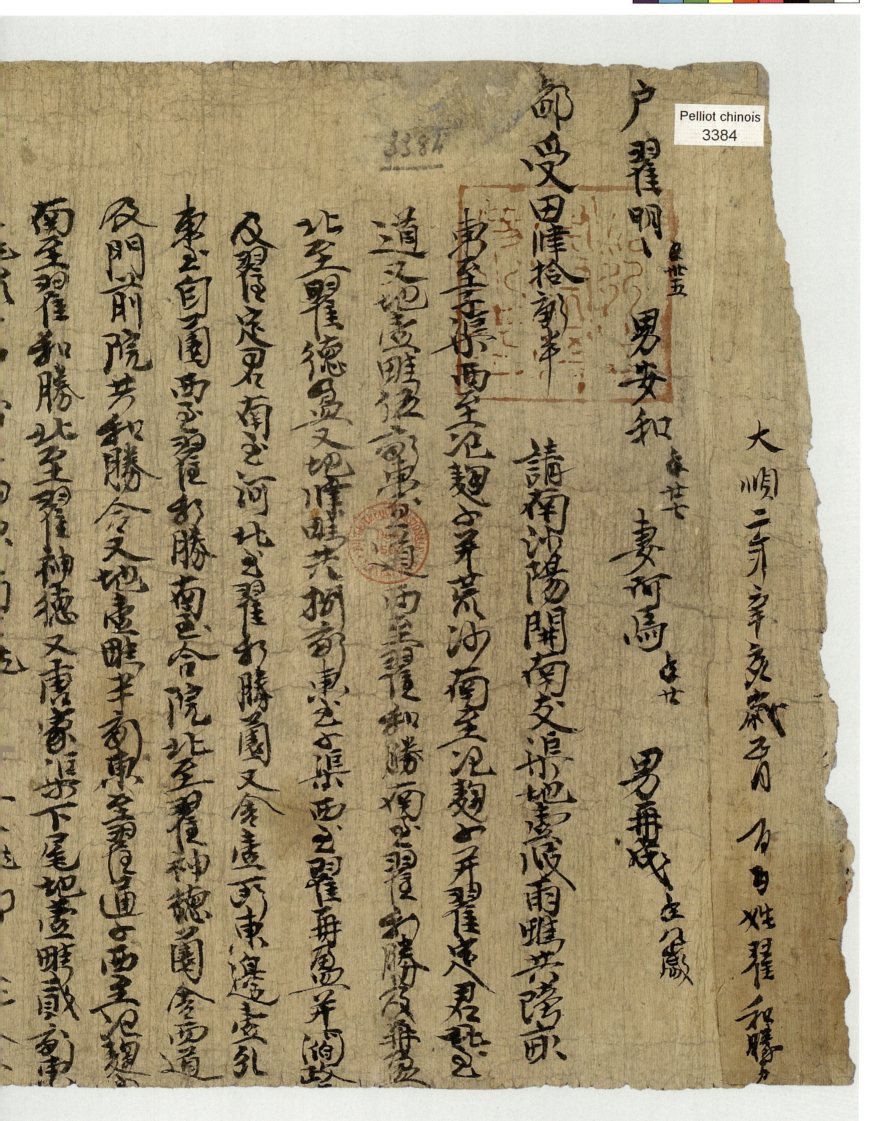

戸翟明[ ] 男安和 年廿七

郎受田漆拾[ ]畝

妻阿[ ] 年廿

男再戌 年八歳

請南沙陽開南交渠地壹畦共陌[ ]
東至渠西至[ ]麹[ ]兄荒沙南至[ ]兄麹[ ]开翟達君[ ]
道又地壹畦壹畝東至[ ] 西至翟[ ]勝南至翟[ ]勝北至君[ ]
北至翟德[ ]又地[ ]畦共捌畝東至渠西至翟再戌开[ ]
及翟[ ]定[ ]南至河北至翟[ ]勝又食壹[ ]東[ ]壹
東至[ ]西至翟[ ]勝南至合院北至翟[ ]神德[ ]園[ ]道
及門前院共[ ]勝令又地壹畦丰南[ ]東至翟[ ]通[ ]西至[ ]兄麹[ ]
南至翟[ ]勝北至翟[ ]神德又唐[ ]温渠下尾地壹畦[ ]戴南[ ]

3384

大順二年辛亥新舊[ ]百姓翟[ ]和勝[ ]

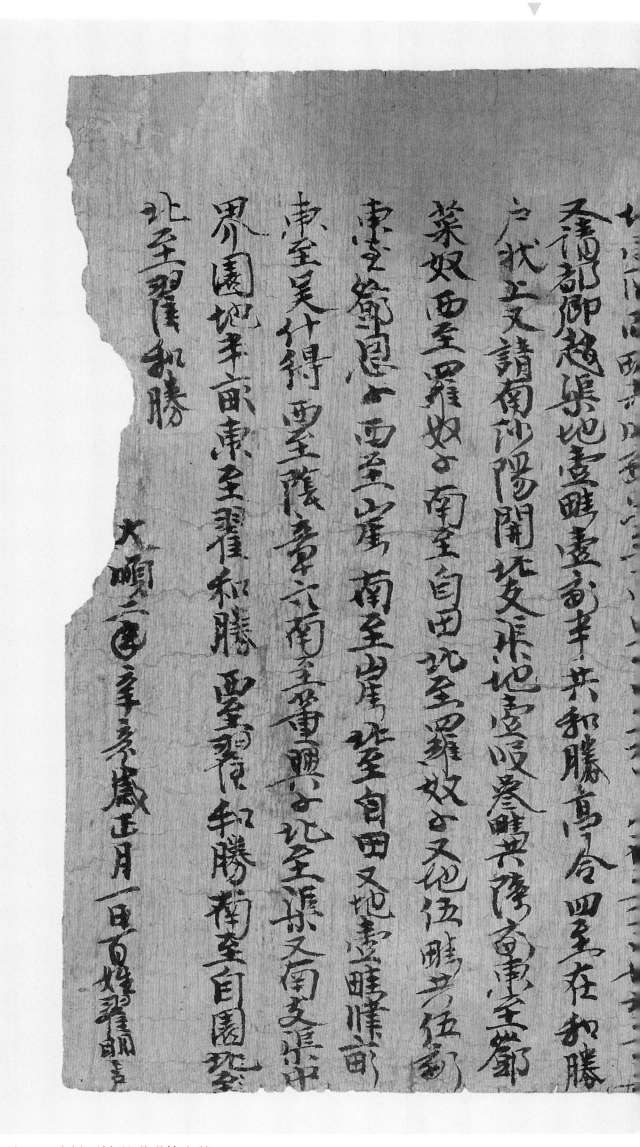

P.3384　　　唐大順二年（891）正月一日沙州百姓翟明明等戶狀

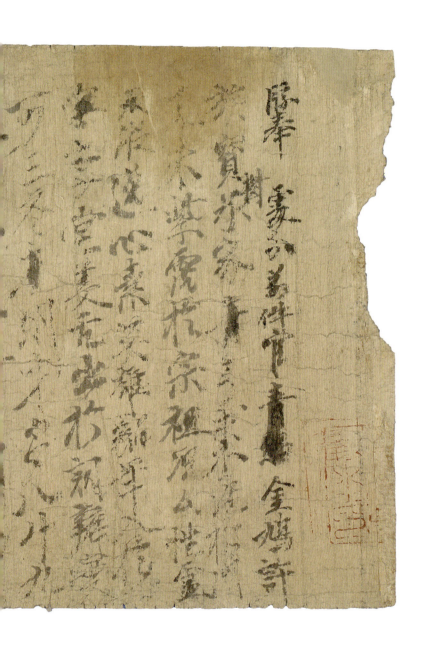

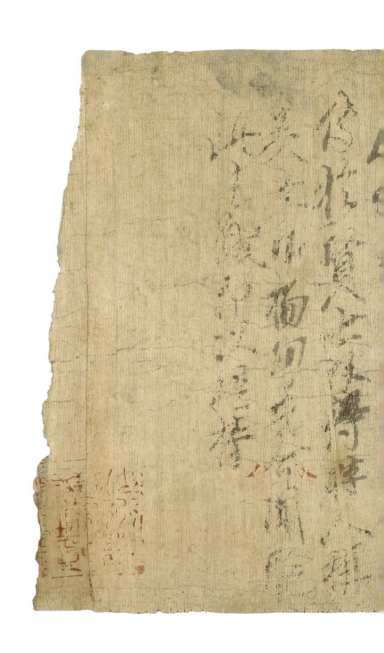

P.3384v　　歸義軍節度使改補充某官牒稿（總圖）

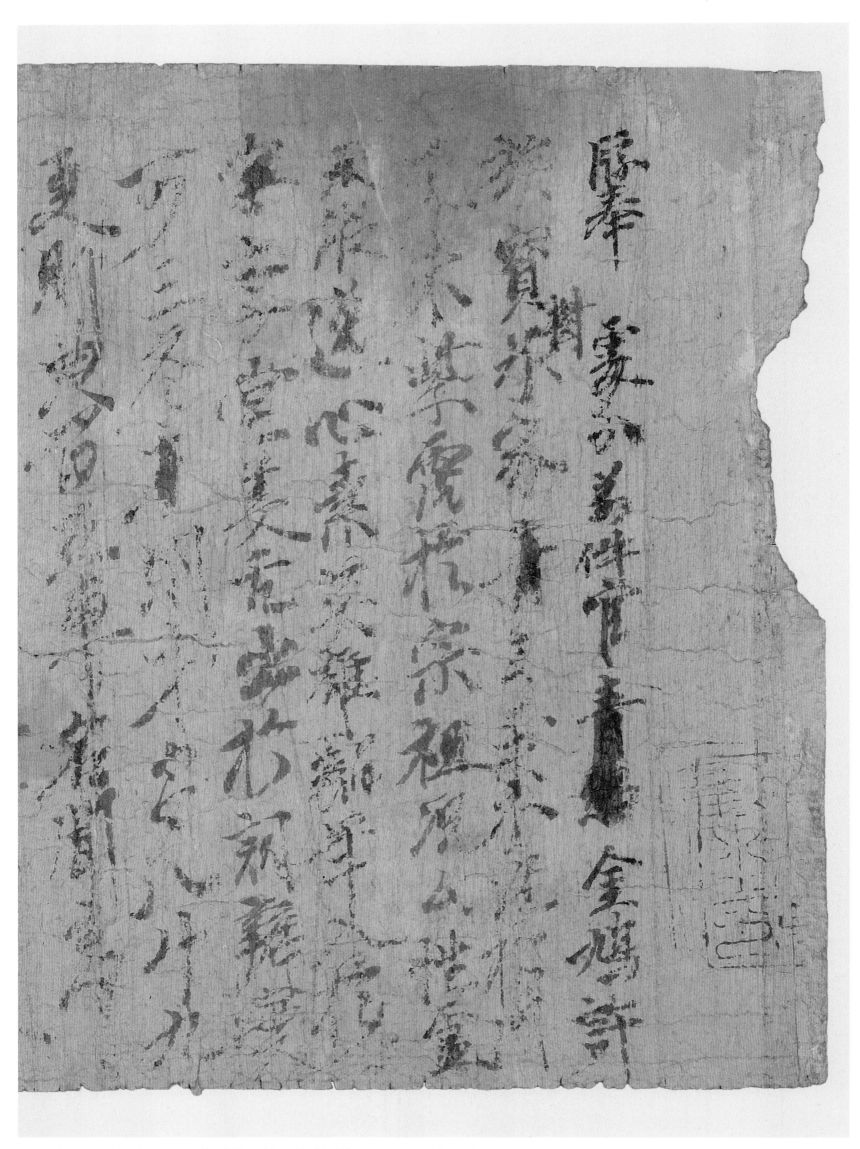

P.3384v　　　騎縫印　　　歸義軍節度使改補充某官牒稿　　　（2—1）

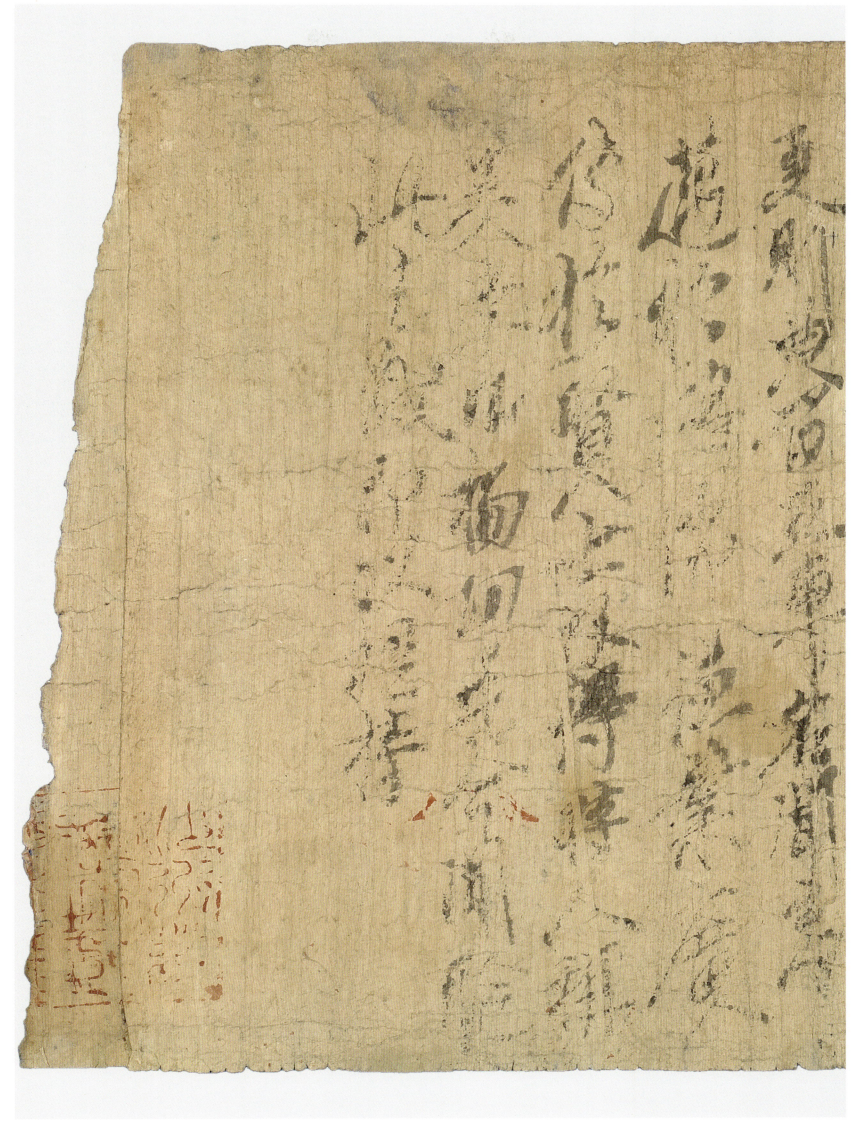

P.3384v　　歸義軍節度使改補充某官牒稿　　騎縫印　　（2—2）

Bibliothèque nationale de France

# Pelliot chinois 3385

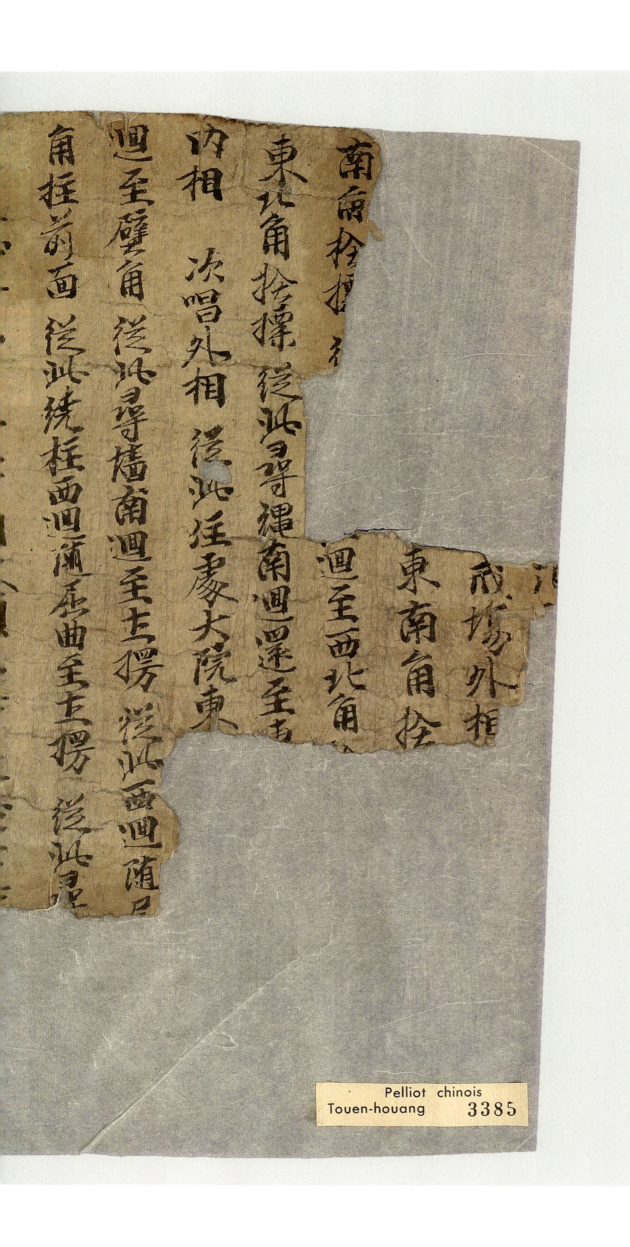

角　東北角拾攞　　迴至礓角　內相　東南角拾攞　南角拾攞
拄　　　　　　　　　　　次唱外相
前　從此弖得裡南　從此弖得橋南　從此迋廥大院東
面　從此繞拄西迴滿　迴還至　迴至去楞
　　　　　　　　　　　從此西迴隨
　　　曲至去楞
　　　從此是

迴至西北角
東南角拾
祇場外柜
迴至西

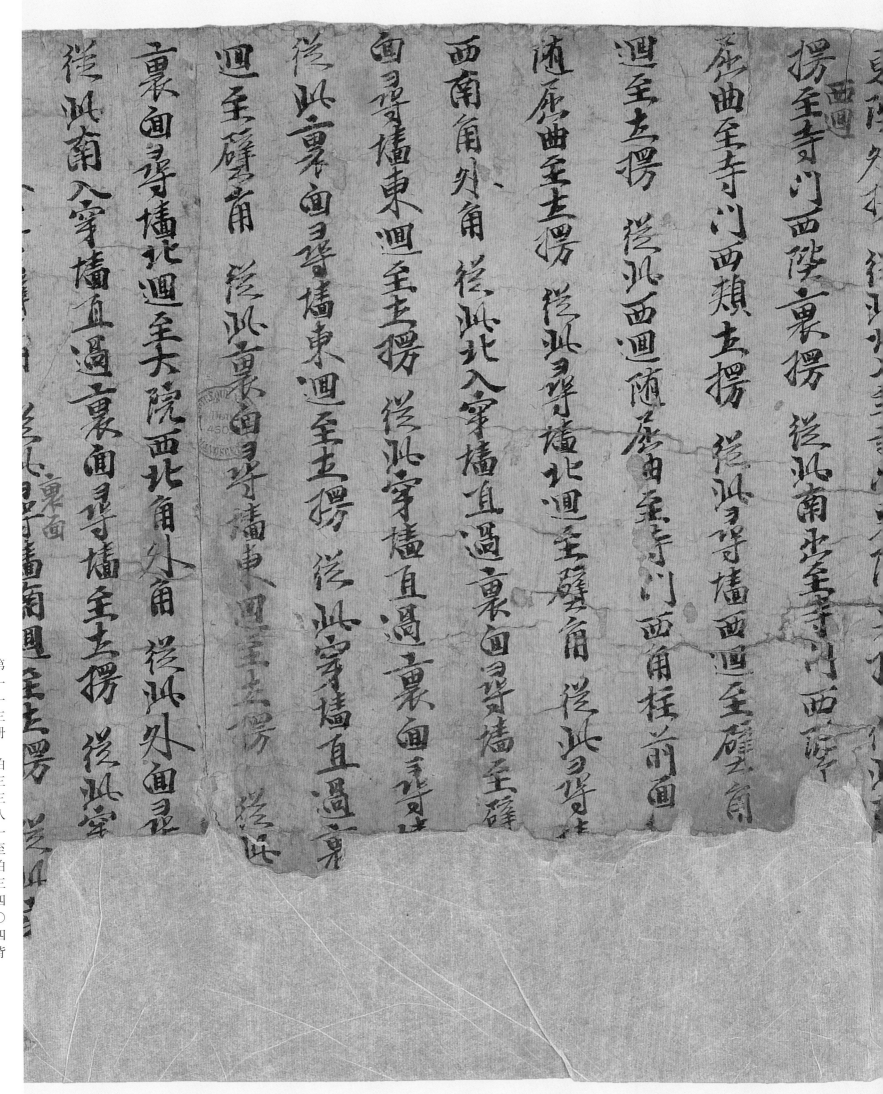

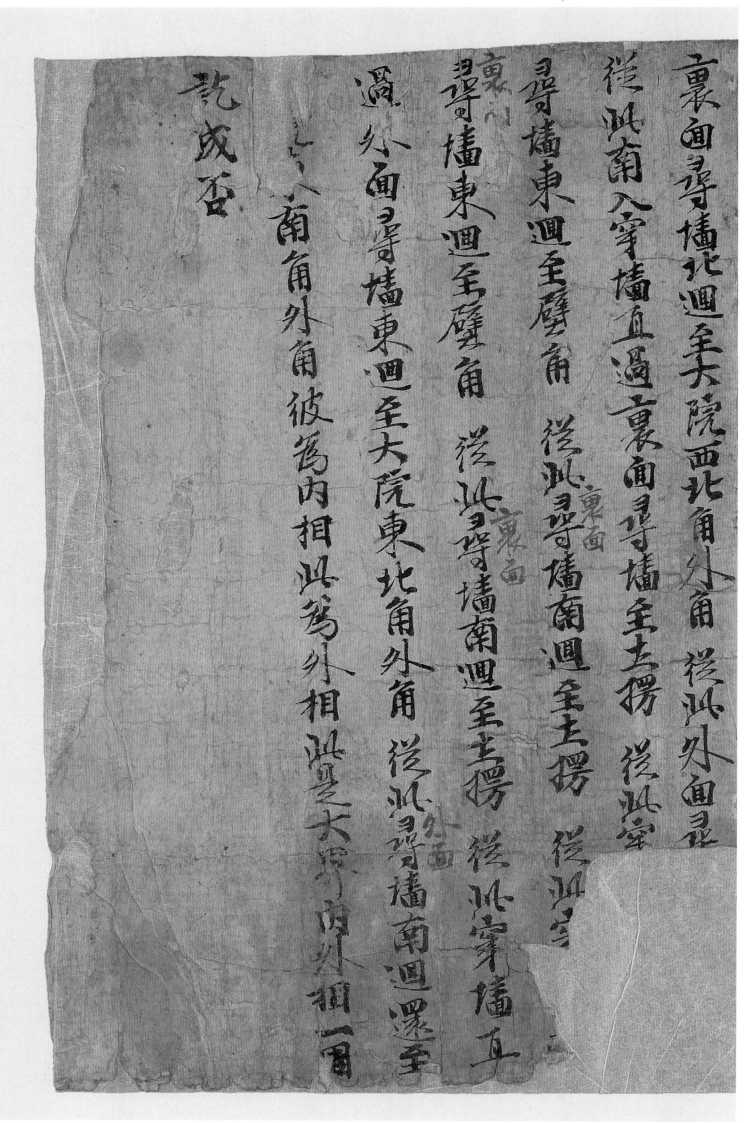

P.3385　　四分律刪補隨機羯磨卷上（二卷本）　　（2—2）

# Pelliot chinois 3386
# ( +Pelliot chinois 3582 )

以時雨慈不申存　蘊至侵到嘯壙外　　李布惠賚殿下問

聖明天子提戈虜　諮詰屋王何壽諭　　弘明此勅千金節

聊手朝詞□卻戀隆　廷罷至珠雖本外　　陛下爭棋後去閑

皇帝登時聞此語　廻填作善却定存　　陰別計策多黎標

舊要涉乞迴裏諭　睍郷歸帛並珠玉　　燕張前州為太君

秋御意歸隔綿井　光炏宗祿重貢采親　　李布得官扣誹勅

張栗天胃喜辜新　秦泰氣无朝禾臚得　　朋心告謝漢陽惠

觀麟滿齊歸本去　搖報喜得睍風麈　　若蘊寫陳爭令苜

万狄千秋秋二人　且說漢書作製三　　莫道牟人鷄不填

楊浦川詠孝經書唐徑術章 五言　一名滿山

大漢三年季布罵陣詞一卷

開宗明義章第一　欲得爲人子　先湏讀孝經　義重更敦直

真爲歲月輕　和稌爲宗祖　溫柔是第元　寺形恒本一郷

天子章第一　　　　　聖主受秋焉　儒念本一郷　惡恩愛發於人

百姓家思愍　飛書四海湏　不許謝於大　　　

在官居任全　諸侯章不鑰　天王藏乃值　不計諡於人

今安矣訟兇　　橋魚鳥怕溢　相及万均　滿候章第三

窺宗妖往復　　御去章不忘　富貴身共慈　國本怕仰尔

官重九寺卿　大失行污眼　作道不曽行　卿大夫章第四

言諒居曲形　事君仍並懷　風皮在起羲　七人章弟五

事父惠之曲　　肖身已娈故国　皮妹念祗供　相國三日朝

賜才亇依家素　旦農長待有　　如身行孝道　謹守风南順

傾心向國忠　　何从也不值　　　誰芋九风雨肅

今安臾歡兇　　寒邊娈南衣　　孝無終始事

趙懷歲神秘　　公利悱皆脆　混々初久分　從恣盧家涕

庶夫人章弟六　若芋天之道　　　　　於方家業美武

三十章弟七　　天經道浥羲　行孝之劾奉　首者明王化

未穀栄水紅　万物屬二亊　　　　　　

道之存兀藥　　毗虔就科采　李治章弟八

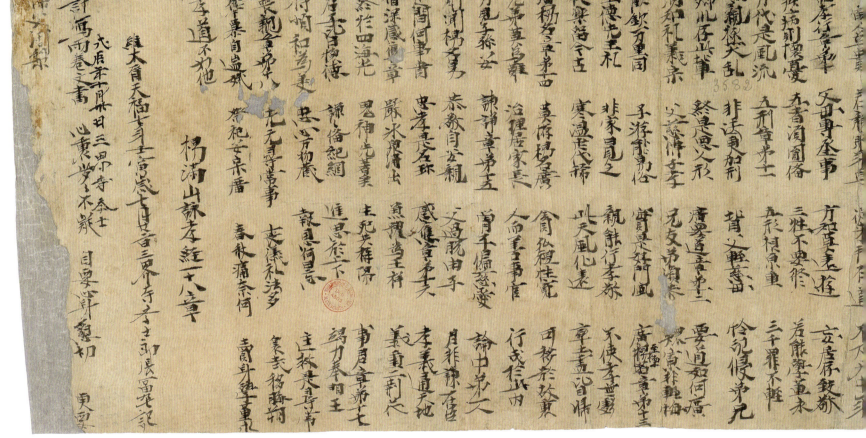

P.3386（+P.3582） 大漢三年季布罵陣詞文等（總圖）

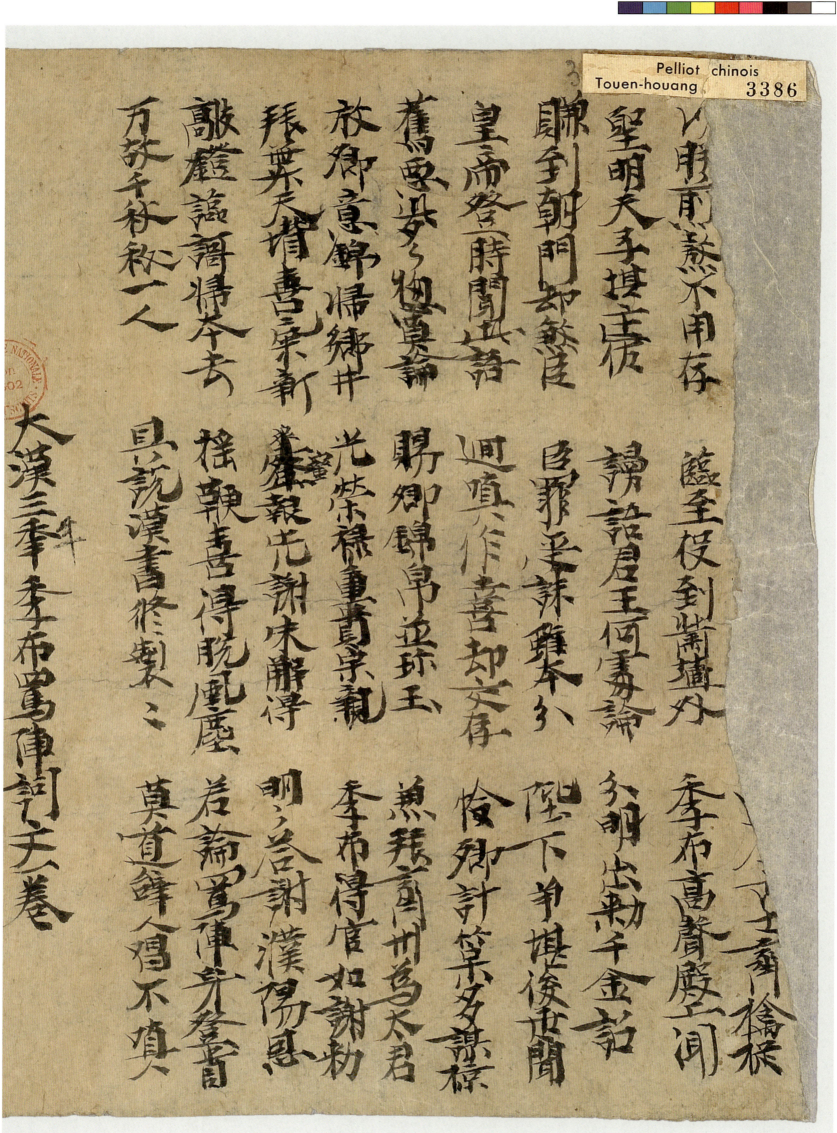

已前慈不用存

聖明天子坐王位

顧到朝門如鈙庭

皇帝登時閑此語

舊要共、辺真論

放御意歸帰締井

張栗天省喜宗新

謌藚請滑得本去

万茲千秋秋二人

臨至役到墻外

趨語屋王何壽論

臣罪坐誅棄本外

廻頭作喜却文存

問御錦帛並珠玉

光祿動事官崇覩

華報先謝末解得

搖執喜得脫風塵

具說漢書修製之

季布亮聲聲閞

分明出勅千金詔

陛下爭堪後世閏

憐御計策少多謀

燕弗南州爲太君

李布得官如謝勅

明之各謝漢陽恩

若論罵陣弁弟書

莫道釋人爲不頃人

大漢三年午季布罵陣詞文一天八卷

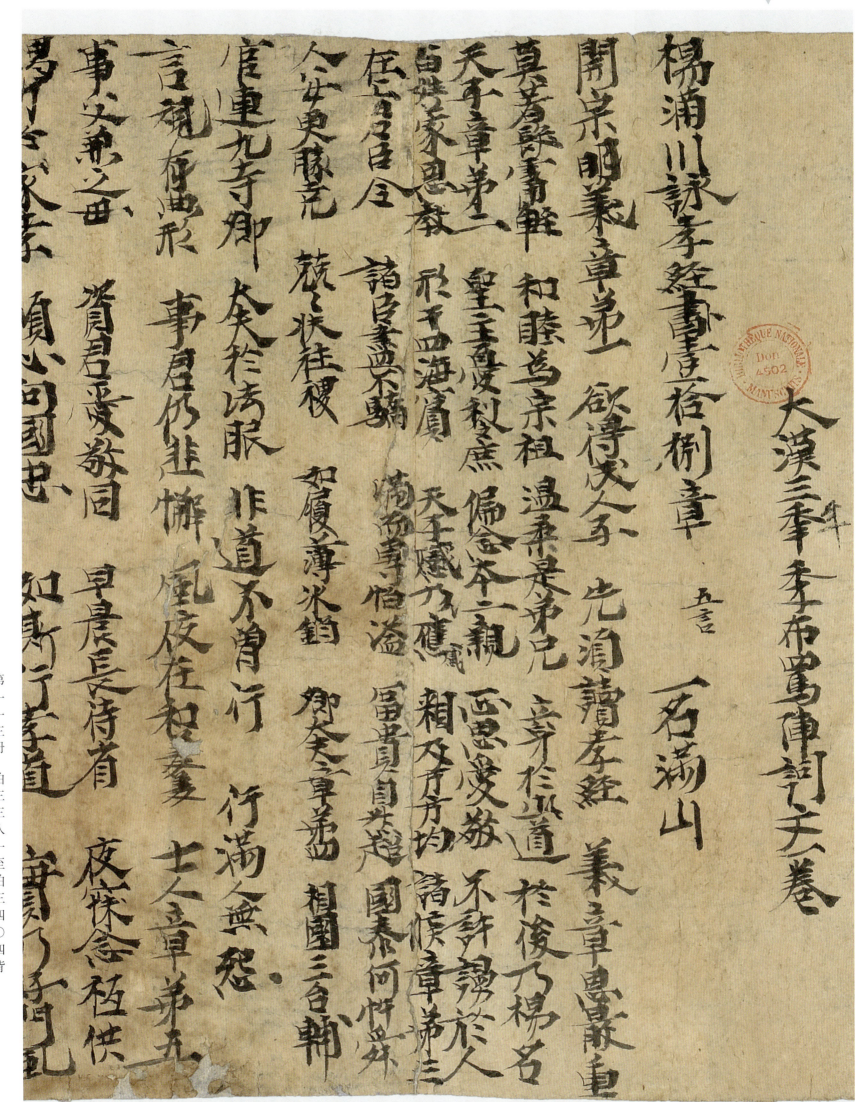

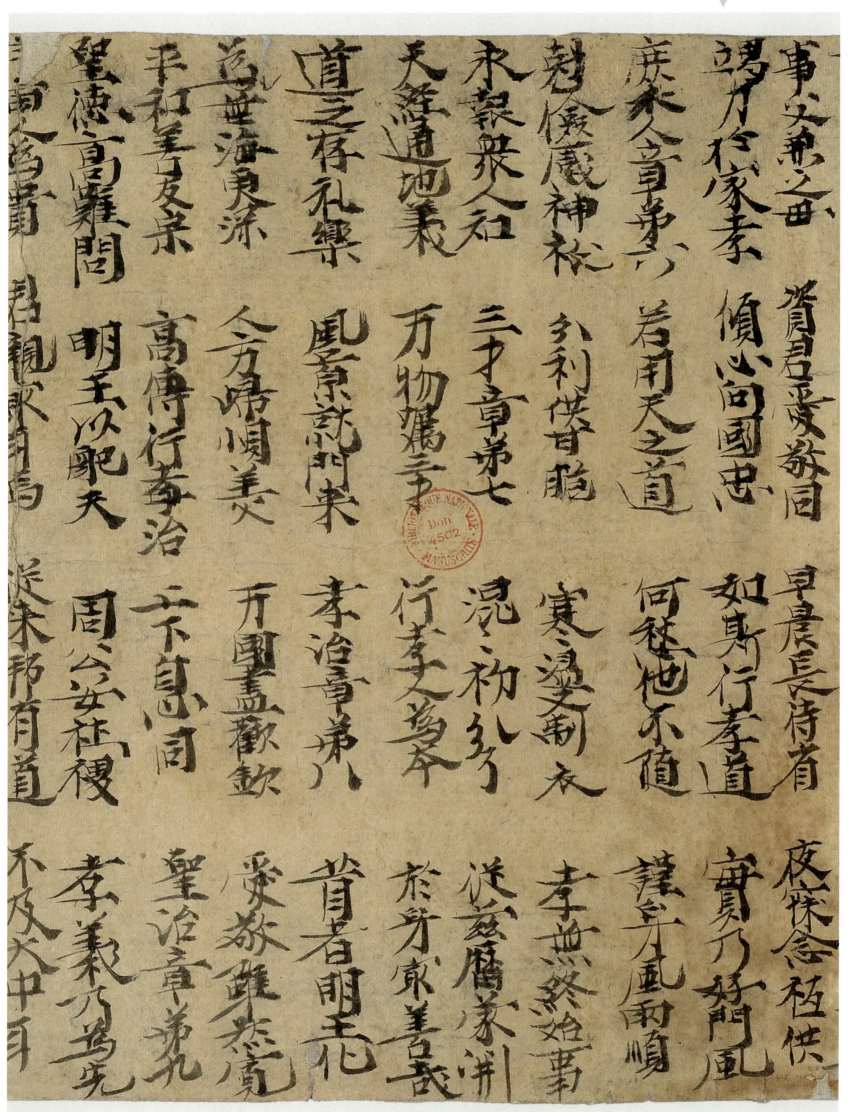

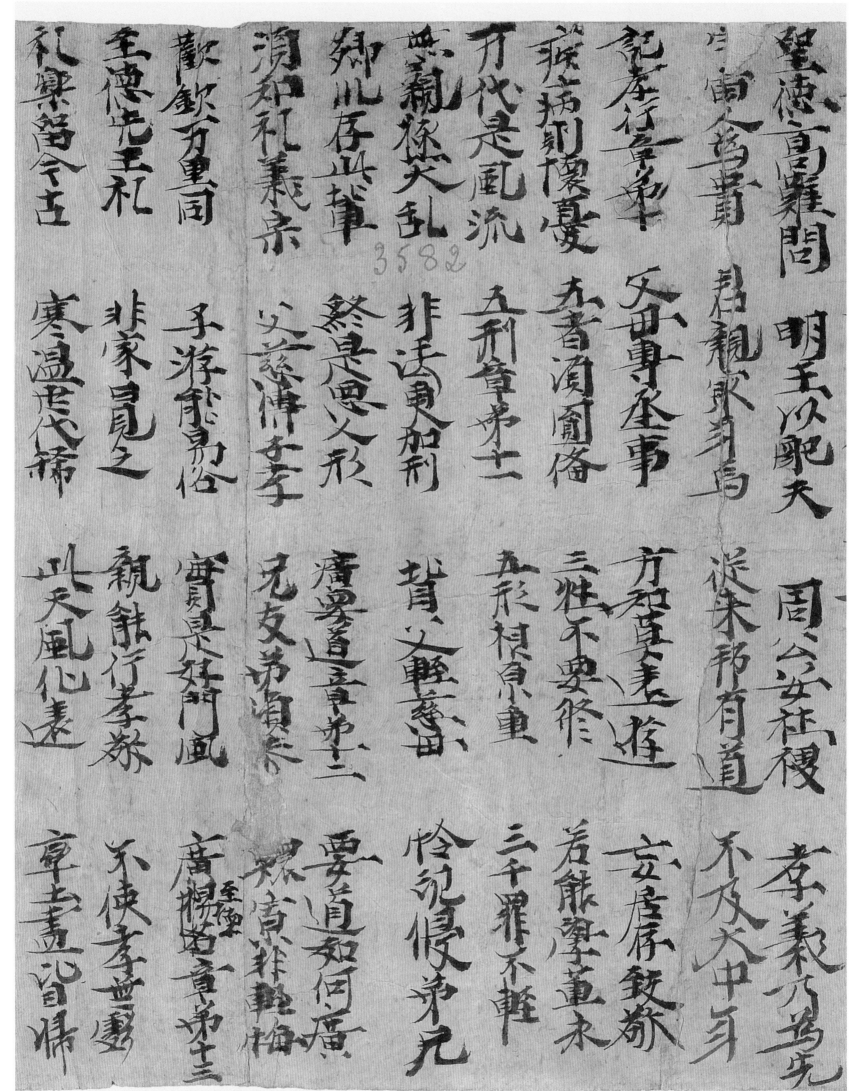

皇德高難問　明王以配天　周公安社稷　孝義乃為先

宦人為書　君親歐身烏　從朱邦有道　不及大中身

記奉行章事　父母專承事　方知真善進　忘虐序致歎

猴病則懷憂　孝者須圓備　三牲不要修　若能拳董末

万代是風流　五刑章弟十一　五教根原重　三千罪不輕

無藏孫犬乱　非法更加刑　貴父輕壽曲　怜兒假弟元

郷知礼兼宗　終是憂父死　廣要道章弟十二　要道知何處

涓知礼兼宗　父慈傳于孝　兄女弟須來　眾廣非輕梅

歡欽万里同　子游能勧俗　寶景好門風　廣榔名章弟十三

至德先王礼　非家見之　親銖行孝祭　不使孝無妻

礼樂智令古　寒温迭代稀　以天風心遠　章上盡沿帰

P.3386（+P.3582）　2. 楊滿山詠孝經壹拾捌章　（6—4）

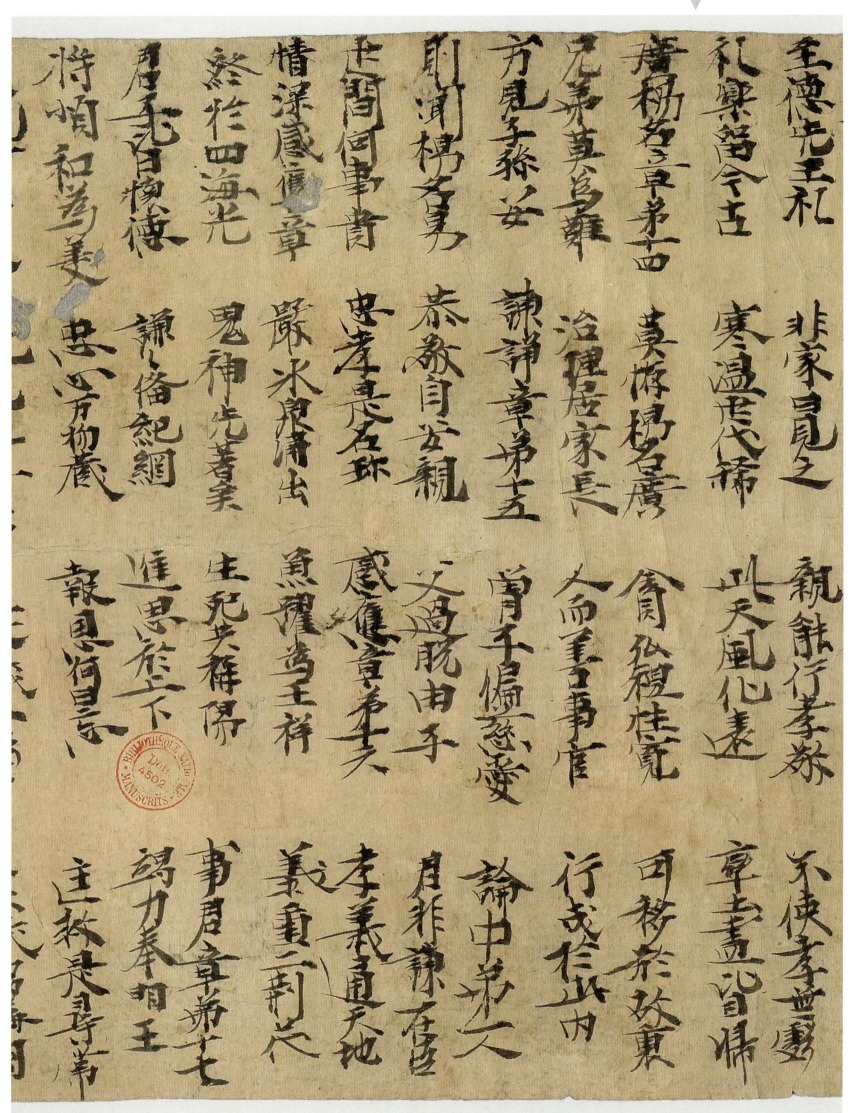

至德先王礼　非家具見之　親能行孝慈　不使孝無遺

礼樂豈令古　寒温正代稀　此天風化遠　章表盡沁皆帰

廣揚於三皇弟古　真於楊名廣　可移於玖東

兄弟其烏難　洽理居家長　人偷善事官　行戈在此内

方見之泰安　諫諍章弟十五　肯干偏慈愛　論中弟大

則湏楊善男　　　　　父過航由亏　月非諍屋匿

正肩何事青　忠孝是名珎　感優章弟大美　孝義通天地

情深感優章　恭象自玄親　魚躍為王祥　義重三荊花

終於四海光　思神先著美　生死共裀傷　事君章弟七

居无自悔恨　嚴水泉滿去　　　　　谒力奏帰王

將順和為美　謙備紀綱　匯思蒼下　　　主教灵尋業

　　　　　報恩何目忘

P.3386（+P.3582）　　2. 楊滿山詠孝經壹拾捌章　　（6—5）

·60·

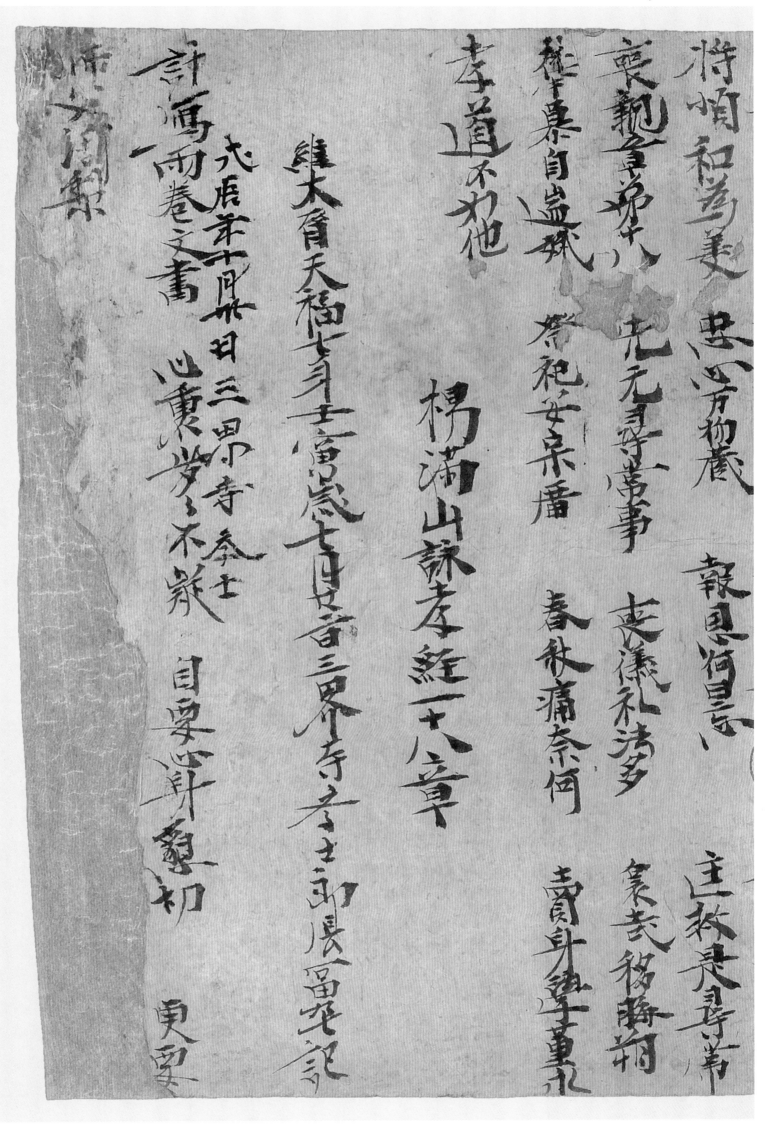

Bibliothèque nationale de France

# Pelliot chinois 3388

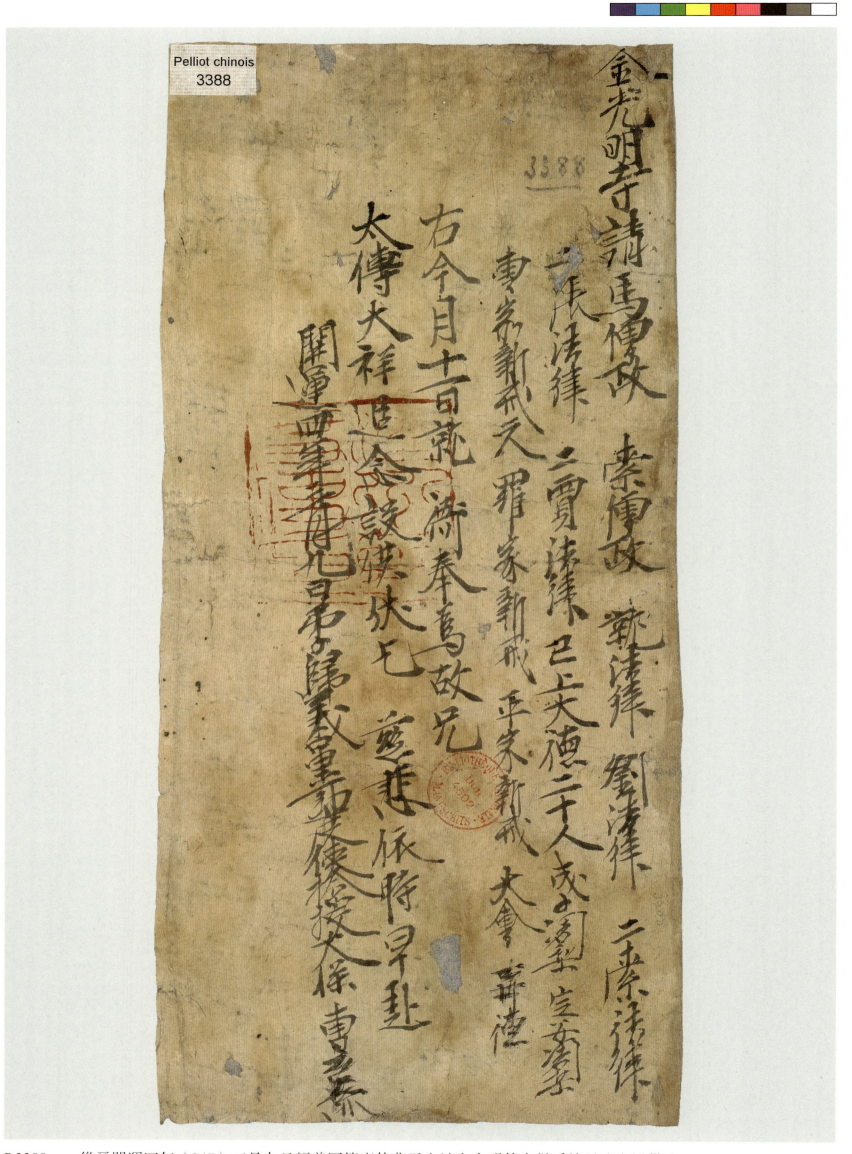

金光明寺請馬傳政

一一長法律　索庫政　乾法律　劉法律　二五席法律

專新新戒天罪家新戒　平來新戒　大念　二許德

二賈法律　已上大德二十人准凡圓藝宣教奪

右今月十一日就□齊奉為故兄

太傳大祥追念設供狀已　意怹依時早赴

開軍□□□□□□□弟弟歸義軍節度使檢授太傅曹元忠

法國國家圖書館藏敦煌文獻

Bibliothèque nationale de France

# Pelliot chinois 3389

Bibliothèque nationale de France

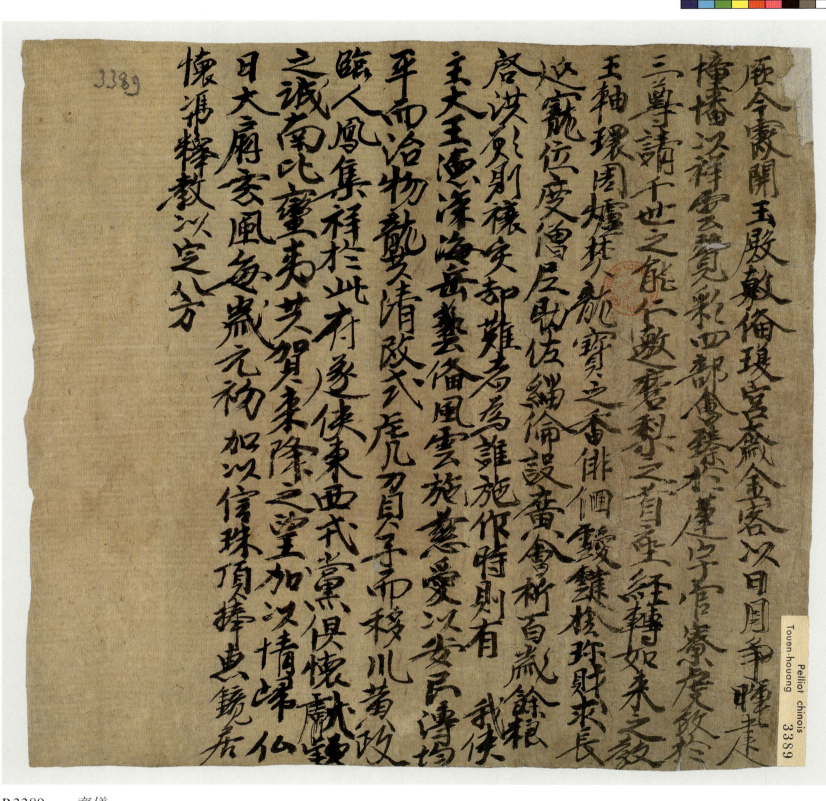

P.3389　　齋儀

Bibliothèque nationale de France

# Pelliot chinois 3390

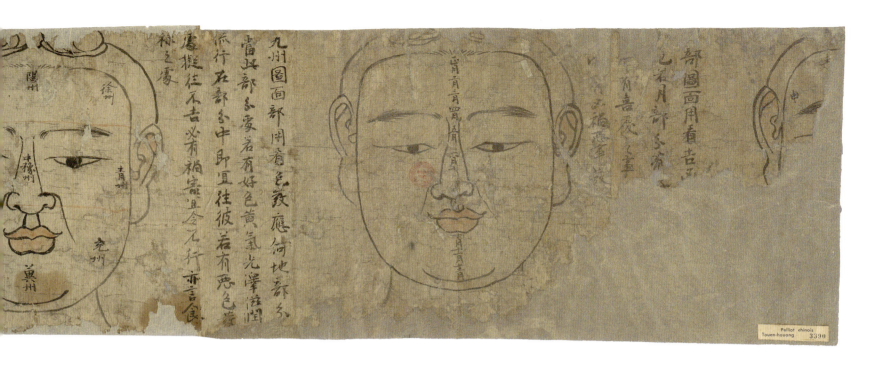

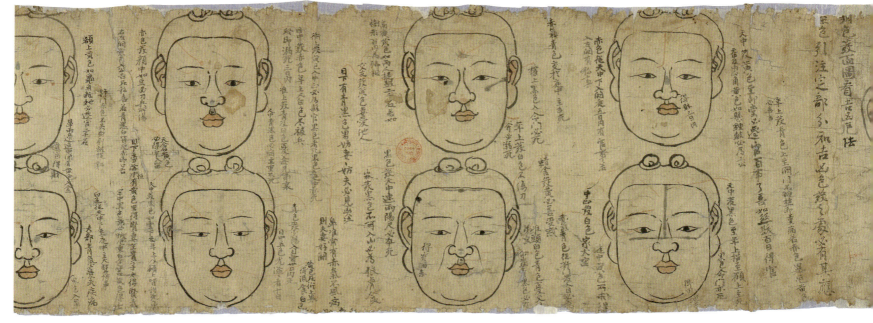

P.3390　　占氣色圖等（總圖）　　（一）

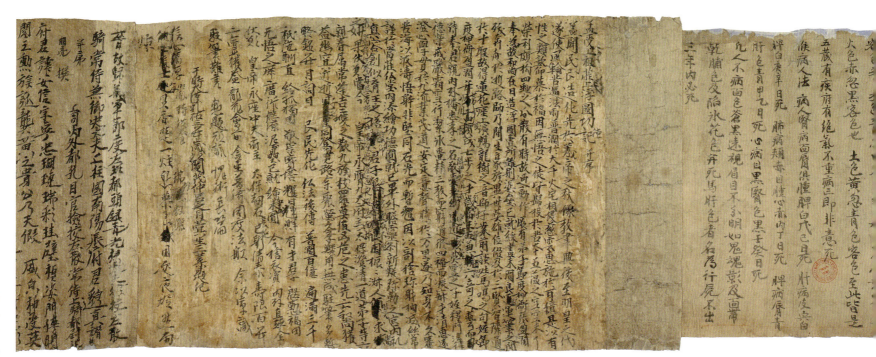

P.3390　　占氣色圖等（總圖）　　（二）

P.3390　　占氣色圖等（總圖）　　（三）

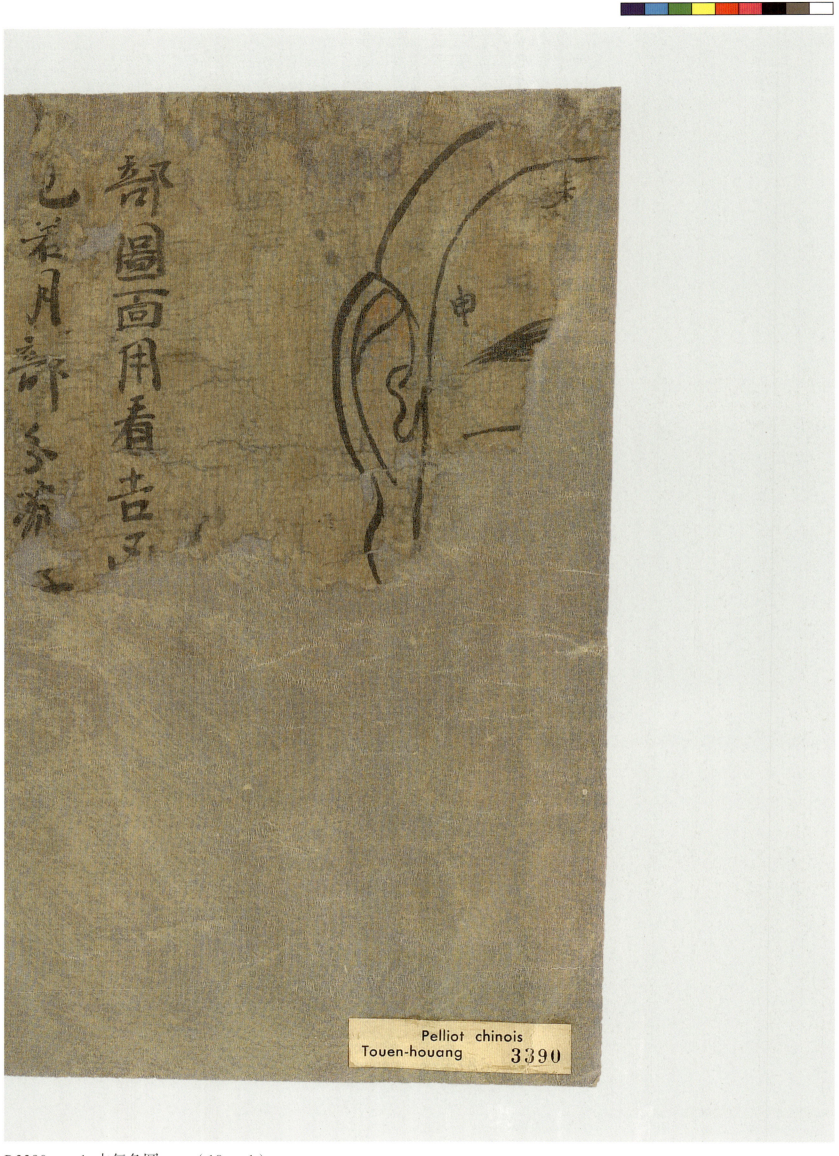

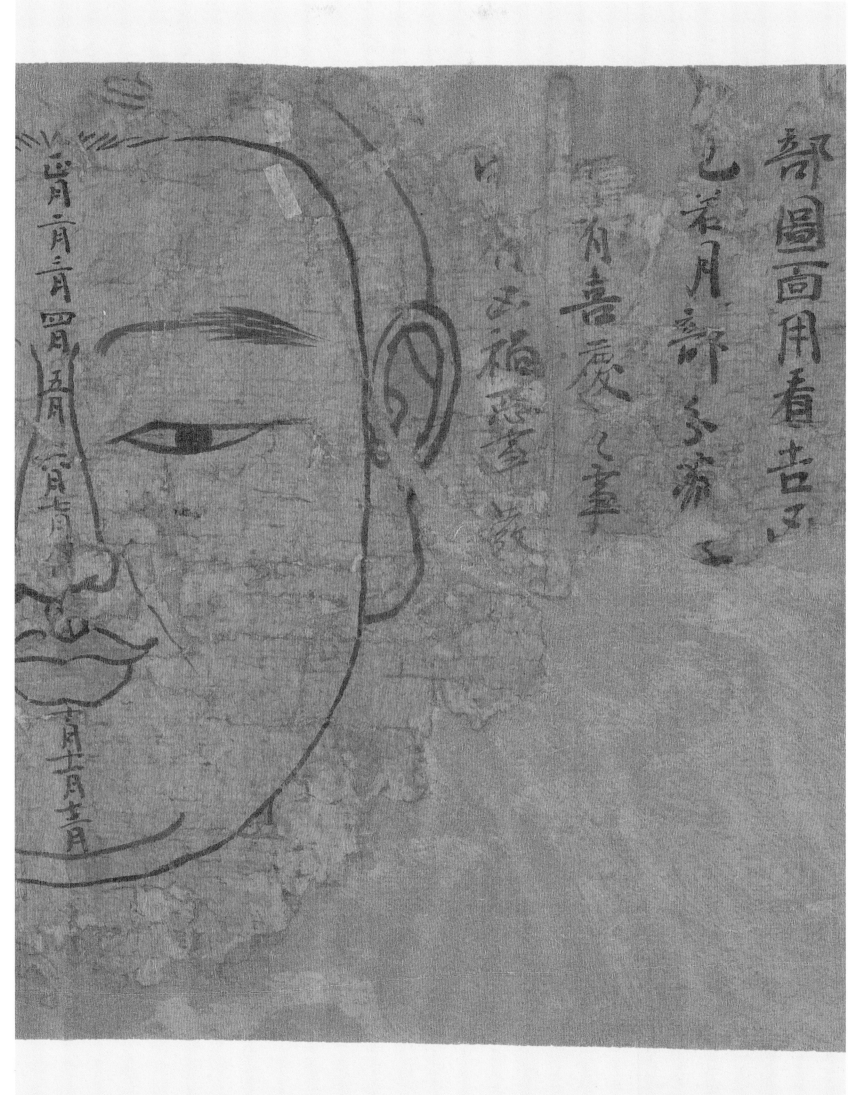

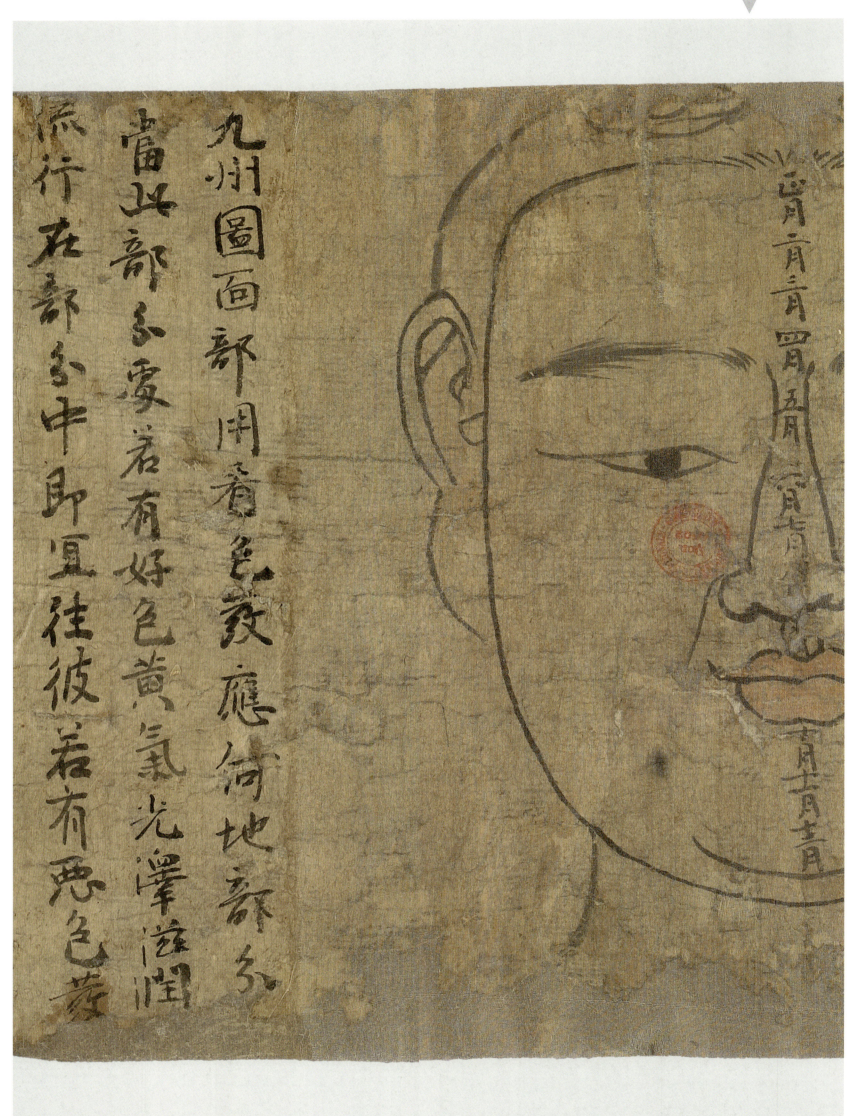

九州圖面部用看色氣應何地部分

當此部分憂若有好色黃氣光澤滋潤

流行在部分中即直往彼若有惡色氣

P.3390　　1. 占氣色圖　　（18－3）

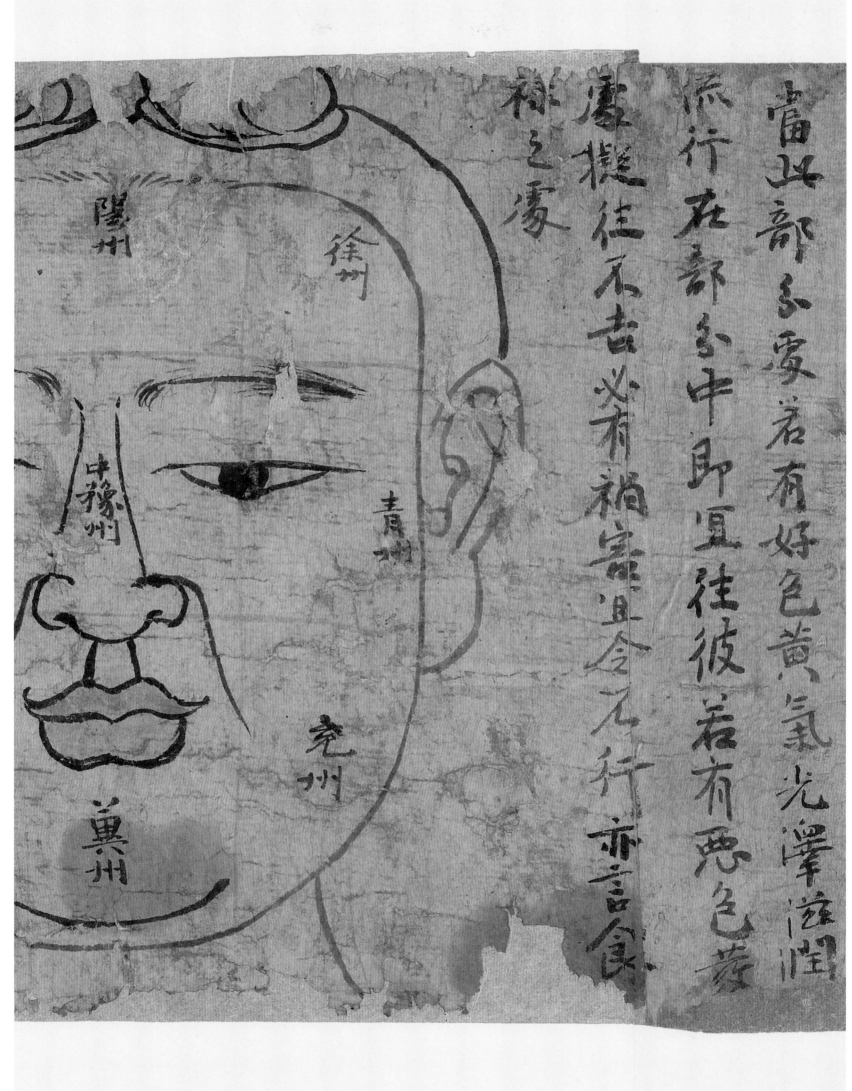

當此部不安若有好色黄氣光澤滋潤

流行在部各中即宜往彼若有惡色夢

憂擬往不吉必有禍害宜令无行亦言食

祿之憂

陽州

徐州

中豫州

青州

兗州

冀州

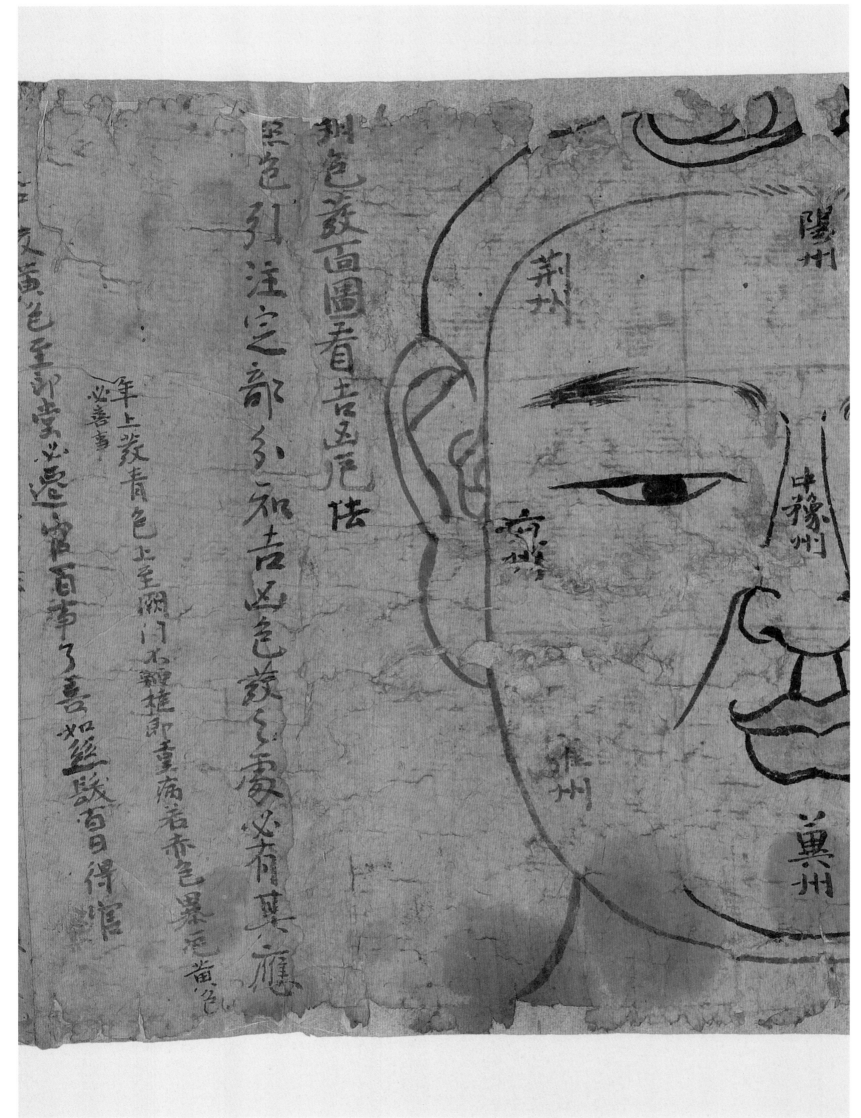

P.3390　　1. 占氣色圖　　（18—5）

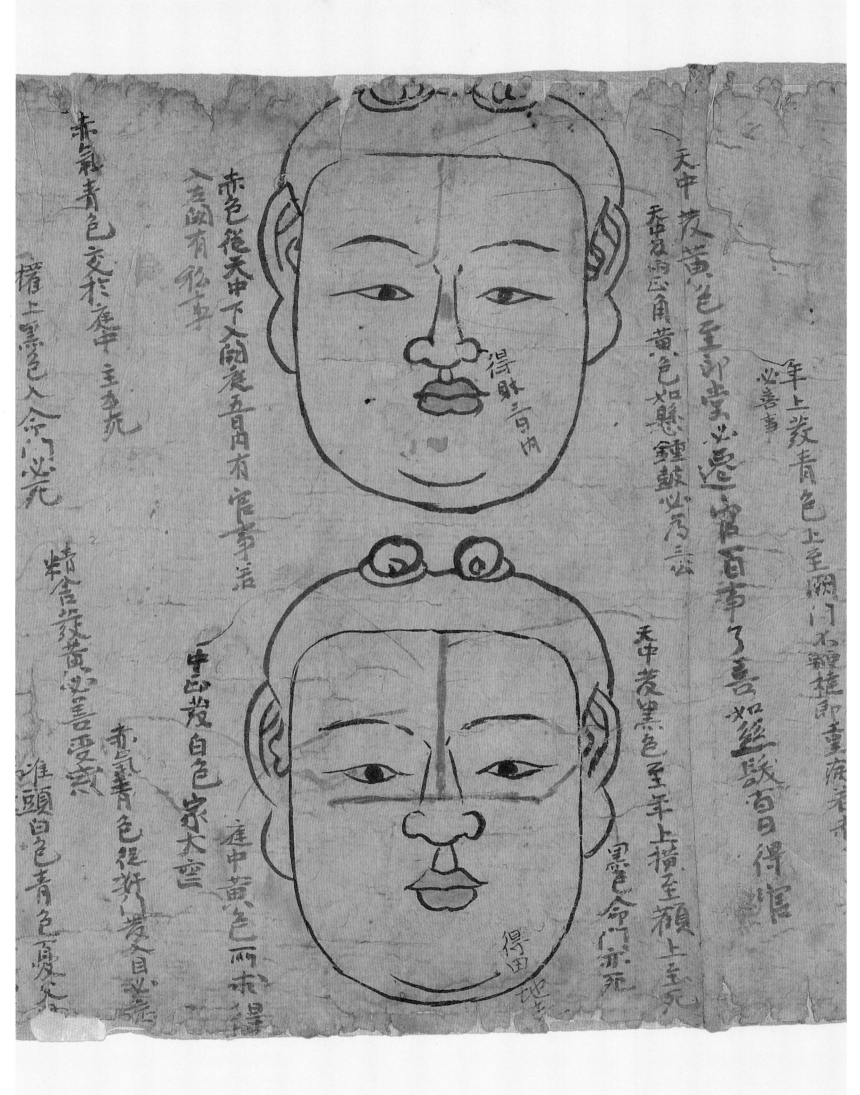

赤氣青色交於庭中 主李亢

赤色從天中下入闗庭五日內有官事吉

入玄幽有私事

赤氣青色交於庭中 主李亢

權上黑色入令必死

精舍發黃必善受歲

赤氣青色從折闗發交目必喜

淮頭白色青色百事交〔〕

庭中黃色已而求得

中正發白色宗大空

得脫百内

天中发黄色至印堂必遇富百事了喜如丝紙百日得冠

天中发病武角黄色如懸鐘鼓必為三法

年上发青色上至攔門不觧桎卽晝瘏老赤

必善事

天中发黑色至年上横至额上至死

墨色入命門亲死

得田地吉

P.3390　1.占氣色圖　（18—6）

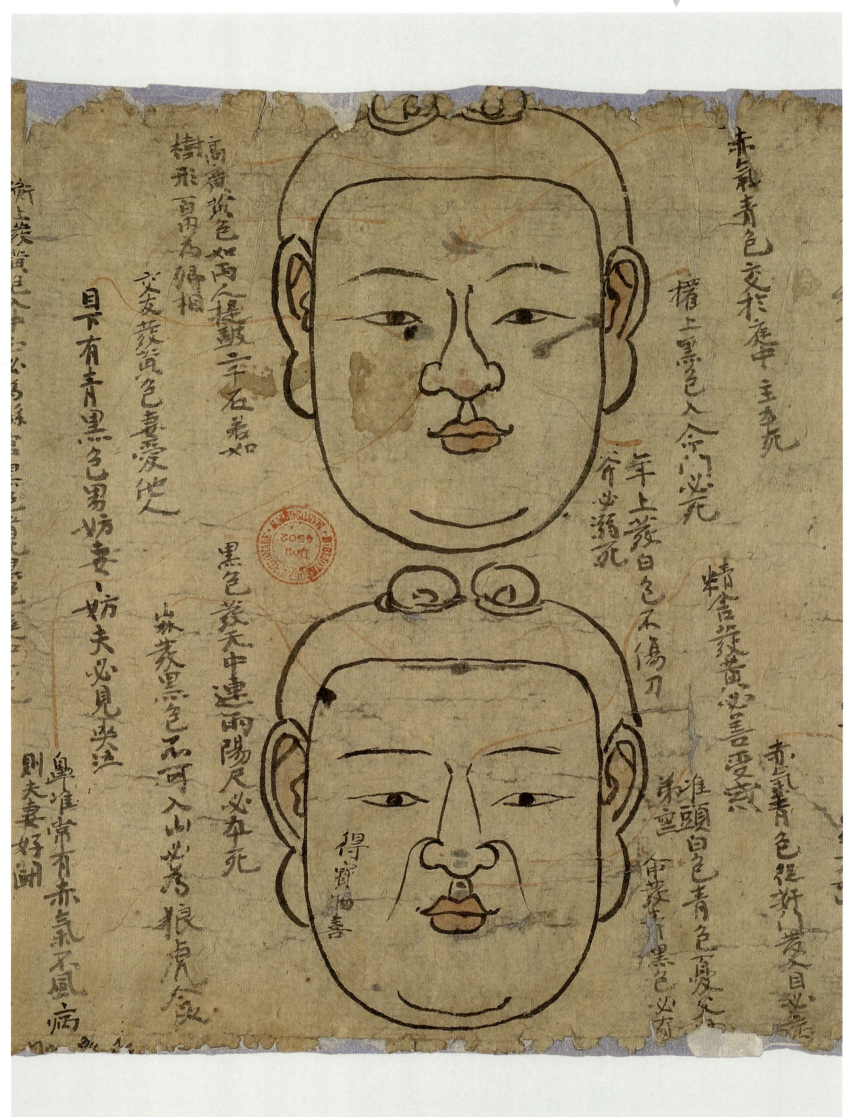

衛上黃色入中必高絛官不到望百官皆悲

高無黃色如兩人提頭半石差如

樹飛百兩兩痛根

父母黃色妻愛他

旦有青黑色男妨妻妨夫必見哭泣

黑色發天中連雨陽尺必卒死

嫩麥黑色不可入山必為狼虎令飲

鼻准常有赤氣不鳳病則夫妻好闘

赤氣青色交於庭中主卒死

權上黑色入命門必死

年上發白色不傷刀奸必溺死

精舍發黃必善愛憙

准頭白色青色憂火彩堂

中發青黃黑色必有

赤氣青色從折必發目必病

得寶物喜

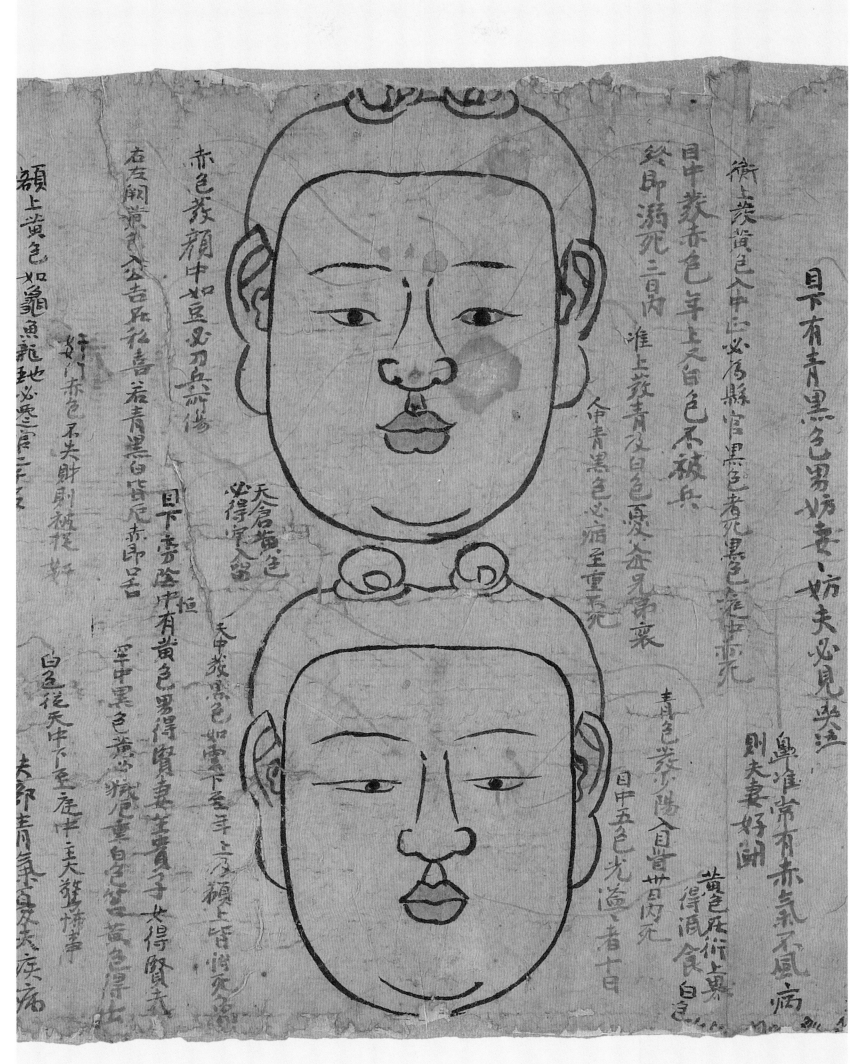

目下有青黑色男妨妻妨夫必見哭泣

鼻准常有赤氣不風病

則夫妻好鬪

衝上黃色人中正必為縣官黑色者死黑色從正亦死

目中赤色年上天白色不被兵

終即溺死三日內

准上發青及白色憂盜賊兄弟裹

令青黑色必病至重不死

青色發少陽入目當卅日內死

目中五色光溢者十日

黃色在術上嫁得酒食白色

夫卻青門氣盜賊夫疾病

白色從天中下至庭中去夫龍懽事

罪中黑色兼必獄危重白色等黃色得出

目下雷陰中有黃色男得賢妻主賣子女得賢妻

天中發黑色如雲下至年上及額上皆悲死亡

天令倉塘色必得守人留

目下發赤色年上天白色不被兵

好門赤色不失財別被捉軒

右左開黃色公吉名祿喜若青黑白皆厄赤即口舌

赤色發顏中如豆必刀兵血傷

額上黃色如龜魚龜起必憂官三失

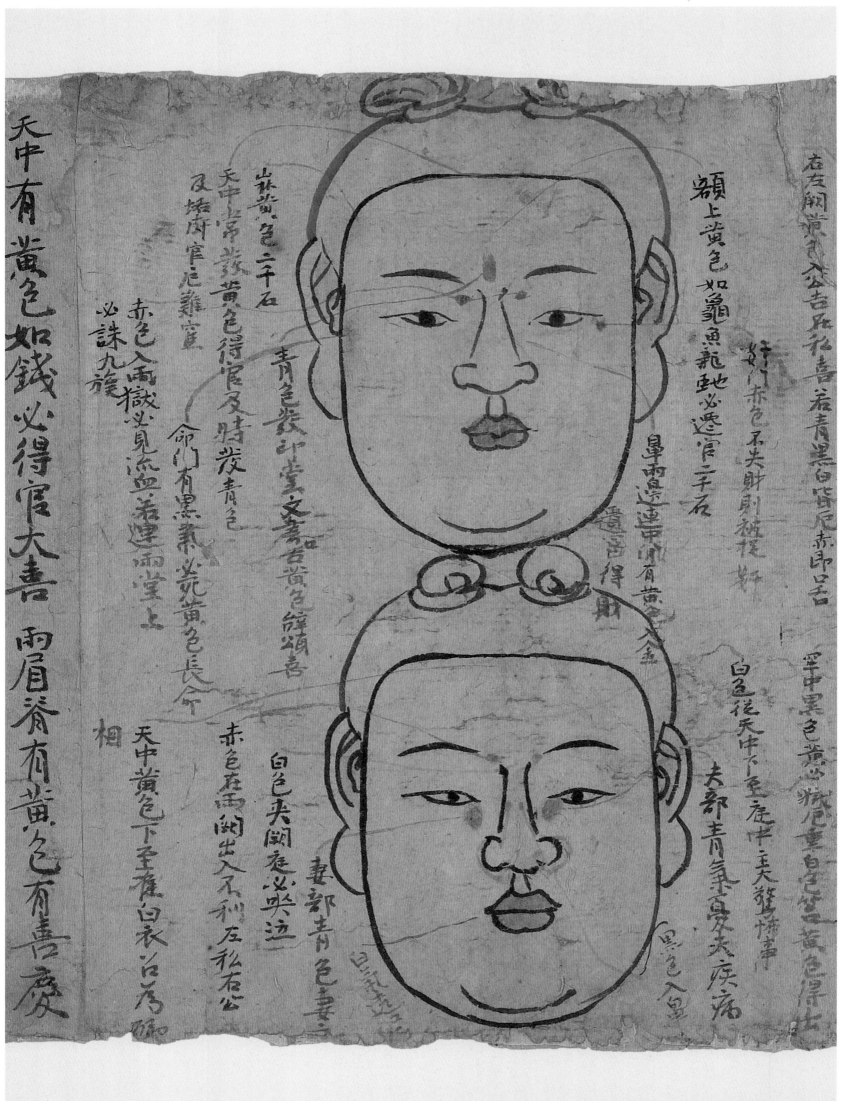

天中有黃色如錢必得官大喜　兩眉脊有黃色有喜慶

山林黃色二千石

天中上常發黃色得官及特發青色及結府官尼難宜

赤色入兩獄必見流血若連兩堂上必誅九族

青色發印堂文喜加爵色解頌喜

命門有黑氣必死黃色長命

相

天中黃色下至准白衣自爲殯

赤色在兩闕出入不利左私右公

白色夾闕庭必哭泣

妻部青色妻

額上黃色如龜魚龍地必遷官二千石

鼻兩邊連庫門有黃色入金

邊色得財

右左闕黃色公吉私喜若青黑白皆厄赤即口舌

奸門赤色不失財則被盜

罪中黑色必被獄厄重白色輕黃色得出

白色従天中下至庭中主夫雄憂事

夫部青氣來憂夫疾病

命門有黑氣必死黃色長命

黑色入獄

天中有黃色如錢必得官大喜　兩眉脊有黃色有喜慶

事　天中菱青黑色累如賈珠必三官夫爵　目兩當黑色

男窀婦窀夫　准兩旁菱黑色至堂上者必窀父母左父在

毋　羊上菱黃如金璪必新聞喜事　中正菱赤色必有官素

莊三目內　額上菱赤色必有鬪打流血　鼻准菱赤色黯

恕豆男必夫妻之必与夫新嗣爭乘離散　赤氣遶面迴

者必離妻若連項烟之炎色不絕者亦窀身召其人死

白色遶面迴者必有窀禍看左右臺上及上墓有惡黑色即

是父母眼　若左右額上有惡色應即是兄弟服及姊妹也

妻妻子有應卜言妻子　凡有凶死色有菱黃色挾之

必誅九龍

相

是父母服　若左右額上有惡色應即是兄弟服及姉妹也

若妻子有應即言妻子　凡有厷死色有發黃色挟之

連也縱有病不至死　道上發黃色及白色行往吉加之魚

尾黃氣耳一千里之外　若魚頭有黃氣者早迴之象

若道上色赤黑青勿往不吉　相女人産知男女左目下

又黃氣生男右目下發黃色生女　女人兩額上常黃色得

貢天　黃色發額上如衣帶必遷官　黃色出闊門迎

天中如龍形三日内受封　耳門發黃色必有喜事至不

三月間即五日必聞　黃色出天中如樓閣不出三年大富貴

白氣上天中則夫官祿　闊庭發黃色如懸鍾三公相

黃白色出天中愛人如鏡先墨貴石久　黑色發天中下至

白氣上天中則夫官祿　閣庭菱黃色如懸鍾三公相

黃白色出天中煥〻如鏡光墨貴不久　黑色菱天中下至

羊上如雲必夫官身死　鬭庭菱赤色身必被繫　立中有

色如挑花不久必封侯　黃氣後雨軍連〻入闕門必為卿相

中正菱黃氣如螺杀此下至鬭庭改入九卿

相連必欲有喜事至　人面無敵并愛或菱脣氣寒氣赤氣

束楮劍氣有此壮見者若無大憂必有灾禍動即宜慎身

請福　　凡人面有本色忽變　本金色白忽赤色則

客色來　木色青忽白客色來

請福

火色赤忽黑客色也　土色黃忽青色客色至此皆是

水色黑忽黃客色也

五藏有疾府有絕氣不重病三即非意死

P.3390　　1.占氣色圖　　（18—12）

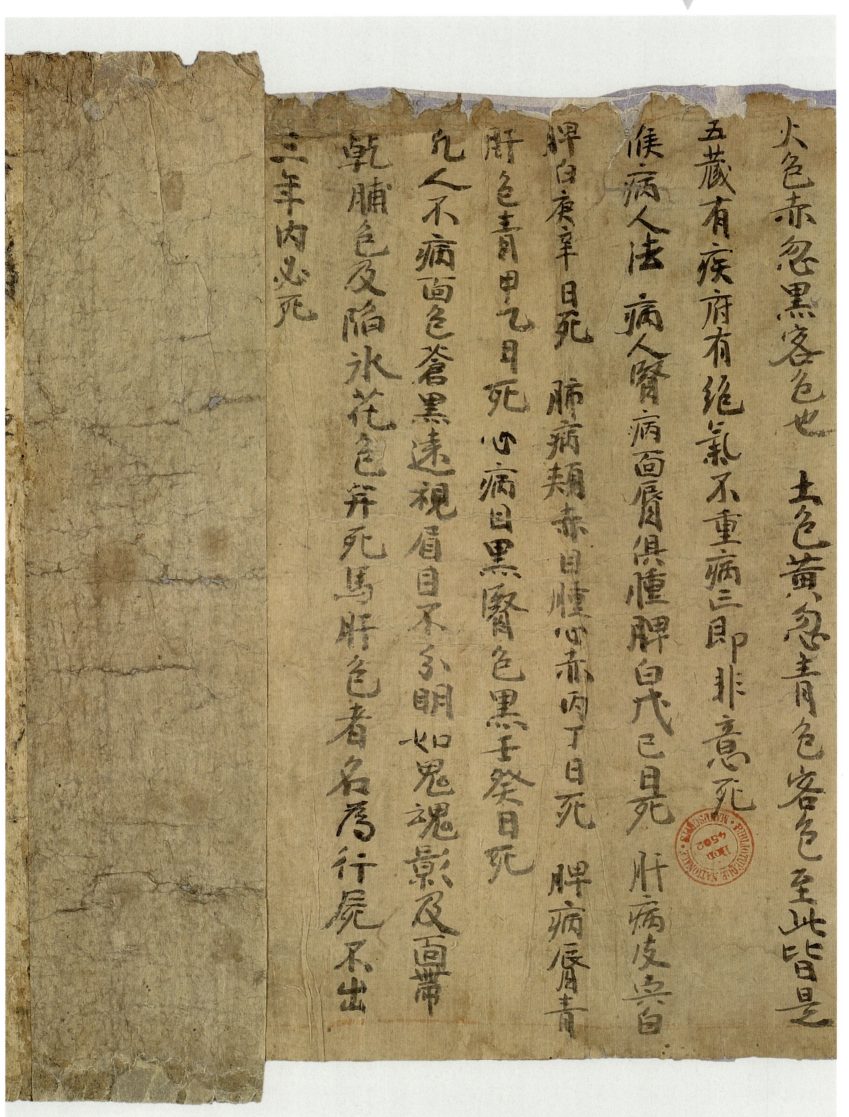

火色赤色黑客色也　土色黃忽青色客色至此皆是
五藏有疾府有絕氣不重病三即非意死
候病人法　病人腎病面唇俱腫脾白戊己見
脾白庚辛日死　肺病頰赤目腫心赤丙丁日死　脾病辰唇青
肝色青甲乙日死　心病目黑腎色黑壬癸日死
凡人不病面色蒼黑遠視眉目不分明如鬼魂影及面帶
乾脯色及陷冰花色并死馬肝色者名為行屍不出
三年內必死

P.3390　　1. 占氣色圖　　（18—13）

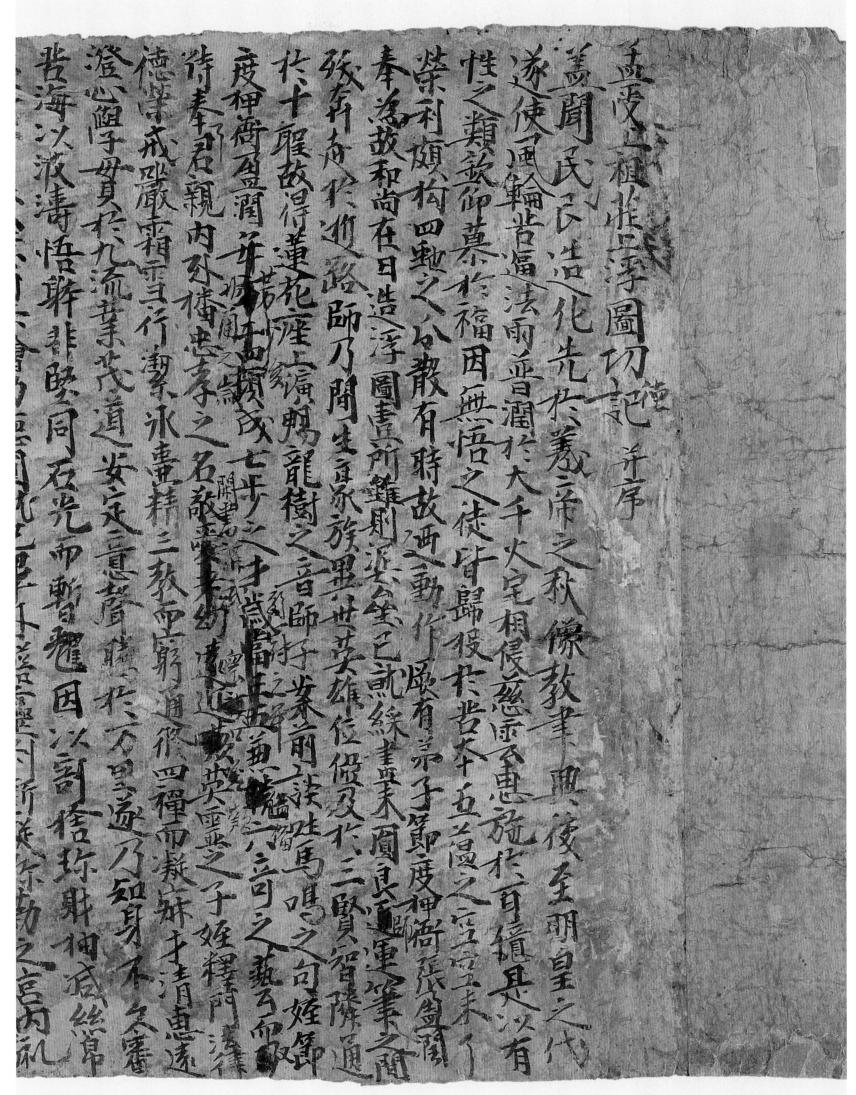

孟受上祖莊上浮圖功德記并序

蓋聞民氓造化先於羲皇之秋，像教肇興，後至明皇之代，
遂使風輪普遍，法雨普潤於大千火宅，相侵慈雲惠以有
性之類，欽仰慕於福田，無悟之徒，皆歸投於普渡，投其
榮利頗構四動之人，散有將故，是以宗子節度神悟氏雙隨
奉為故和尚在日造浮圖畫所雖則委金已就，綵畫未周，良逼重筆之閒，
殘奔有於逝路，師乃聞生真家族，里世英雄徑傍及於三賢智隆通
於十聖故但得蓮花遍鴨，龍樹之音，師於紫前談生馬鳴之句，姪節
度神悟親內孫儞之名敬遷□□□英靈之子，姪釋門□
待奉君親年□□幼□□□□□□□□□司敬
德澤氏嚴霜雪行□永壺精神三藜亞窮通於四禪而凝妍十清月惠遂
澄心儞子母貞孝九流葉茂道，安定三意聲聽於八里逐乃知身不久晝
普海汲浪濤悟聊非暎同石光而暫羅因以高捨琛財神感絲帛

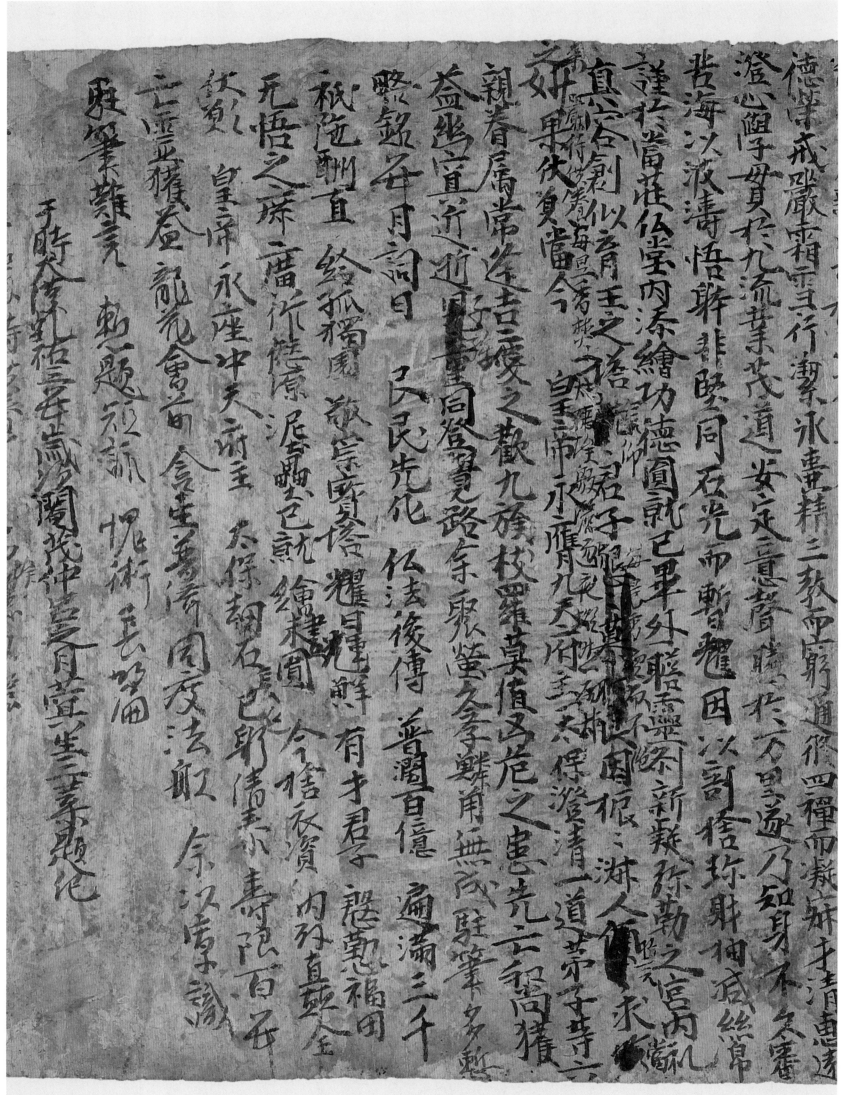

P.3390　　　2. 孟受上祖莊上浮圖功德記并序　　　（18 — 15）

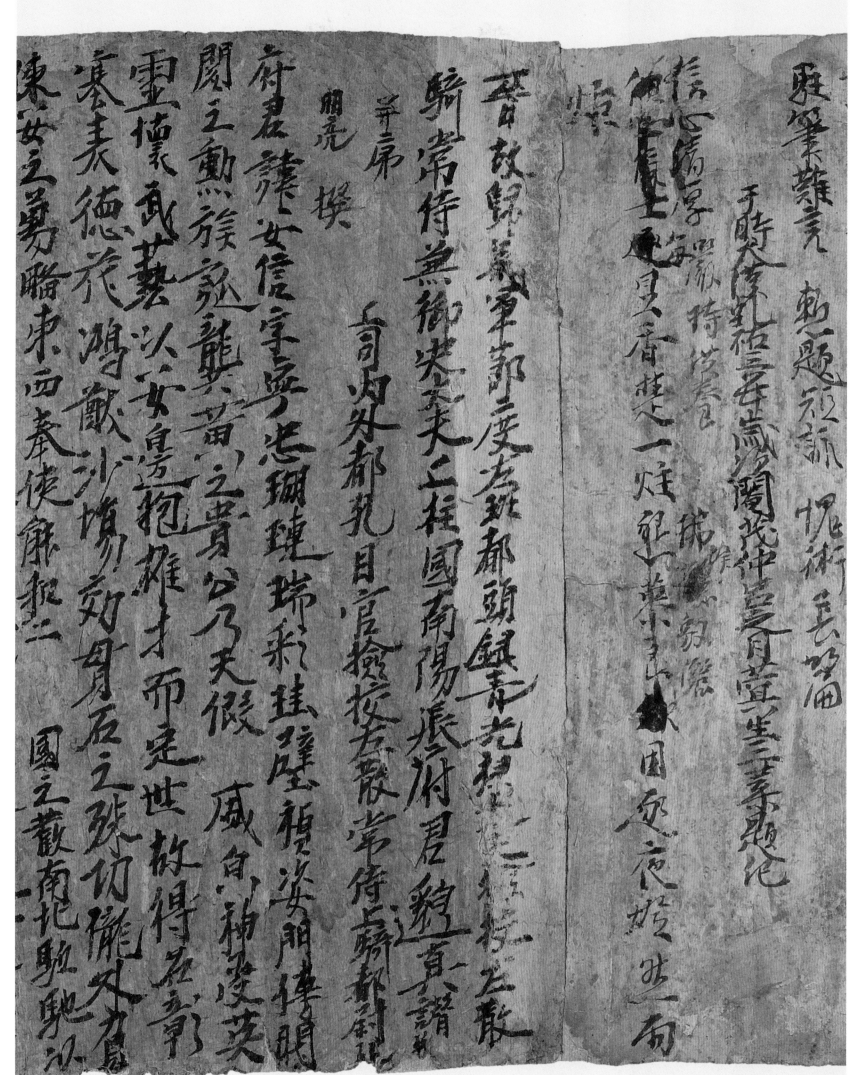

P.3390　　2.孟受上祖莊上浮圖功德記并序　　3.張安信邈真讚并序　　（18—16）

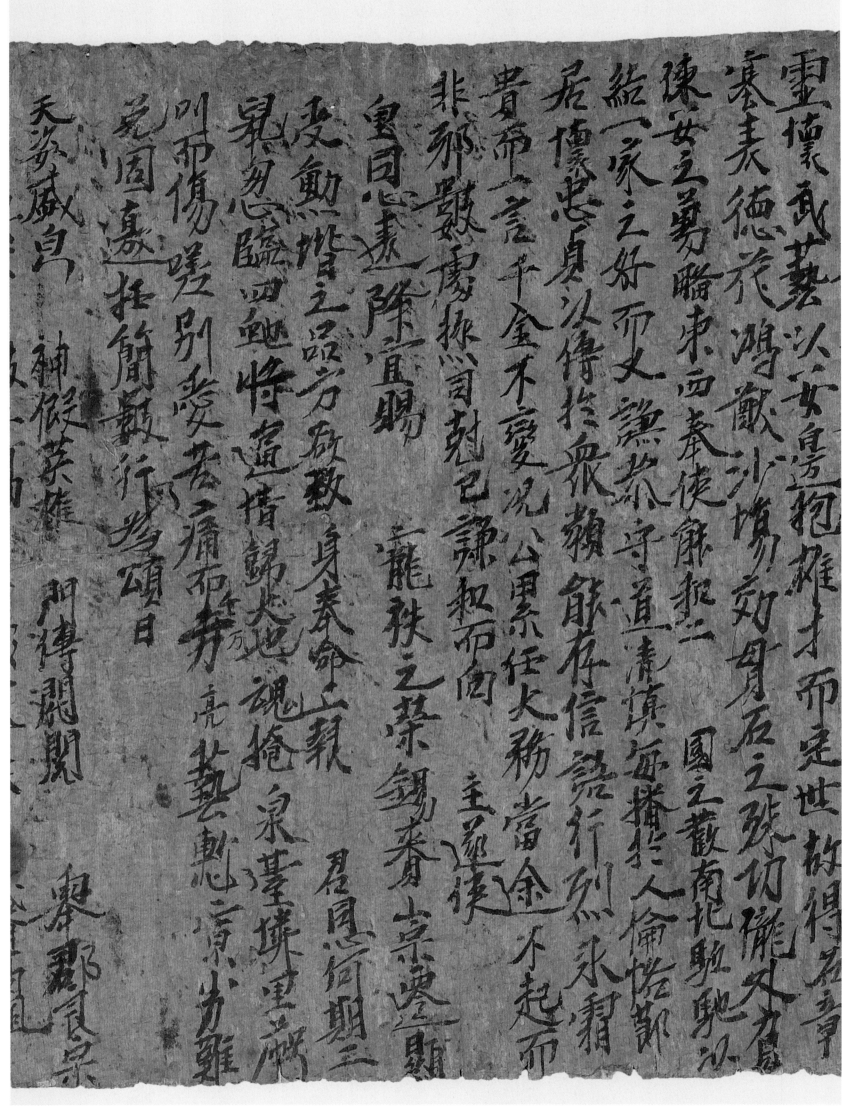

靈懷武藝以安邊，抱雄才而定世，故得名彰
寰表，德茂鴻猷，沙塲效用，居右之殊功，能文力宣
陳安之勇略，東西奉使，廉潔二　國之歡，南北驅馳，以
結一家之好，而又謙恭守道，清慎無播於人倫，恪節
居懷，忠貞以傳於衆，張賴能存信，竭行烈，永霜
貴而一言，千金不變，況公累任大務，當途　不起而
非鄉覩處，振照司克己，謙和而向　主爲達使
皇因心遠，降宣賜　一龍，秩之榮錫，眷崇遷題
受勳，增之品，方欲致身，奏命之秋　君恩何期三
鼠忽忘臨四魁，悟富遶情，歸大逝，魂掩泉臺，壞里藏
川而傷嗟，別愛春之痛而昇余万，亮藝勳之京方雖
苑固遐遠，抂簡𢿙行，以為頌曰
天姿威貞　神假英雄　門傳閥閱　奧奉郡良宗

P.3390　　3. 張安信邈真讚并序　　（18—17）

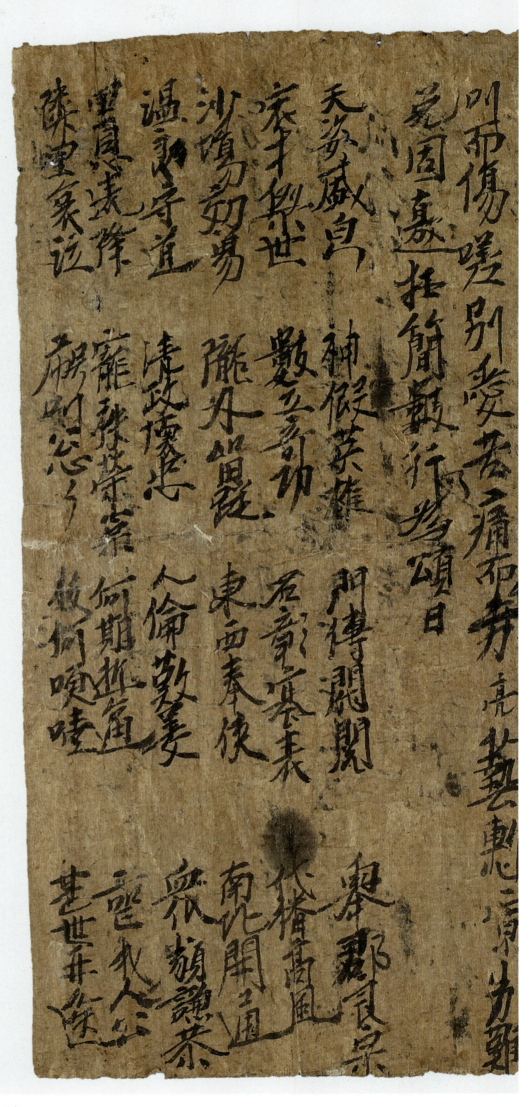

P.3390　　3. 張安信邈真讚并序　　（18—18）

第一一三册　伯三三八一至伯三四○四背

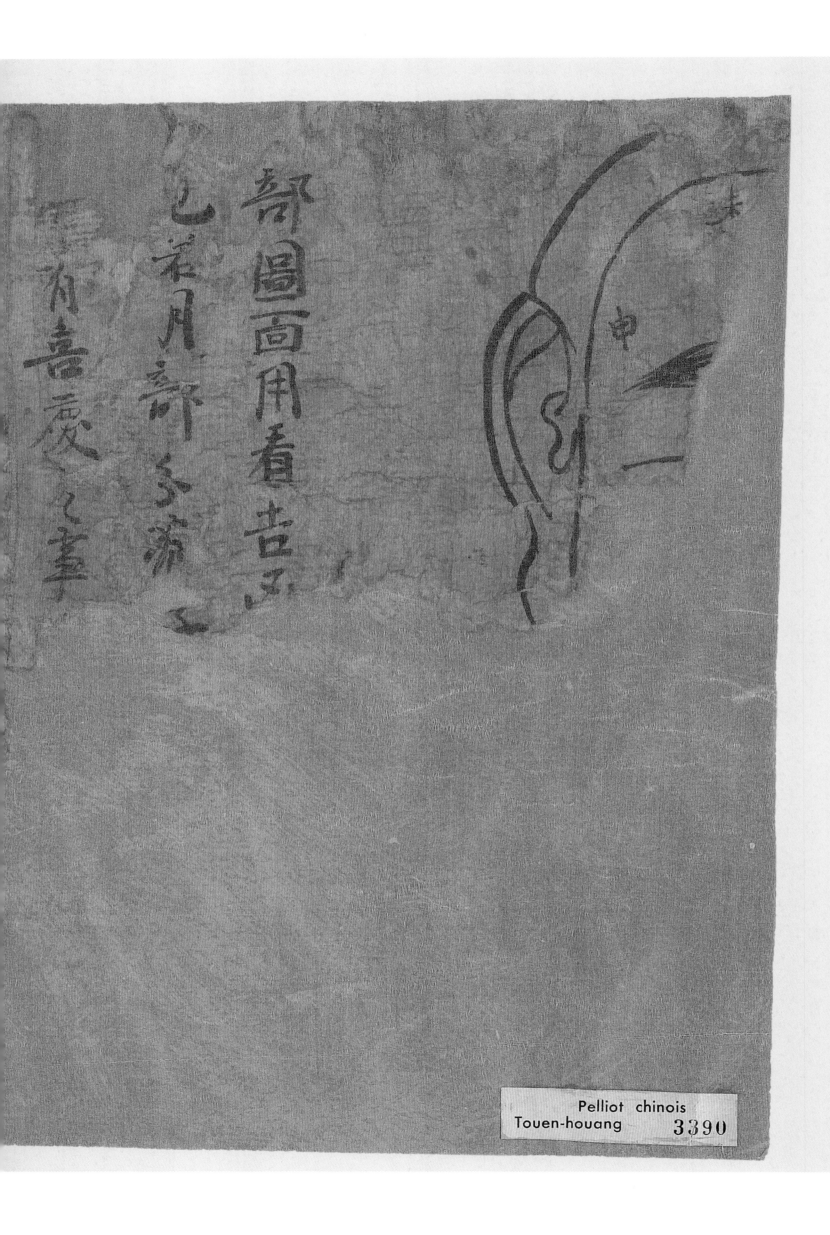

法國國家圖書館藏敦煌文獻

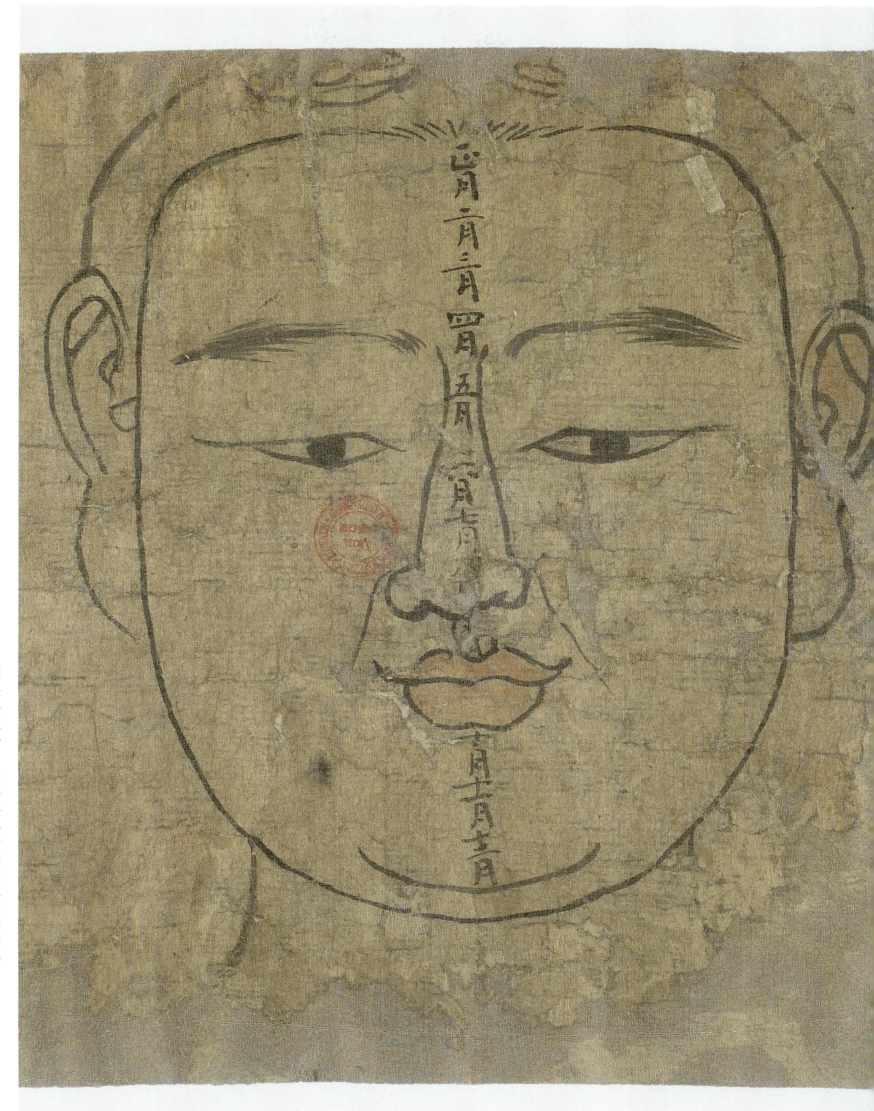

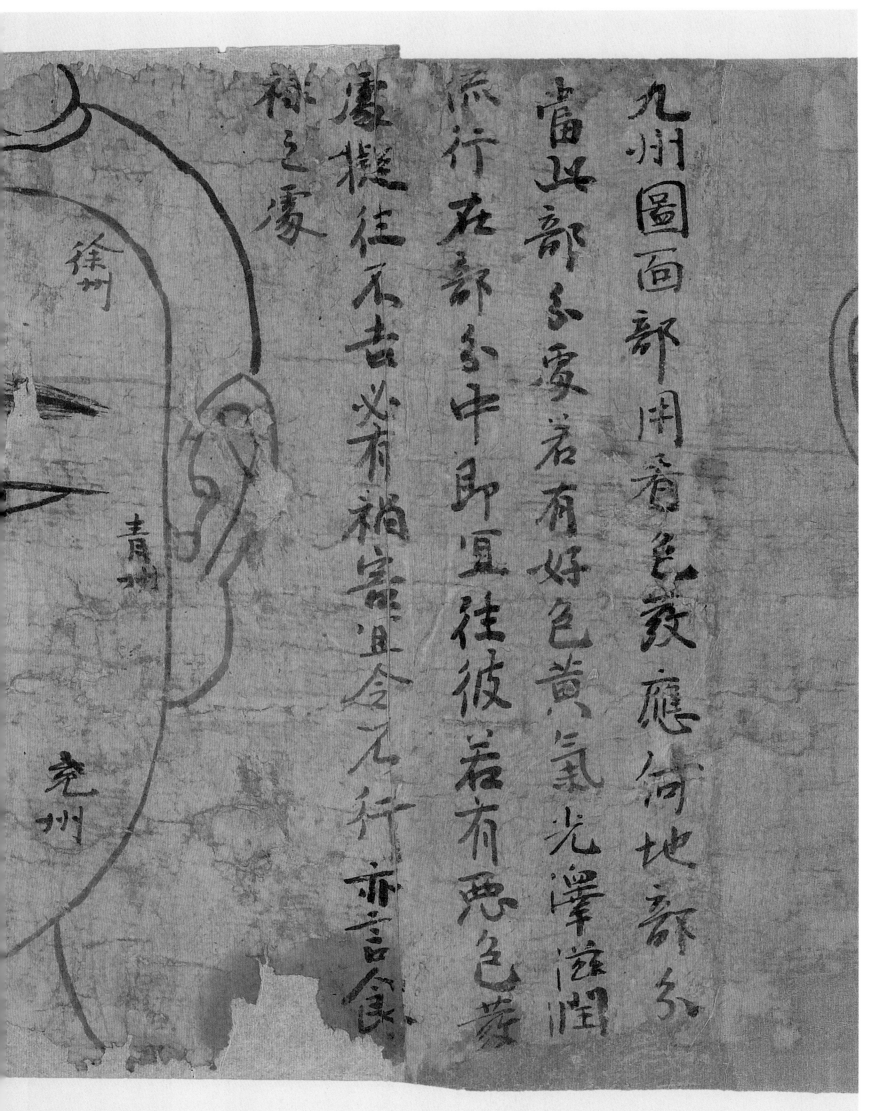

九州圖面部用看色發應待地部分

當此部分憂若有好色黃氣光澤滋潤

流行在部分中即宜往彼若有惡色發

慶擬往不吉必有禍害宜今无行亦言食

徐州

青州

兗州

禄之憂

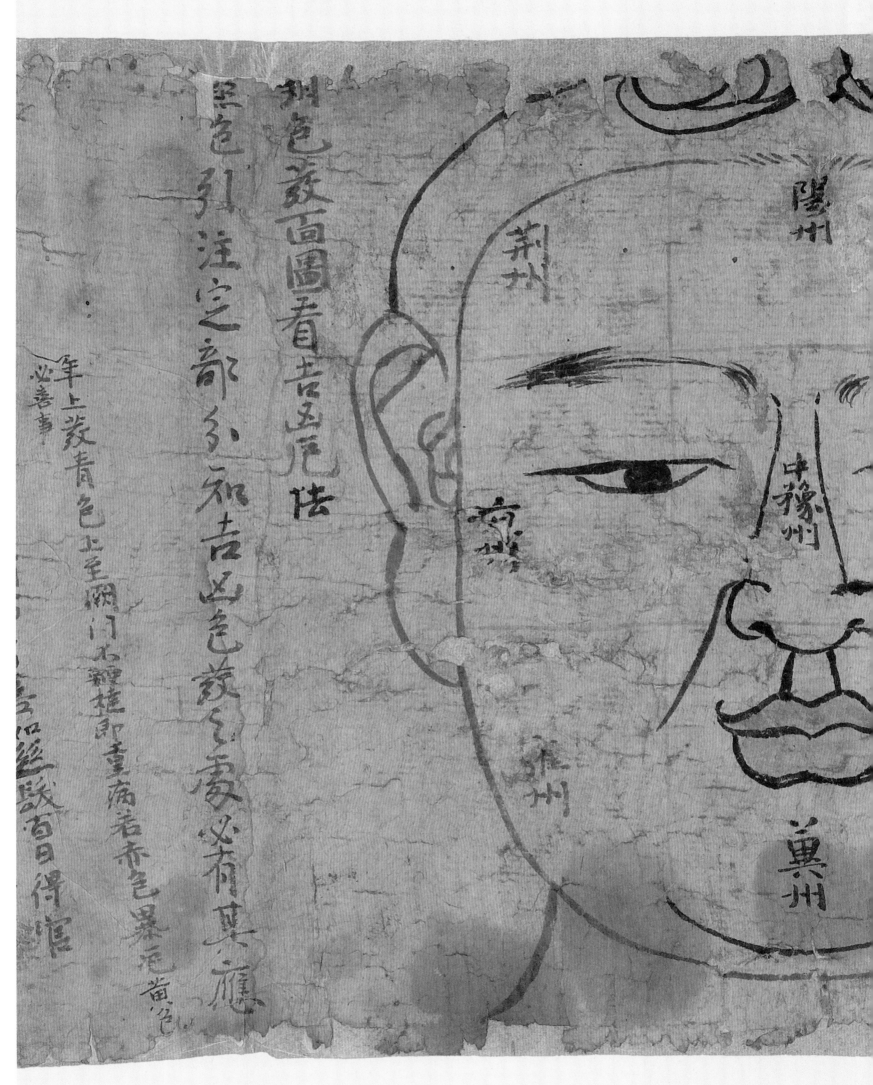

觀色驗面圖看吉凶死法

黑色引注定部分知吉凶色驗之處必有其應

年上發青色上至闕門不經枝即重病若赤色暴死黃色

必善事

延誅百日得□

陽州

荊州

宼

中豫州

雍州

萬州

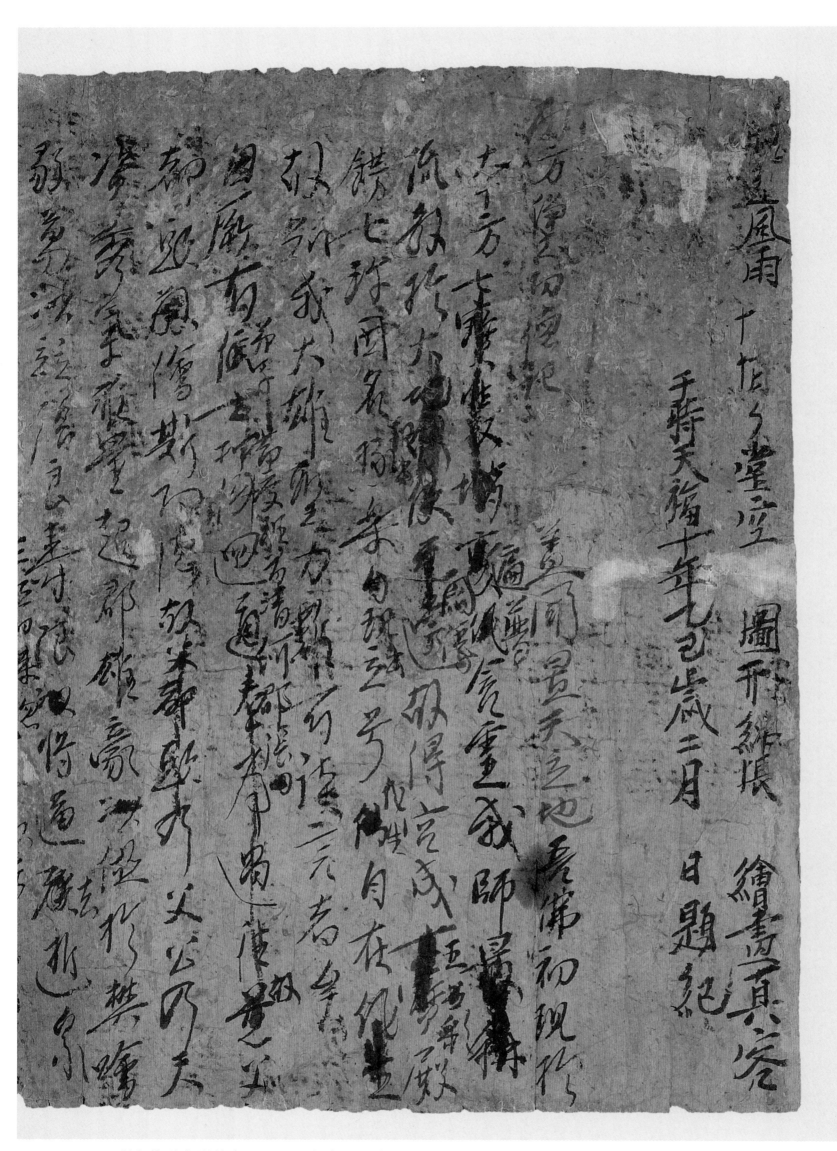

P.3390v　　1.張安信邈真讚并序　　2.西方浄土功德記　　（5—1）

P.3390v　　2. 西方净土功德記　　（5—2）

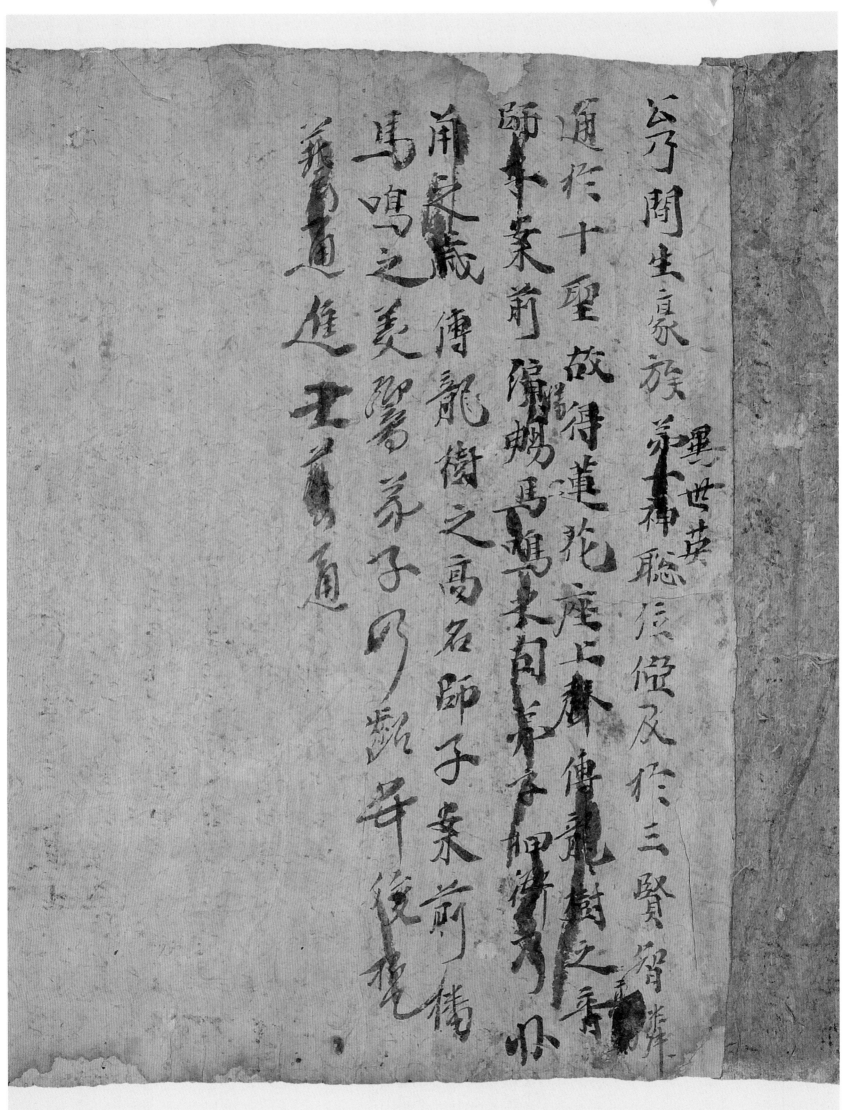

公才開生豪族 豪才神聰 俱及於三賢留擗

通於十聖 故得蓮花座上親傅龍樹之香

師乎案前 編暢馬鳴束向朱容細辯天仍

甬是歲 傅龍樹之高名 師子案前備

馬鳴之美 譬蒙子乃數年後龍

義道 進 王貢迥

P.3390v　　（5—4）

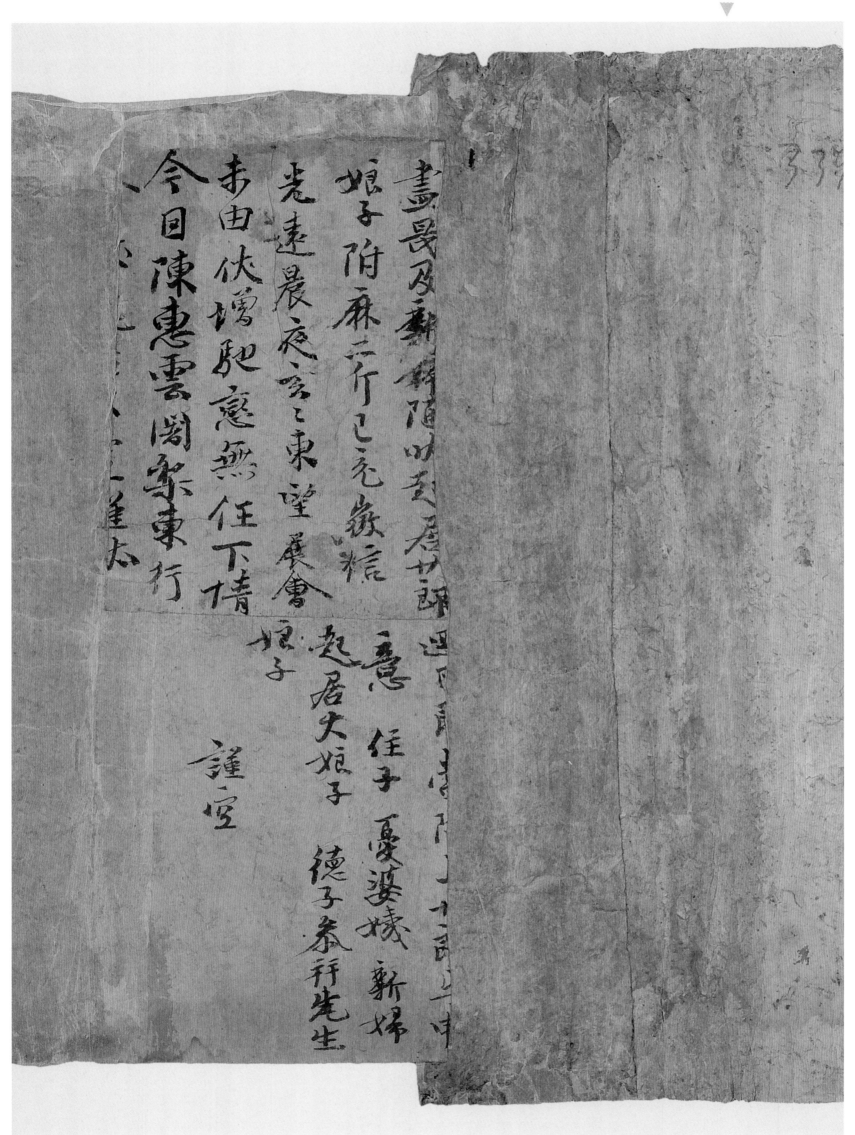

畫景及薪料隨時支屆廿郎迴日尚有胳一十四五碩
娘子附麻二斤已充嚴糧
光遠晨夜言之東壁隈會
                                          娘子
赤由伏惟肥恩無任下情                    謹空
今日陳惠雲閣案東行
                              意 任子 憂婆矮 新婦
                                  趙居大娘子
                                      德子恭拜先生

Bibliothèque nationale de France

# Pelliot chinois 3391

更莫

冥野

彼來市題 發遣 諂勳 行步跪拜 馳驟

死罪 並敢隱過 出入来去 奔走 進趁

不踈多有 鑄失 怠通 文狀 乞行 鞭脊

聰朋 智慧 情達 楼罪 精神 弓事

3391

真物 不吐本情 湯言 誑語

話阿 □□ 取宽

繋縛 囚禁 牢獄

□臁 搜撿 狀

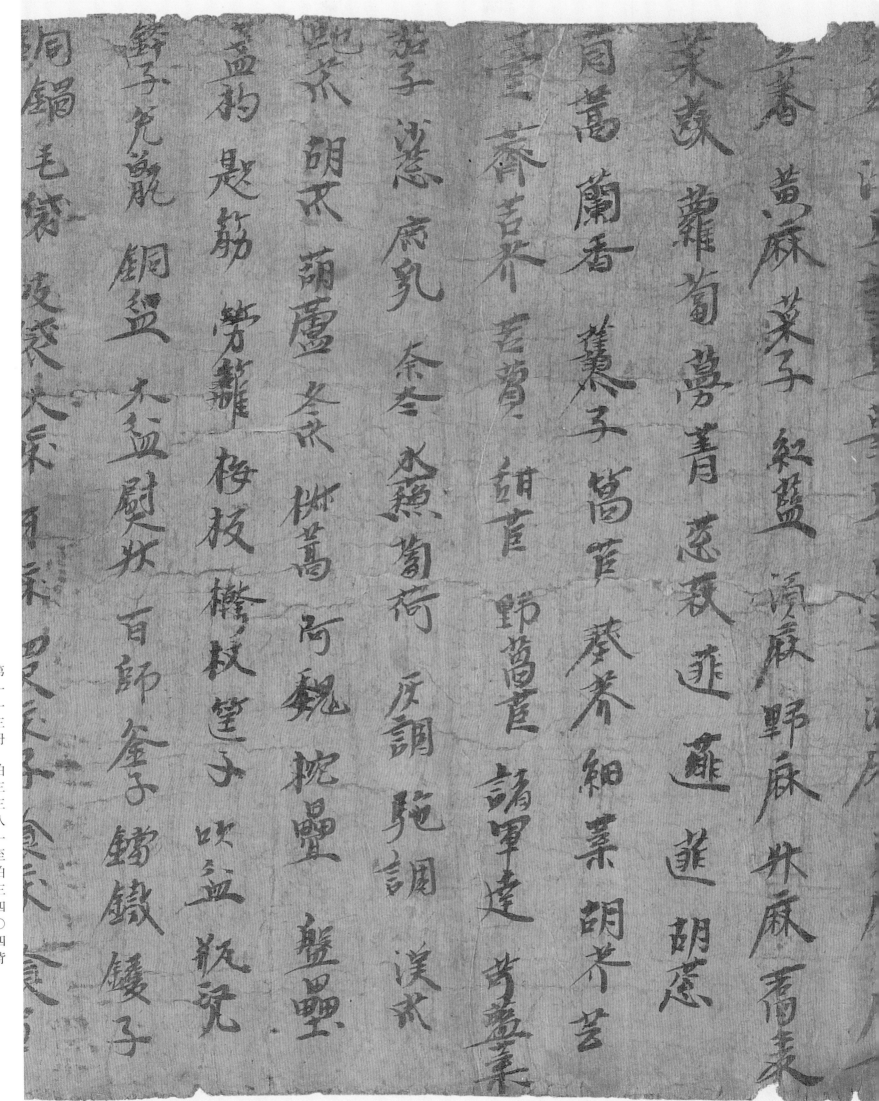

P.3391　　雜集時用要字　　（3—1）

第一一三册　伯三三八一至伯三四〇四背

鏵子兒㲲　銅㿻　木盆尉狀　百師　釜子　鑊　鐵鏍子

銅鍋　毛毯　夜袋　大床　牙床　四尺床子　飡床　飡單　飡刀

築榸木　警筐　箱稜　櫃　橙　梓　桄　五牀　飡刀

鐵鏍　胡鏍　本鍱　鏻匙　針線　鈒稅　鏡尺　剪刀

鏡合　枕馬　骨篦　牙篦　鑷子　磨　針線藏　釘鏵

胡粉　燕指　甲指　合子　翠子　花子　韻子　頭驗　炸合　圓圈

飡㲲　角權　赤權　長玉　白橃　羊筋　熊榮　櫃子炭

使用物　騎鐵　鐵鉮鑘　鈒樄　樄櫃　車載　相輖輌

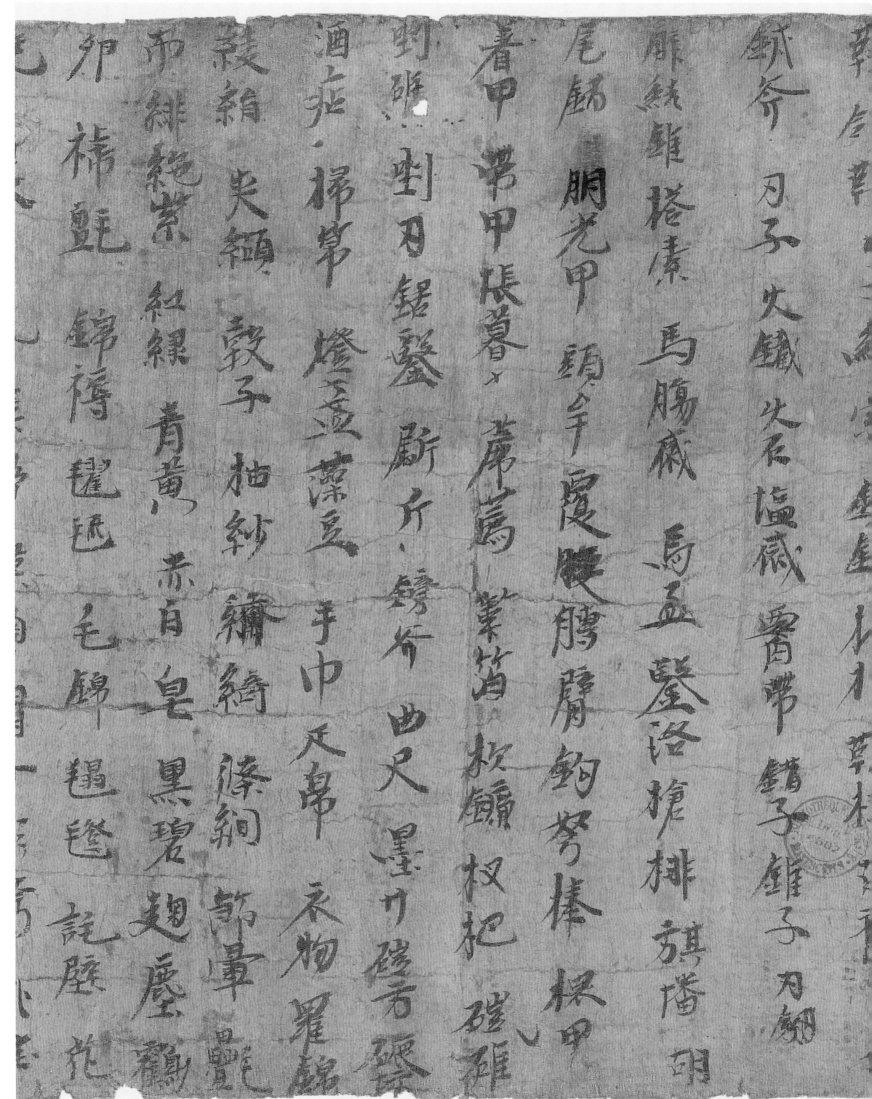

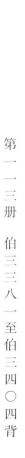

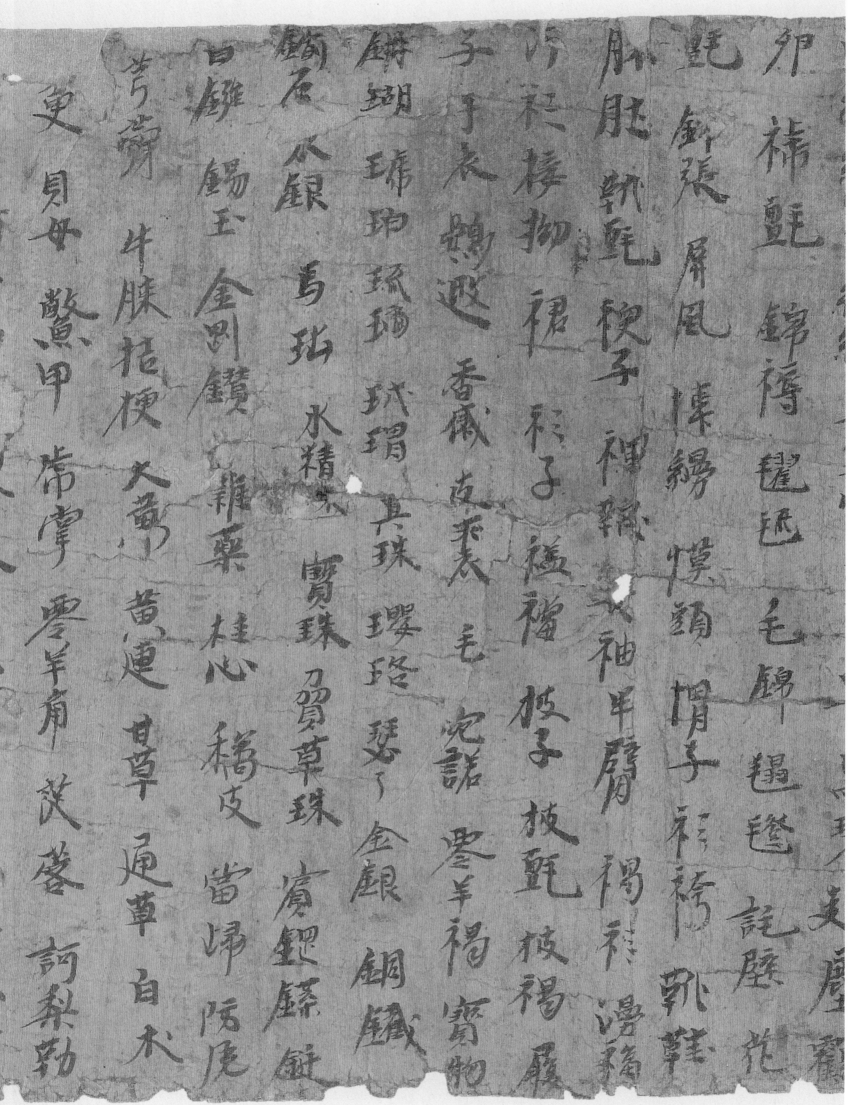

卯 裌毹 錦褥 氀㲪 毛毯 氍毹 誏㲪 花

毹 釧釵 屏風 帳幔 幰幰 幌 帽子 袜裙 裈 郭鞋

胝胘 靴氈 襪子 禪職 裲袖 半臂 褐衫 褥

汗衫 襂袘 裙 彩子 穊襠 披氈 披褐 寶物

子子衣 媸逝 香㯃 夜表 毛 宄誏 羖羊褐 寶物

餅蝴 瑚珊 珃瑚 玖瑠 寶珠 瓔珞 琵琶子 金銀 銅鐵

鉤石 銀 鳥玭 水精 寶珠 翌草珠 嬪罂鋚 鋌

日鑞 錫寶 金剛鑽 離粟 桂心 槁皮 當歸 防巳

芎藭 牛膝 桔梗 大黃 黃連 甘草 通草 白术

更貝毋 鱉魚甲 蒂牢 零羊角 茇藭 訶梨勒

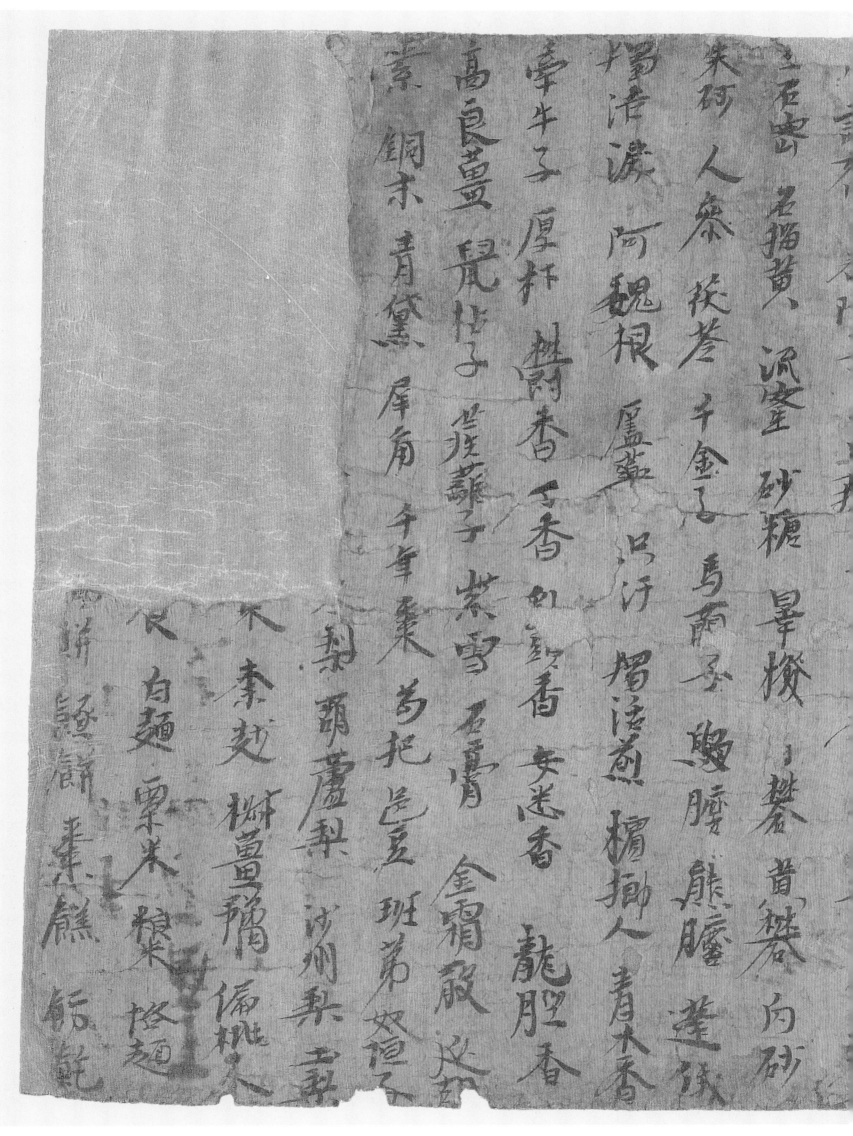

玉齒 苦揝黄 沉螯 砂糖 皁礬 首蓿 内砂

朱砂 人參 茯苓 千金子 烏梅子 熊膽 蓬茯

滑濃 阿魏根 盧薈 泥汙 榴法煎 檳榔人 青木香

牽牛子 厚朴 栜蘭香 千香 安息香 龍膽香

高良薑 昆桮子 蓯蓉子 紫雪 石膏 金霜殼

銅末 青黛 犀角 千年棗 芍药 班蝥

粟 銅末 梨頭盧梨 沙州梨棗

不素起 槲薑糯 偏桃

尺白麵 粟米 糧棗 餢飳麵

餅餢飳 棗來饊 紕飥

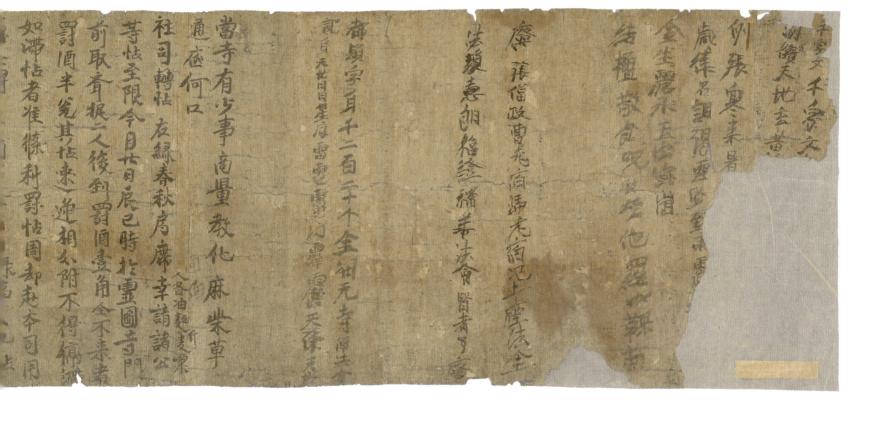

法國國家圖書館藏敦煌文獻

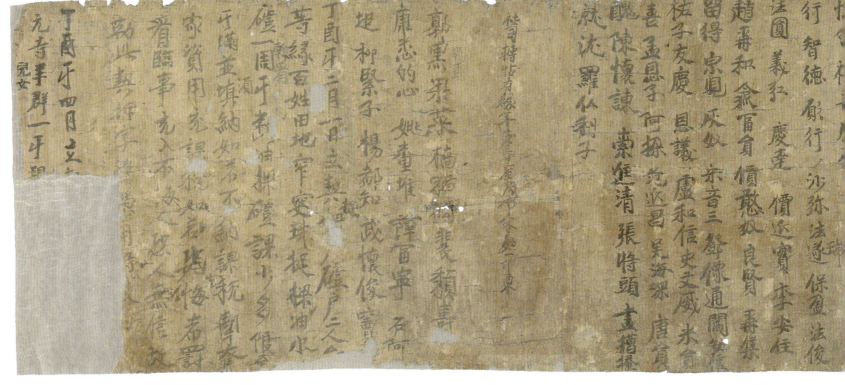

P.3391v　　千字文等（總圖）

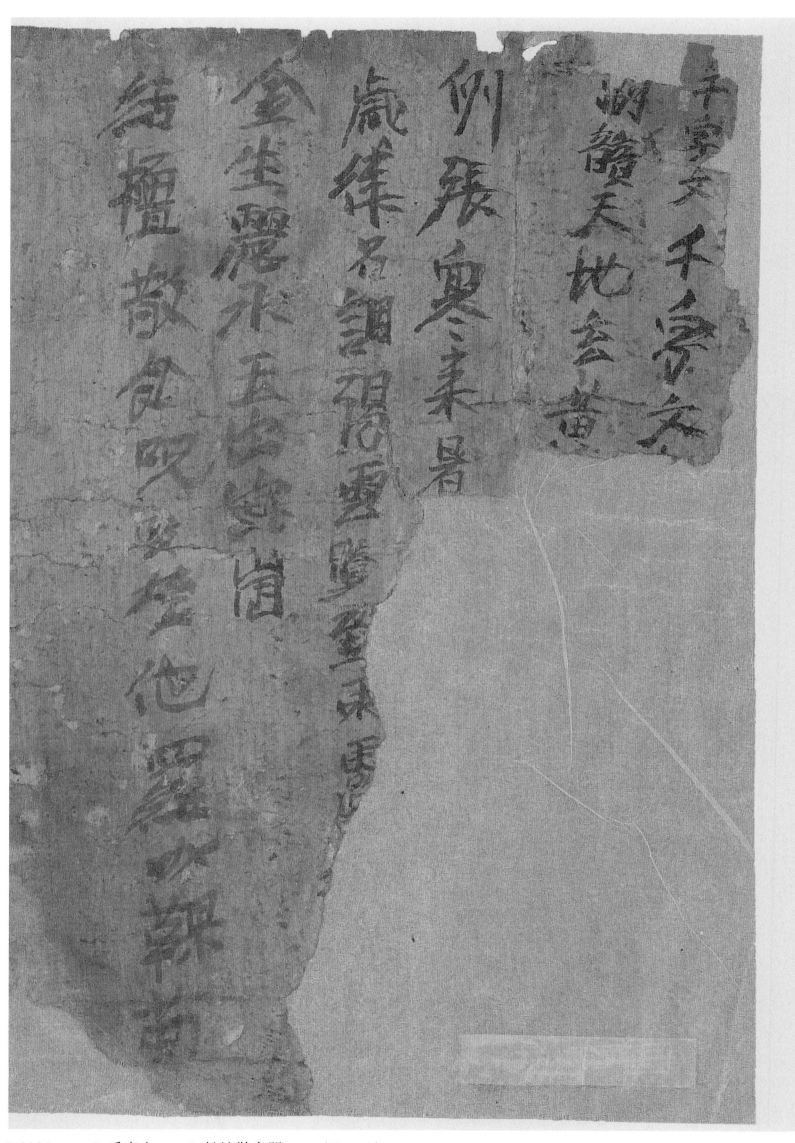

千字文

千字文
天地玄黄

例張寒來暑
歲律呂調陽雲騰致雨露結為霜
金生麗水玉出崑岡
結壇散食呪既空他處墨水課□

P.3391v　　1. 千字文　　2. 結壇散食呪　　（7—1）

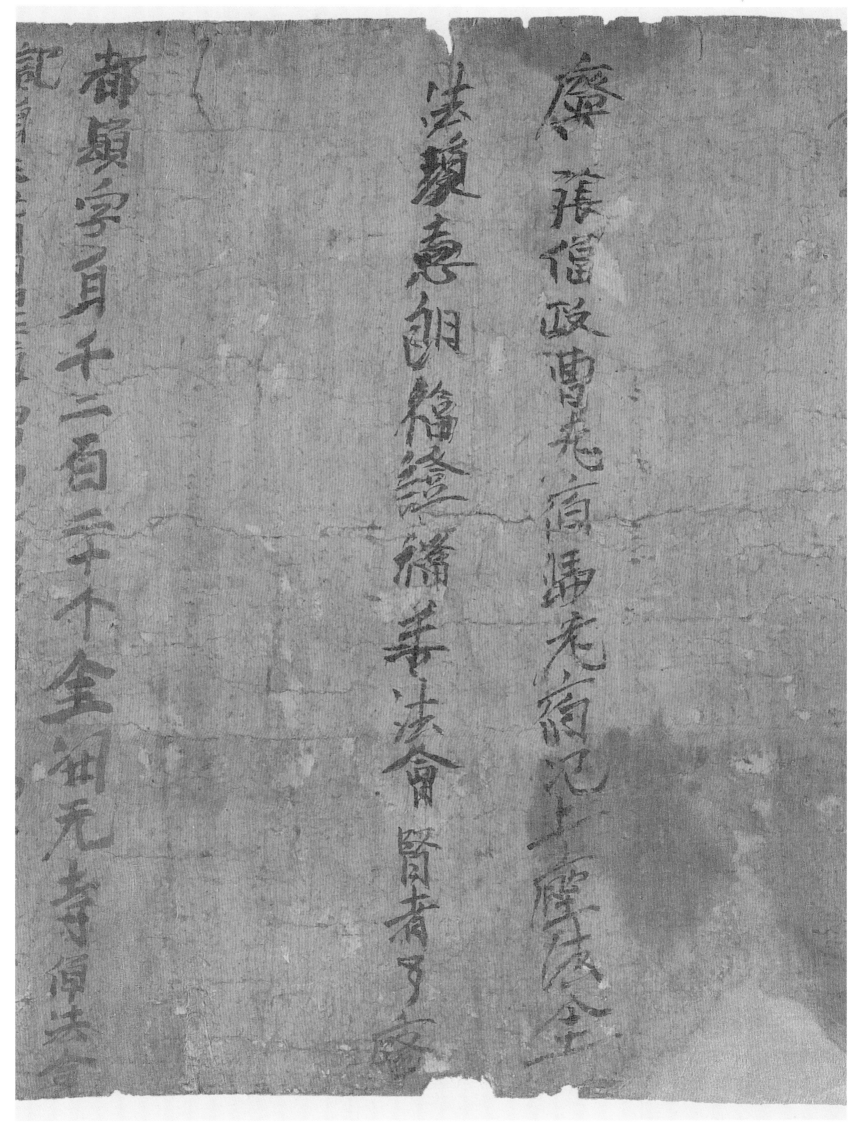

P.3391v　　3.陰僧政等開元寺僧名雜寫　　（7—2）

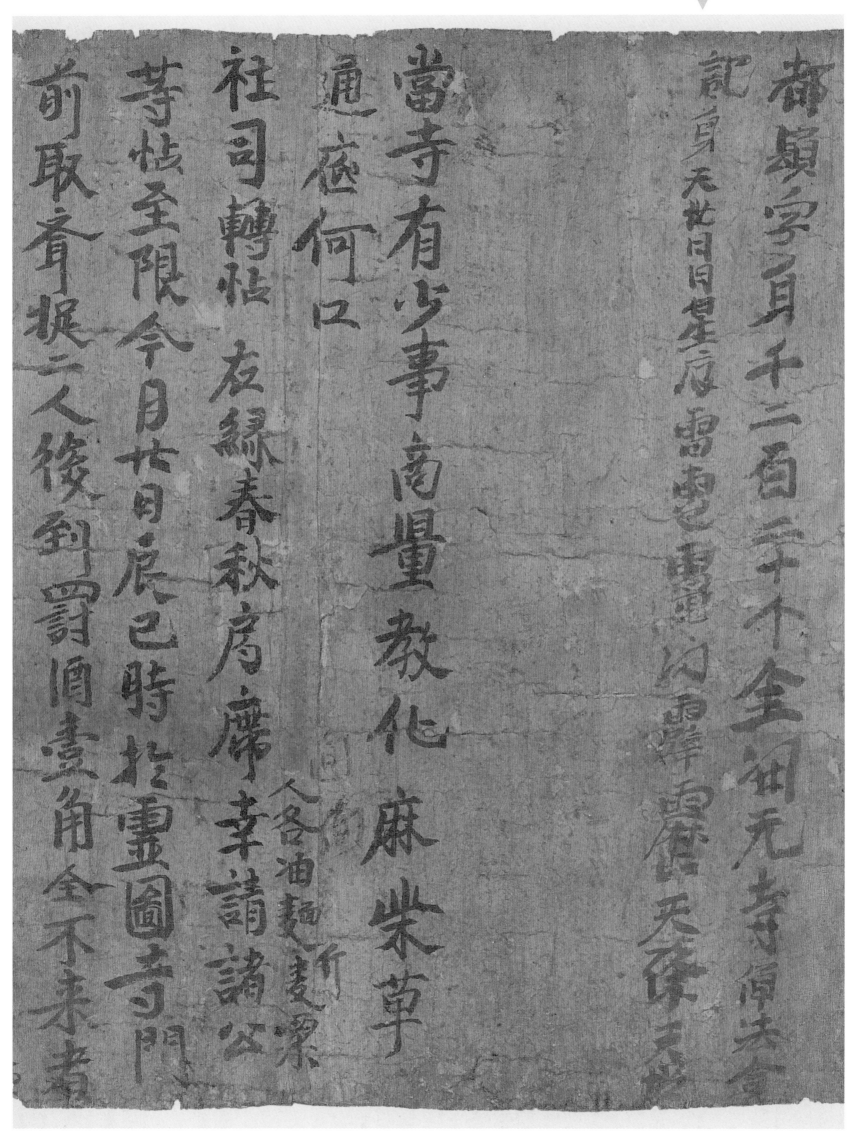

都頭字貳千二百三十不全□无寺□□

記員 天□日□星辰雷電雹□□閃□辟雷□天□□

當寺有少事商量 教化 麻柴草

通底何□

社司轉帖 左緣春秋彥廍幸請諸公

寺帖至限今月六日辰巳時於靈圖寺門 人各油麵□麨□粟

前取齊授三人後到罰酒壹角全不來者

P.3391v　　4.法會雜記　　5.後唐丁酉年（937）正月春座局席社司轉帖抄　　（7—3）

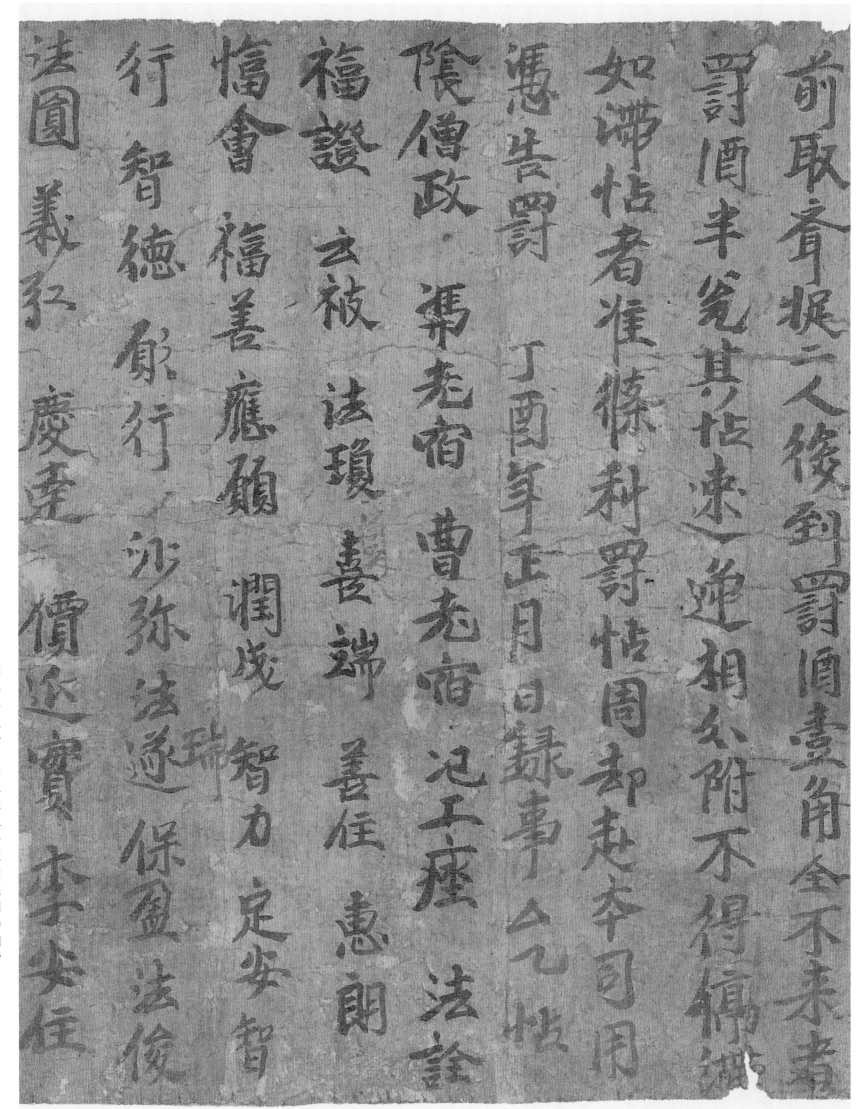

前取齎堤二人後到罰酒壹角全不來者

罰酒半瓷其帖速遞胡公附不得停滯

如滯帖者准條科罰帖周却赴本司用

憑告罰　丁酉年正月日錄事公式帖

隱僧政　馮老宿　曹老宿　冠王座　法詮

福證　玄被　法璚　喜端　善住　惠朗

愊會　福善　龐碩　潤戌　智力　定安智

行　智德　歇行　沙彌法遂瑞　保盈法俊

法圓　義弘　慶達　價遠寶　李安住

P.3391v　　5.後唐丁酉年（937）正月春座局席社司轉帖抄　　（7—4）

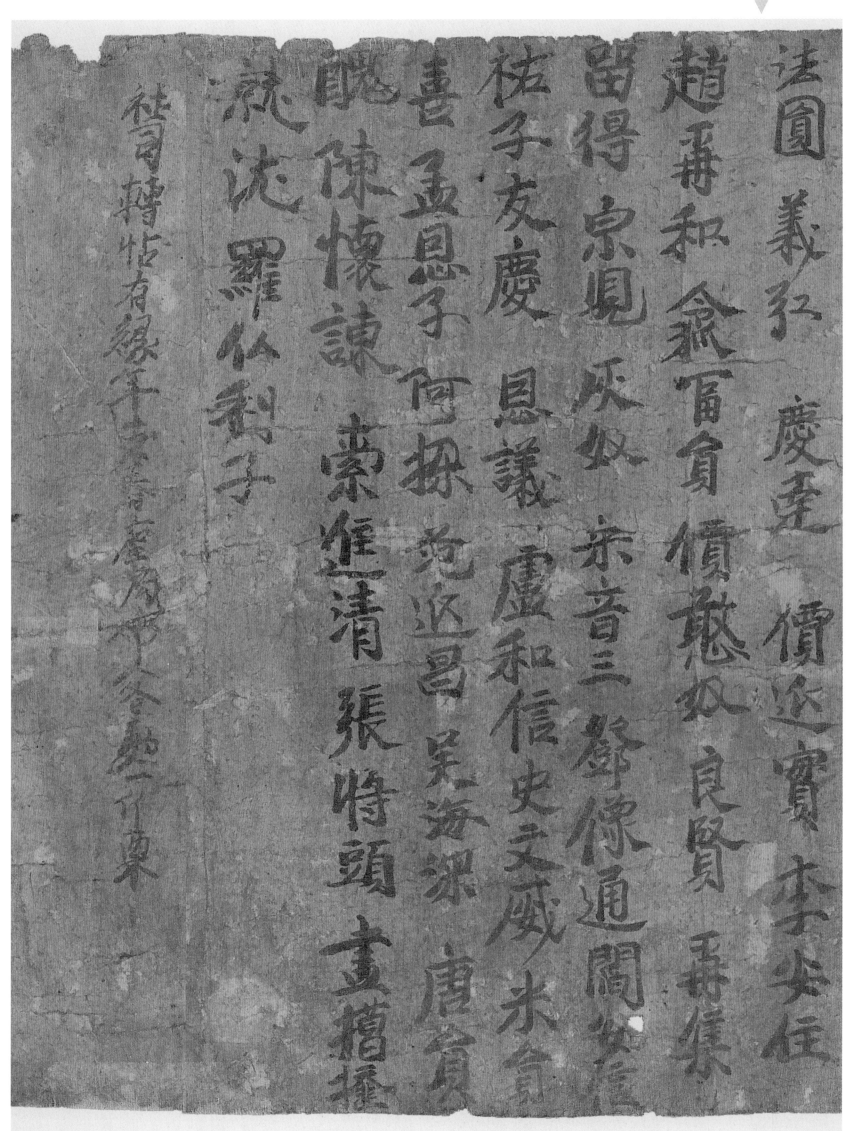

法圆　義弘　慶遠　價迁　寶　李安住

趙再和　僉寂冨貟價聰奴良賢　王奔集

留得　宗現丞奴宗音三鄧像通闇妊

祐子友慶　恩議盧和信史文威来會

喜孟恩子阿撩兔迁昌吳海縷唐貟

眺陳懷諫索住清張特頭重禧撩

就沈羅仏利子

社司轉帖有綠年正春為僧人谷壁行東

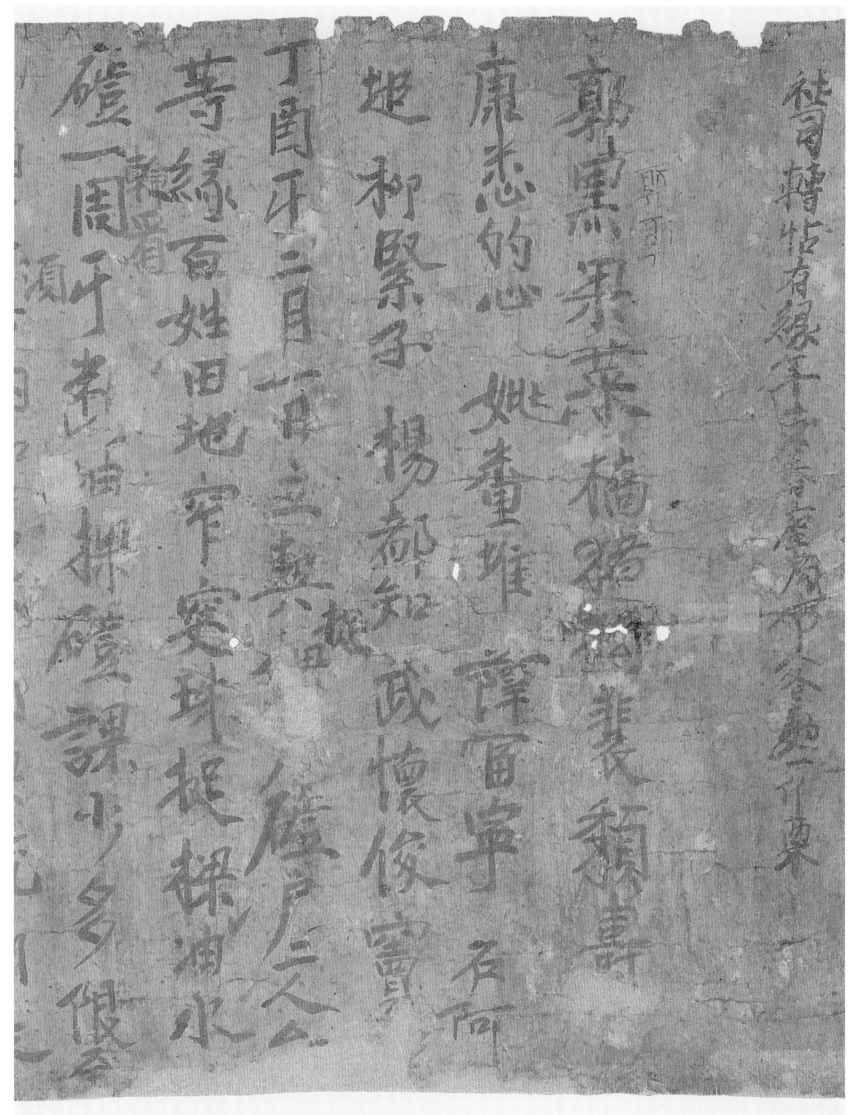

社司轉帖有緣手...

郭黑黑果森橋路...裴頼嵩

康志的恋...姚重堆　薛富寧...

迴柳緊子楊部知　戚懷俊寶...

丁酉年二月一日立其...碻戸三人...

等緣百姓田地窄安球捉梁...

碻一周...碻課水...多限...

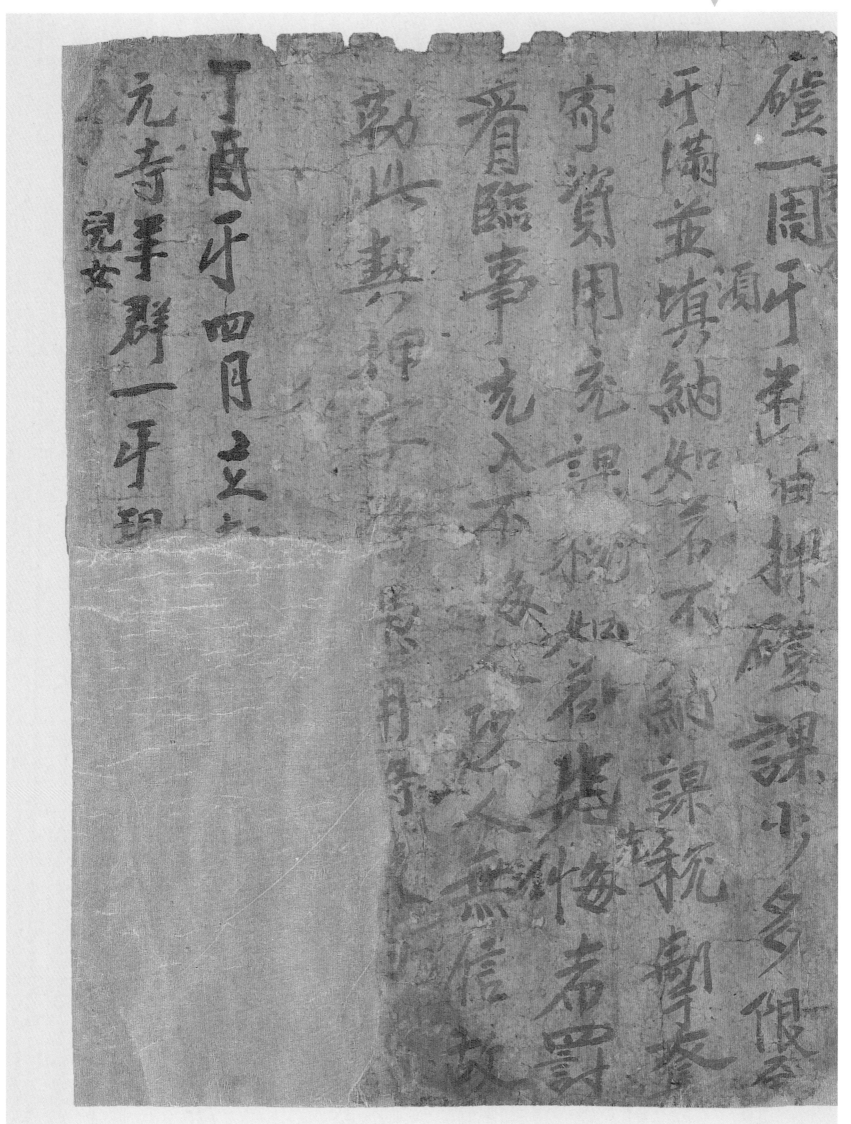

P.3391v　　6. 後唐丁酉年（937）二月一日捉梁捉磑契抄　　7. 後唐丁酉年（937）四月某寺羊契抄　　（7—7）

Bibliothèque nationale de France

# Pelliot chinois 3392

3392

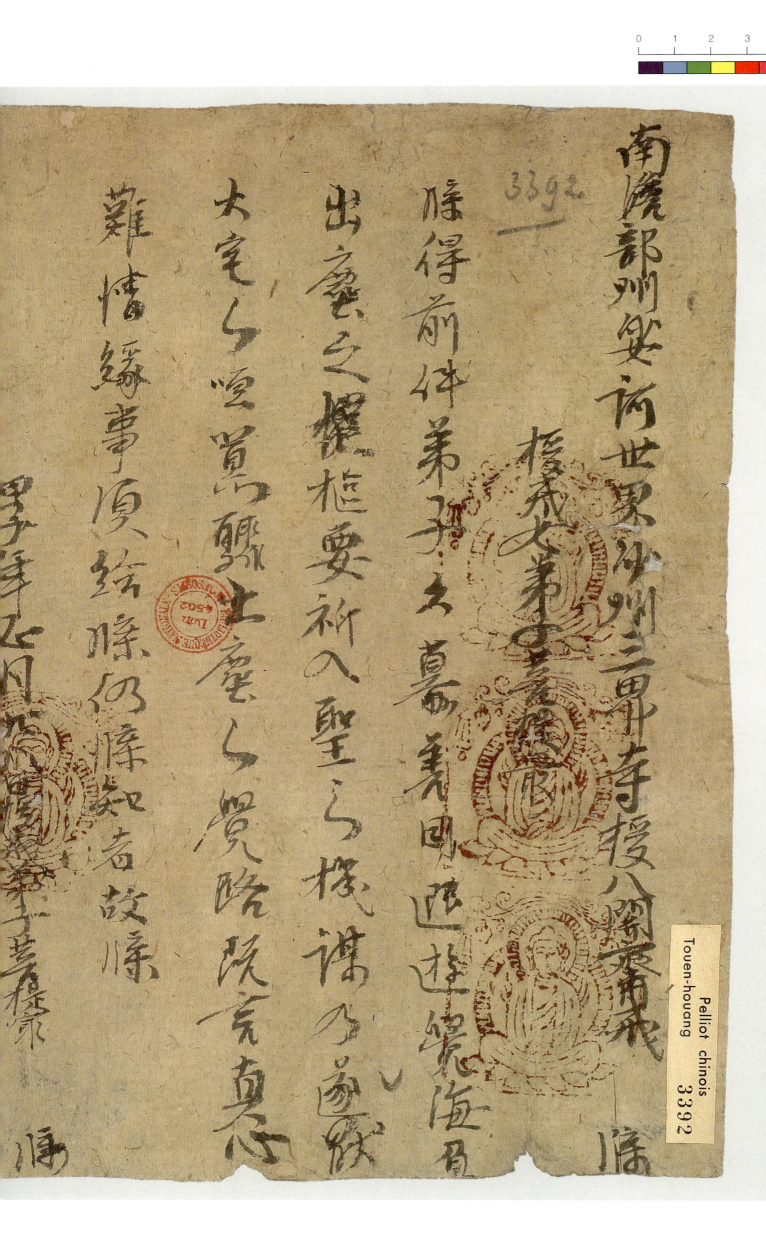

南陵郡州娑訶世界沙州三界寺授八關齋戒

謹得前件弟子大善男田進維那海員

出塵之懷柩要祈入聖之機謀為愈戚

大宅々恆覓寫驥上塵々覺路院充真惠

難懷緣章頂結條仍保知者故條

甲子年正月日菩提眾

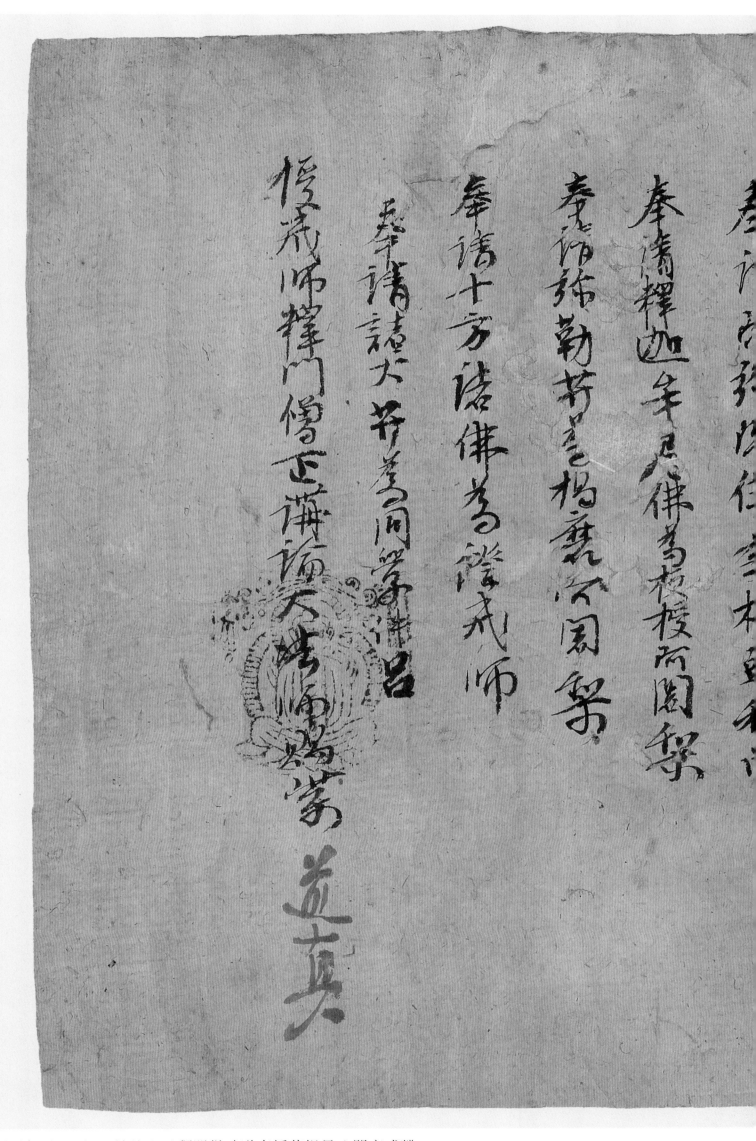

P.3392　　宋甲子年（964）正月廿八日釋門僧政道真授菩提最八關齋戒牒

P.3392v 万盈题籤

# Pelliot chinois 3393

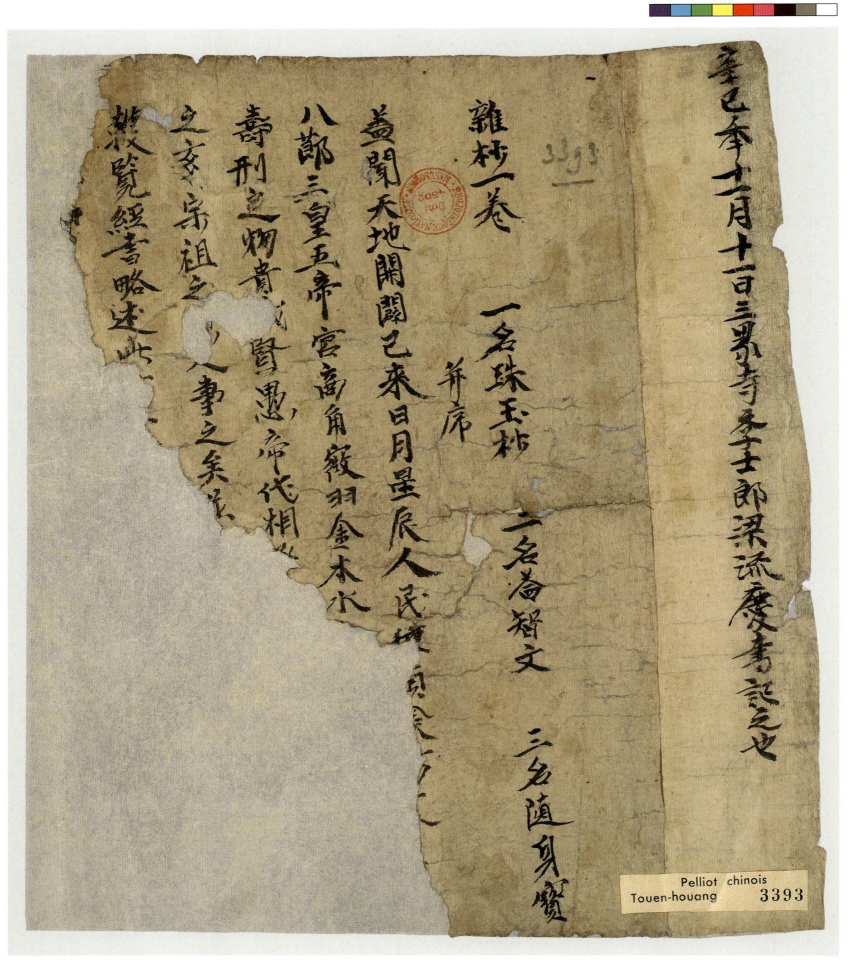

辛巳年十一月十三日淨土寺學士郎梁流慶書記之也

雜抄一卷　　一名珠玉抄

蓋聞天地開闢已來日月星辰人民　　一名益智文

八節三皇五帝宮商角徵羽金木水　　三名隨身寶

壽刑之物貴　賢愚帝代相以

之玄宗祖之　人事之美爲

敕覽經書略述此

P.3393v　　雜寫

# Pelliot chinois 3394

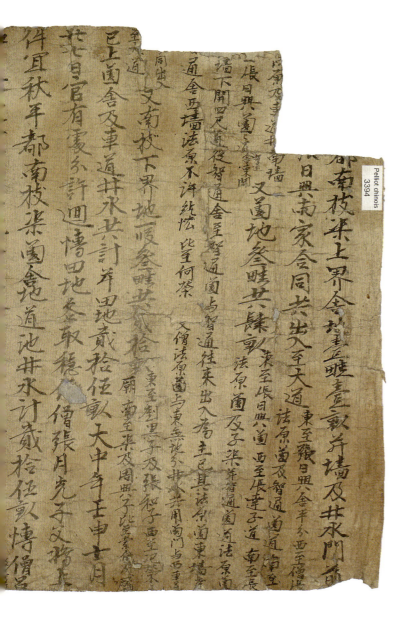

法國國家圖書館藏敦煌文獻

P.3394　　唐大中六年（852）僧張月光博地契（總圖）

出買与僧吕智通斷係解直青草驢壹頭陸歲喜嘶顖

臺叶布叁丈叁尺當日交相分付一無玄欠立契亥有人

衒枀蘭林金宅田地菁稱為主記者一仟僧張月光父母書

兹畔頁上好地竟贊入官楷案上件解直即驢布菁當日起

不付智通一豆已後不許休悔如先悔者罰麥貳拾馱入軍

粮的決丈此如為東西不在而生衆人和當渏人無信故立毛契用作

後凴　蘭金思地主僧張月光　保人男眼七　　保弟佽日照

男儒奴　　姪力七　　見之媿張法東　法東　保人男手堅

見人張達子

見人楊千㮈　　　　見人孟和子　　見人于仏奴

見人僧童重　　　見之僧童重　　見人孟立奴

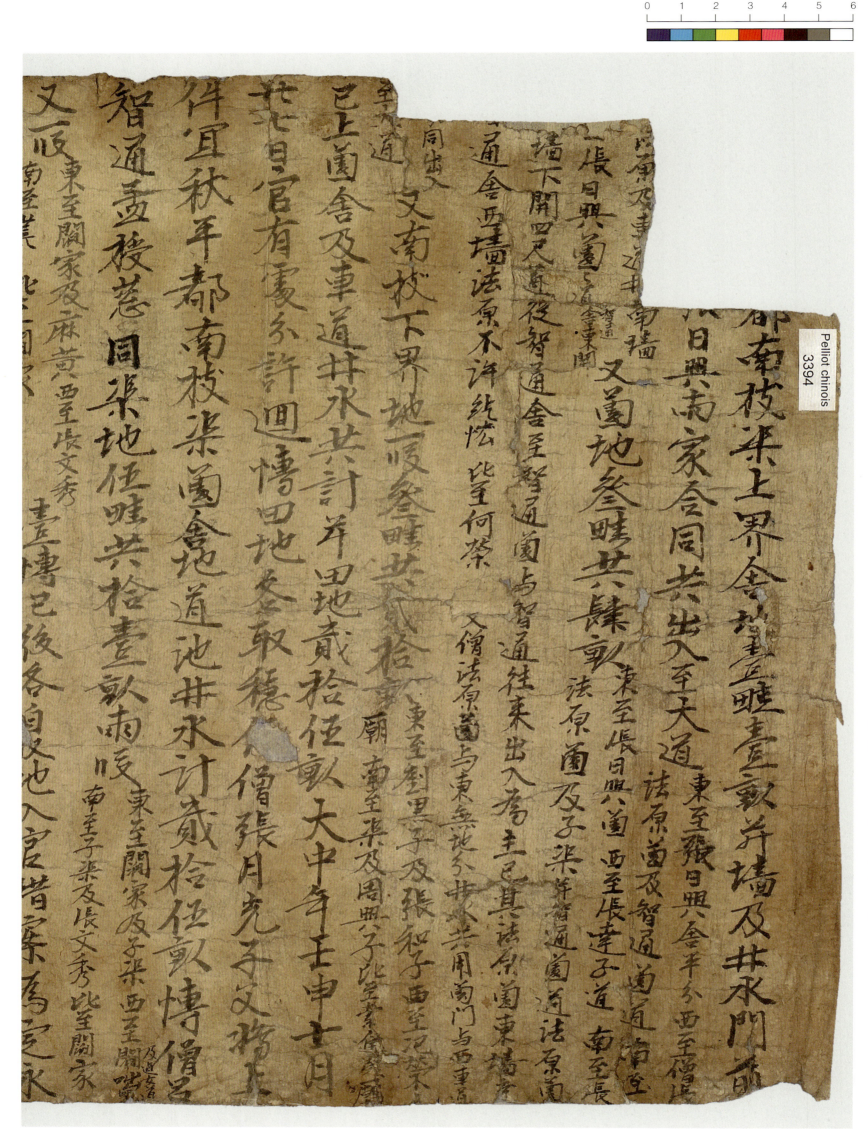

法
國
國
家
圖
書
館
藏
敦
煌
文
獻

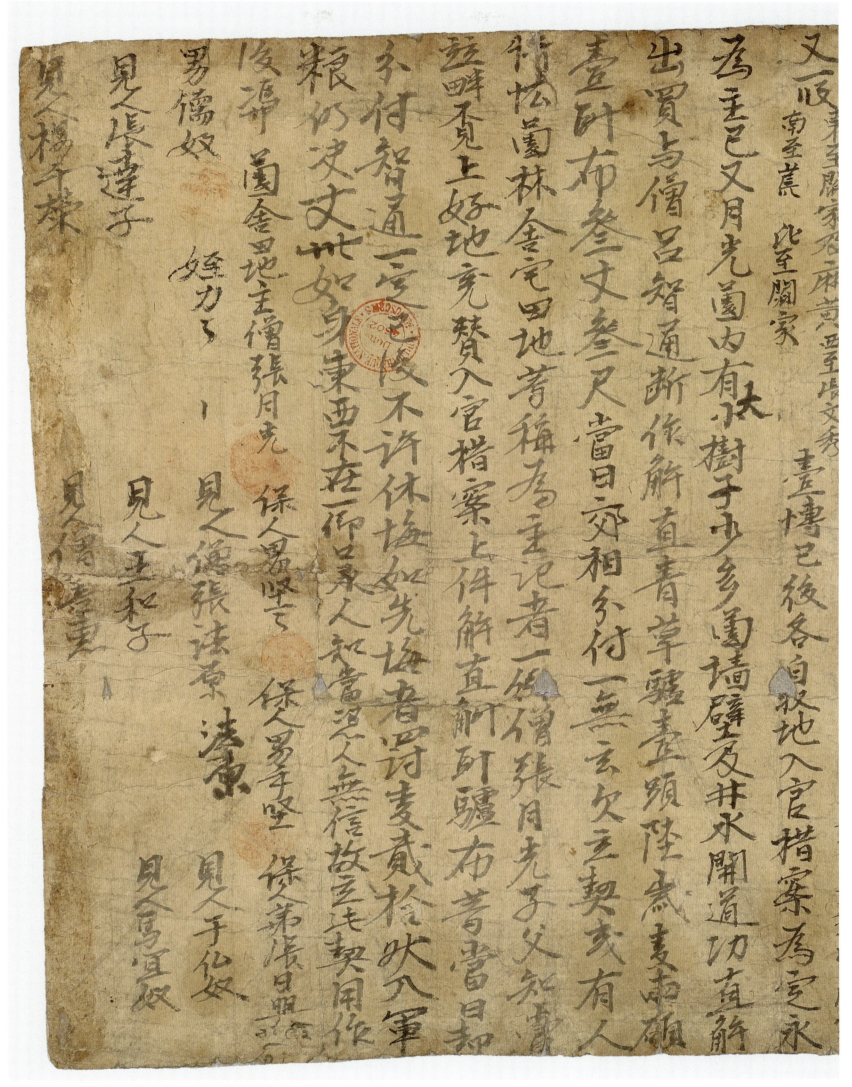

P.3394　　唐大中六年（852）僧張月光博地契　　（2—2）

（P.2974+）P.3395　　　（見 P.2974）

P.3395v（+P.2974v）　　　（見 P.2974v）

Bibliothèque nationale de France

# Pelliot chinois 3396

半畝安種蹟粟田南半畝安慶後粟田南中半南汝上管建張藤
高粟田南　中半叄畝昵粟中半好叄員隊粟田叄中半是當玊
粟田南中半　大作榮　程家渠押牙舒範北南半載高□□
南臺界高開司南半畝張員藇半迎南半畝張員保粟
田南中半高獻事粟田南臺界
　　　　　　　　　　　大償渠陽河全粟田南中半
彭丑胡　粟田畞生前女保藇草臺畞女長女粟田南臺界斌畞八宋南壽
安會興粟田南中半娑迎興粟田南中半趙孖畱粟田南趙安女
粟田南中半安畱昌南半畝陰福惶南中半　太弟一弟非飛於玊
粟田南中半女容孖粟田南半畝郑粟田南中牛半住取
粟田南中半女半米判官粟田南半畝錢不可素盍牙孖臺囝社祝

壹米女判官南半畝劉保德南半畝．源子朱□官南半畝龍
將頭南中半龍法律南壹畝枝□盍米王□官南中半郭判
官南壹畝王□安南半畝翟業□□中□□南中半費甚高南壹
鏤寧兄南低田南壹畝石保金南中半　官菜□迴久南中半米之官南
中半鄉東管進黃僧□西池条鄉官南半畝張延□縂南中半
陰處受南壹畝東阿何母名保定南半畝　東八尺楊張□清南
半畝吳與子南半畝江義成南中半□□篠寫闞南半畝

Pelliot chinois 3396

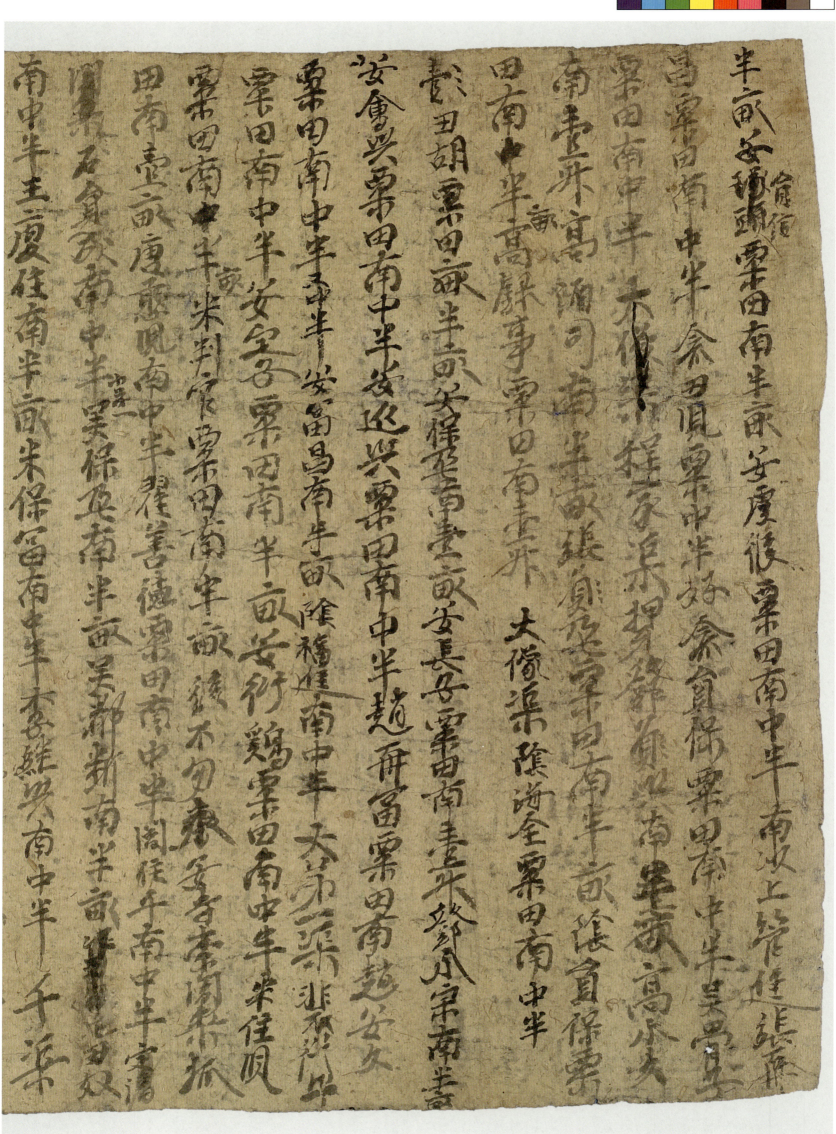

P.3396　沙州諸渠諸人粟田曆　（2—1）

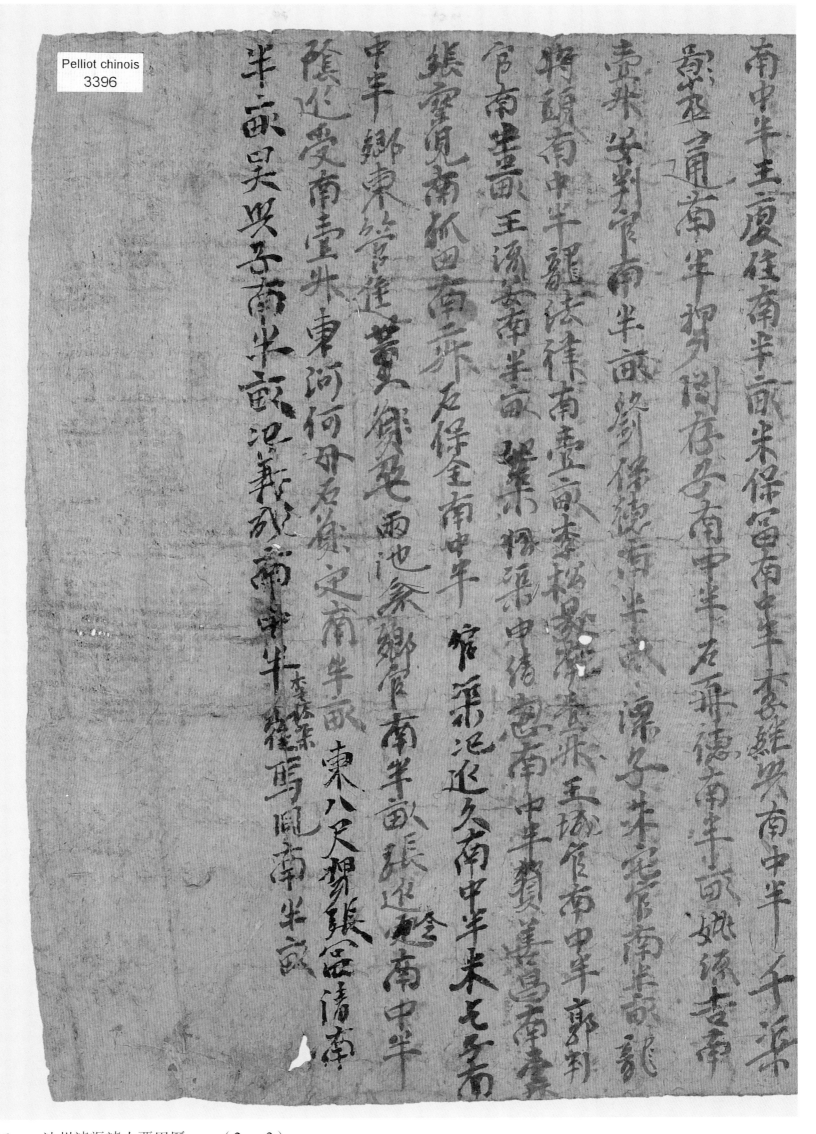

南中半王度住南半畝半米保軍南半畝鏇與南中半□千米

鄧□遺南半押人閔在分南中半右舞德南半畝姚□□壹南

壹米安判官南半畝劉保德南半畝□□□南半畝□

拘頭南中半龍法律南壹畝李松□□壹米王□官南中半郭判

官南壹畝王湯安南半畝渠米楊渠申□□南中半□南□

張室兄南狐田南二畝左保金南中半官米□□南中半米毛□□

中半鄉東管□□□南半畝□□□南中半

陰□受南壹米東河何丹□□□南半畝張□□南中半

半二畝吳興子南半畝□□南中半

東八尺□張□□清南

半□□程馬鳳南半畝

古第一唐樂菜園馬定德菜園羅王樣菜園吳信德菜園
馮保禄徳菜園報冠長俊樂菜園頭菜菜園小菜一龍
僧張茂兴□菜園菜定樂菜園菜園趙□隹菜園
曹願子菜園市多開菜園後辰板菜園楊莫見菜園趙保氏
菜園保子康寶奴黃鼠眀鸠蓽長至菜園殖米趙錢主菜
園大雲王樂菜園龍方菜菜園亮淥本文度現菜園相
隹慶茂見菜園三界冨進闍菜菜園向東龍兴城開菜園
已下大小菜園園新菜河辛三菜□菜菜園東八天渠主子
□保□□九□□山菜園東河□骨子菜園東河濼

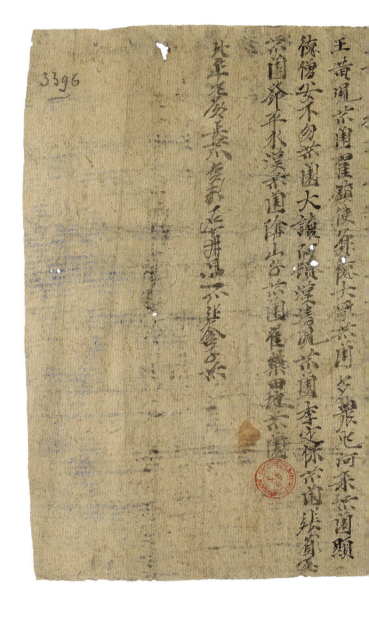

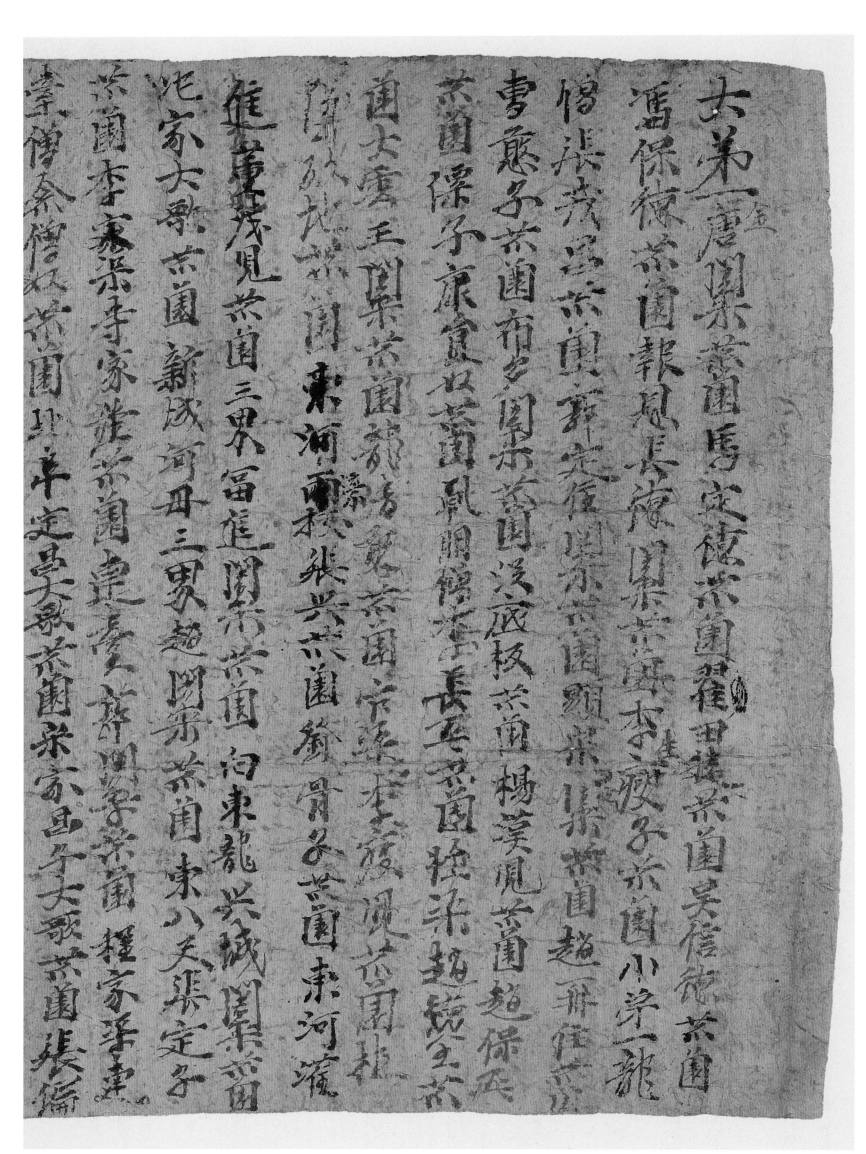

P.3396v　　沙州諸渠諸人瓜園名目　　（2—1）

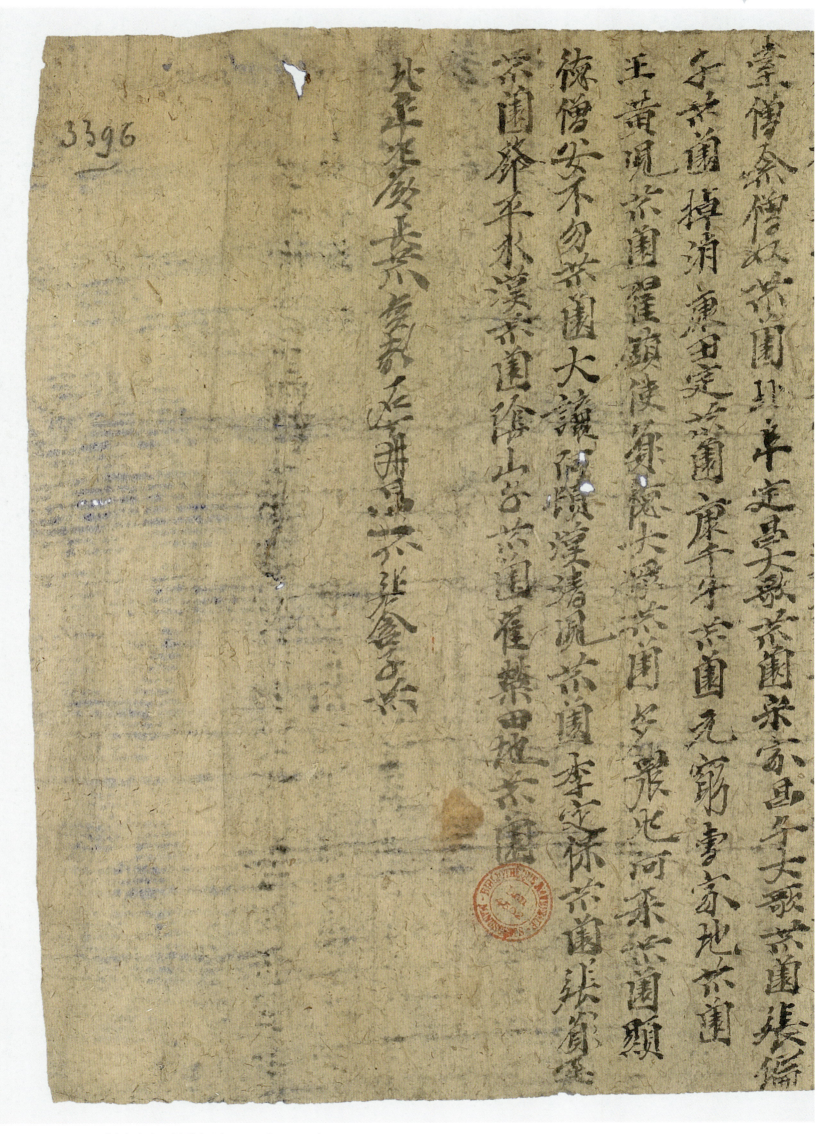

Bibliothèque nationale de France

# Pelliot chinois 3397

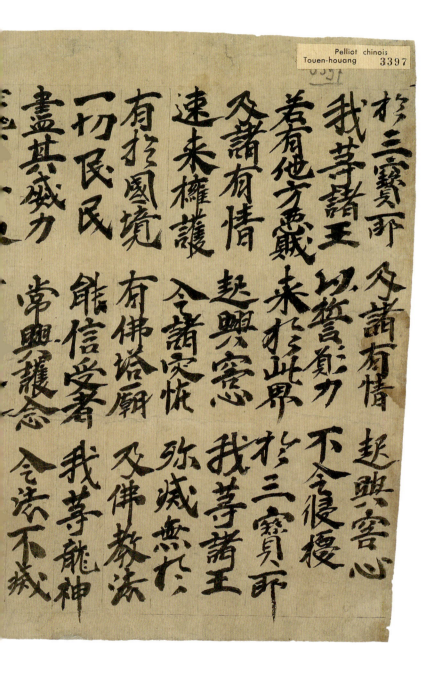

於三寶耶 及諸有情 趣興窣心

我等諸王 以誓願力 下念復授

若有他方惡戝 來於此界 於三寶耶

及諸有情 趣興窣心 我等諸王

速來權護 令諸灾怖 弥滅無尓 及佛教法

有於國境 有佛塔廟 令浹不減

一切民民 能信受者 我等龍神

盡其威力 常與護念 令浹不減

殘陽利發

及我大王　乃至百官域惶官夷等

與廣天彰　造立形像　見飾伽藍

誦持經法　及至供養三寶於四天下

下至壹死　上至百味　如斯眾善

伏讀大地界神　轉益威光　羅刹衣叉

咸生善念　何護國境　治化蒼生

邪惡賊不復　善雅增集　大漢聖主

大漢聖主　歸又宰相

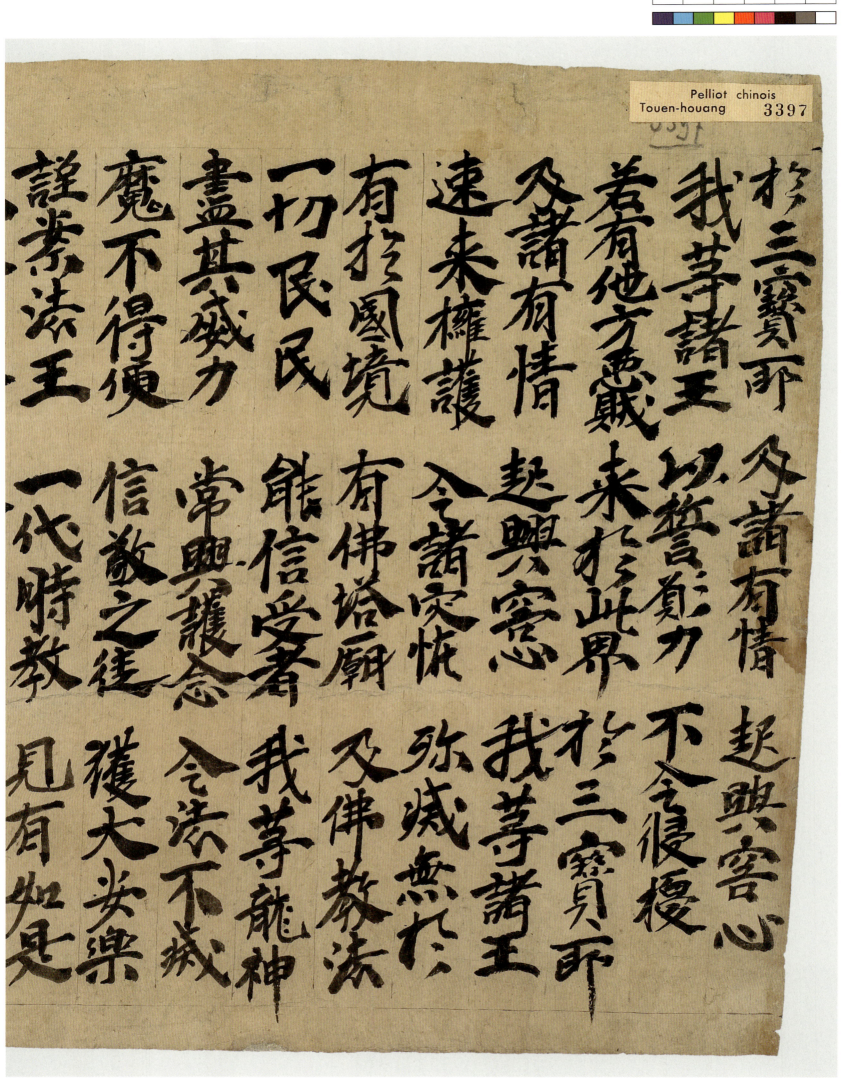

於三寶所　及諸有情　起與害心

我等諸王　以誓願力　下令復優

若有他方惡賊　來於此界　於三寶所

及諸有情　起與害惡　我等諸王

速來擁護　令諸定慌　弥减無乃

有於國境　有佛塔廟　及佛教法

一切民民　常與護念　我等龍神

盡其威力　能信受者　令法不减

魔不得便　信教之徒　獲大妾樂

諸紫法王　一代時教　見有如是

P.3397　賽天王文　（2—1）

謹蒙法王　一代時教

殊勝利益　大漢聖主　縣又宰相　見有如見

又我大王　乃至百官域煌官吏等

興廣天龍　造立形像　見飾伽藍

誦持經法　及至張養三寶捨四天下　如斯衆善

下至壹花　上至百喿　羅剎衣又

休讀天地界神　轉益威光　治化蒼生

咸生善念　何護國境　大漢聖主

邪惡賊不復　善雅增集

# Pelliot chinois 3398

法國國家圖書館藏敦煌文獻

第一一三册 伯三三八一至伯三四〇四背

P.3398-1　　封面　　（21—1）

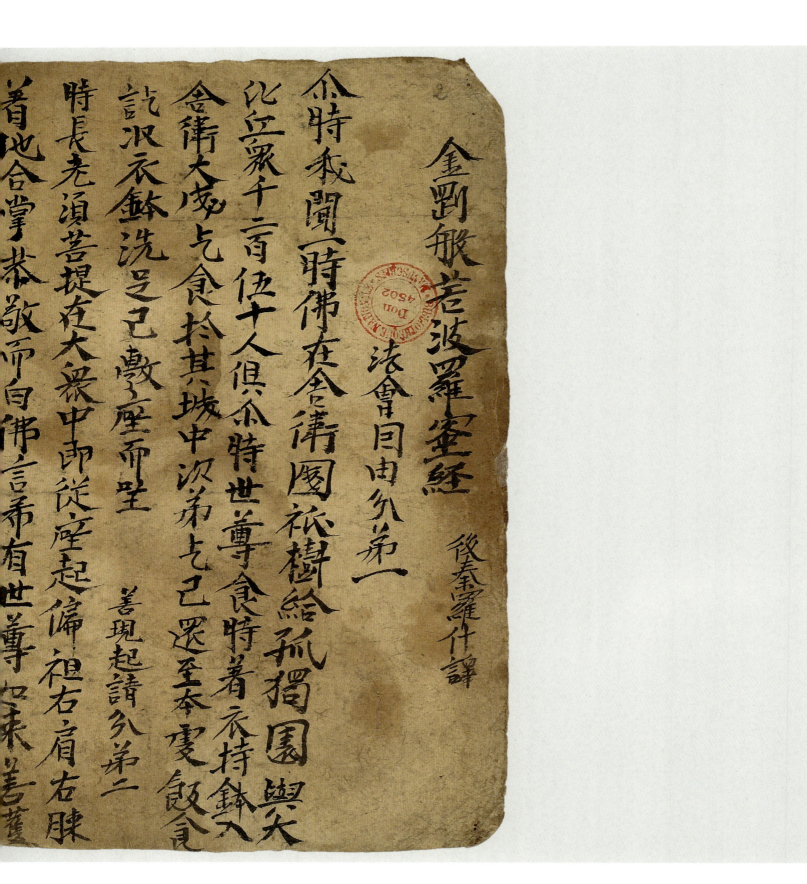

金剛般若波羅蜜經　　後秦鳩摩羅什譯

法會因由分第一

如是我聞一時佛在舍衛國祇樹給孤獨園與大
比丘眾千二百五十人俱尔特世尊食時著衣持鉢入
舍衞大城乞食於其城中次弟乞已還至本處飯食
訖收衣鉢洗足已敷座而坐

善現起請分第二

時長老須菩提在大眾中即從座起偏袒右肩右膝
著地合掌恭敬而白佛言希有世尊如來善護念諸菩薩

念諸菩薩善付囑諸菩薩世尊善男子善女人
發阿耨多羅三藐三菩提心應云何住云何降伏其
心佛言善男子善哉須菩提如汝所說如來善
護念諸菩薩善付囑諸菩薩汝今諦聽當為
汝說善男子善女人發阿耨多羅三藐三菩提心應
如是住如是降伏其心唯然世尊願樂欲聞
大乘正宗分第三　佛告須菩提諸菩薩
摩訶薩應如是降伏其心所有眾生之類若卵生若
胎生若濕生若化生若有色若無色若有想若無

想若非有想若非无想我皆令入无餘涅槃而滅度
之而是滅度无量无數无邊眾生實无眾生得滅度
者何以故須菩提菩薩有我相人相眾生相壽者
相即非菩薩

妙行无住分弟四

復次須菩提菩薩扵一切法應无所住行扵布施
所謂不住色布施不住聲香味觸法布施須菩提菩薩
應如是布施不住扵相何以故若菩薩不

東方虛空可思量不不也世尊須菩提菩薩吀

虛空可思量不不也世尊須菩提菩薩亦復如是但

布施福德亦復如是不可思量須菩提菩薩但

應如所教住如理實見分第五

須菩提於意云何可以身相見如來不不也世尊不

可以身相得見如來何以故如來所說身相即非

身相佛告須菩提凡所有相皆是虛妄若見

諸相非相則見如來

正信希有分第六

P.3398-1　金剛般若波羅蜜經　（21—3）

須菩提白佛言世尊頗有眾生得聞如是言說章
句生實信不佛告須提菩莫作是說如來滅後
後五百歲有持戒修福者於此章句能生信心汝
此為實當知是人不於一佛二佛三佛四佛五佛而
種善根已於無量千万佛所種諸善根聞
是章句乃至一念生淨信者須菩提如來悉知
見是諸眾生得如是无量福德何以故是諸
眾生无復我相人相眾生相壽者相无法

則為著我人衆生壽者若取法相即著我人衆

生壽者何以故若取非法相即著我人衆生壽者是故

不應取法不應取非法以是義故如來常説汝

等比丘知我説法如筏喻者法尚應捨何況非

法

無得無説分第七

須菩提於意云何如來得阿耨多羅三藐三菩提耶

如來有所説法耶須菩提言如我解佛所説

義无有定法名阿耨多羅三藐三菩提亦无有

定法如來可説何以故如來所説法皆不可取

P.3398-1　　金剛般若波羅蜜經　　（21—4）

不可說非法非非法所以者何一切賢聖皆以无為法而
有差別　依法出当生気希八
湏菩提扵意云何若人滿三千大千世界七寶以用布施
是人所得福德寧為多不湏菩提言甚多世尊
何故是福德即非福德性是故如來說其福德多若
復有人扵此經中乃至四句偈等為他人說其福勝
彼何故湏菩提一切諸佛及諸佛阿耨多羅三藐三
菩提法皆從此經出湏菩提所謂佛法者即非佛法

菩提於意云何阿羅漢能作是念我得阿羅漢道

那含名為不來而實无來是故名阿那含須

我得阿那含果不須菩提言不也世尊何以故阿

名斯陀含須菩提於意云何阿那含能作是念

不也世尊何以故斯陀含名一往來而實无往來是

云何斯陀含能作是念我得斯陀含果不須菩提言

所入不入色聲香味觸法是名須陀洹須菩提於意

不須菩提言不也世尊何以故須陀洹名為入流而无

不須菩提言不也世尊何以故實无有法名阿羅漢
世尊若阿羅漢作是念我得阿羅漢道即為
著我人眾生壽者世尊佛說我得无諍三昧人
中□取為第一是第一離欲阿羅漢我不作是念我
是離欲阿羅漢世尊我若作是念我得阿羅
漢道世尊即不說須菩提是樂阿蘭耶行者以
須菩提實无所行而名須菩提是樂阿蘭耶行

莊嚴淨土分第十

佛告須菩提於

於意云何如来昔在然燈佛所於法有所得不世尊

如来於然燈佛所於法實無所得須菩提於意云

何菩薩莊嚴佛土不不也世尊何以故莊嚴佛土者

即非莊嚴是名莊嚴是故須菩提諸菩薩摩

訶薩應如是生清淨心不應住色生心不應住

聲香味觸法生心應無所住而生其心須菩提譬

如有人身如須彌山王於意云何是身為大不須

菩提言甚大世尊何以故佛說非身是名大身

P.3398-1　　金剛般若波羅蜜經　　（21－6）

法國國家圖書館藏敦煌文獻

无為福勝分弟十一　　須提菩姬恒河中所

有沙數如是沙等恒河扵意云何是諸恒河沙

寧為多不須菩提言甚多世尊但諸恒河尚多无

數何況其沙須菩提我今實言告汝若有善男

子善女人以七寶滿尒所恒河沙數三千世界以用

市施得福多不須菩提言甚多世尊佛告須菩提若

善男子善女人扵此經中乃至受持四句偈等

尊重……

復次須菩提隨說是經乃至四句

偈等當知此處一切世間天人阿脩羅皆應共

養如佛塔廟何況有人盡能受持讀誦須菩

提當知是人成就最上弟一希有之法若是經

典所在之處則為有佛若尊重弟子

分弟十二

如法受持分弟十三

P.3398-1　　金剛般若波羅蜜經　　（21—7）

尔時須菩提白佛言世尊當何名此經我等
云何奉持佛告須菩提是經名為金剛般若
波羅蜜以是名字汝當奉持所以者何須菩
提佛說般若波羅蜜則非般若波羅蜜須
菩提於意云何如來有所說法不須菩提白佛
言世尊如來无所說須菩提於意云何三千大
千世界微塵是為多不須菩提言甚多世尊
須菩提諸微塵如來說非微塵是名微塵

如來說世界是名世界須菩提於意云何可以三
二相得見如來不不也世尊不可以三十二相得見如
來何以故如來說三十二相即是非相是名三十二相
須菩提若有善男子善女人以恒河沙等身
命布施若復有人於此經中乃至受持四句偈
等為他人說其福甚多
離相寂滅分第十四
尒時須菩提聞說是經深解義趣涕淚悲

這而白佛言希有世尊佛說如是甚深經典我
從昔來所得慧眼未曾得聞如是之經世尊
若復有人得聞是經信心清淨則生實相當知是
人成就第一希有切德世尊是實相者則是非相是
故如來說名實相世尊我今得聞如是經典信
解受持不足為難若當來世後五百歲其有眾
生得聞是經信解受持是人則為第一希有何

羅一切諸相則名諸佛佛告須菩提如是
復有人得聞是經不驚不怖不當知是
人甚為希有何以故須菩提如來說第一波
羅蜜　非第一波羅蜜是名第一波羅蜜
須菩提忍辱波羅蜜如來說非忍辱
波羅蜜何以故須菩提如我昔為歌利王割截
身體我於尒時無我相無人相無眾生相无
壽者相何以故我於往昔節節支解時若有

我相人相眾生相壽者相應生瞋恨須菩提又

念過去扵五百世作忍辱仙人扵尒所世无我相无人相

无眾生相无壽者相是故須菩提菩薩應

離一切相發阿耨多羅三藐三菩提心不應住

聲香味觸法生心應生无一即住心若有住則

為非住是故佛說菩薩心不應住色布施須

菩提菩薩為利益一切眾生應如是布施

說一切諸相即是非相又說一切眾生則非眾生

須菩提如来是真語者實語者如語者不誑語
者不異語者須菩提如来所得法此法无實无虚須
菩提若菩薩心住於法而行布施如人入闇則无所
見若菩薩心不住法而行布施如人有目日光照見種
種色須菩提當来之世若有善男子善女人能
於此經受持讀誦則為如来次佛智惠悉知是
人悉見是人皆得成就无量无邊功德
持經功德分弟十五
須菩提若有善男子善女人初日分以恒河

沙等身布施中日分復以恆河
沙等身布施後日分亦以恆河
沙等身布施如是無量百千萬億
劫以身布施若復有人聞此經典信心不逆其福
勝彼何況書寫受持讀誦為人解說須菩提以
要言之是經有不可思議不可稱量无邊功德
如來為發大乘者說為發最上乘者說若有
人能受持讀誦廣為人說如來悉知是人悉見是人
皆得成就不可量不可稱无有邊不可思議功

見衆生見壽者見則於此經不能聽受持讀誦為
人解說須菩提在在處處若有此經一切世間
天人阿脩羅所應供養當知此處則為是塔皆
應恭敬作禮圍繞以諸華香而散其處

能淨業障分第十六

復次須菩提善

男子善女人受持讀誦此經若為人輕賤是人
先世罪業應墮惡道以今世人輕賤故先世罪
業則為消滅當得阿耨多羅三藐三菩提須菩

P.3398-1　　金剛般若波羅蜜經　　（21 — 11）

提我念過去无量阿僧祇劫扵然燈佛前得值
八百四千万億那由他諸佛悉皆供養承事无
空過者若復有人扵後末世能受持讀誦此經所
得功德扵我所供養諸佛功德百分不及一千万
億分乃至算數譬喻所不能及須菩提若善
男子善女人扵後末世有受持讀誦此經所得功
德我若具說者或有人聞心則狂亂狐疑不信
須菩提當知是經義不可思議果報亦不
可思議

究竟无我分第十七

佛告須菩提善男子善女人發阿耨多羅三藐三

菩提者當生如是心我應滅度一切眾生滅度

一切眾生已而无有一眾生實滅度者何以故菩

薩有我相人相眾生相壽者相則非菩薩所

次者何須菩提實元有法發阿耨多羅三藐

三菩提心者須菩提於意云何如來於然燈

佛所有法得阿耨多羅三藐三菩提不不也世

尊如我解佛所說義佛於然燈佛所元有

P.3398-1　　金剛般若波羅蜜經　　（21—12）

法得阿耨多羅三藐三菩提佛言如是如是
須菩提實无有法如來得阿耨多羅三
藐三菩提須菩提若有法如來得阿耨多
羅三藐三菩提者然燈佛則與我受記汝於
來世當作得佛号釋迦〈牟尼〉以實无有法得
阿耨多羅三藐三菩提是故然燈佛與我受
記作是言汝於來世當得作佛号釋迦牟尼
何久故如來者即諸法如義若有人言如來得

得阿耨多羅三藐三菩提如來所得阿
耨多羅三藐三菩提於是中元實元虚是
故如來說一切法皆是佛法須菩提所言一切法
者即非一切法是故名一切法須菩提譬如人身
長大須菩提言世尊如來說人身長大則為非
大身是名大身須菩提菩薩亦如是若作是言
我當滅度元量眾生則不名菩薩何以故須菩
提元有法名為菩薩是故佛說一切法元我

元人无壽者須菩提　若菩薩作是言
我當疾嚴佛土是不名菩薩何次故如来說
疾嚴佛土者即非疾嚴是名疾嚴須菩提菩
薩通達元我法者如来說名真是菩薩

一體同觀分第十八

須菩提於意云何如来有肉眼不如是世尊如
来有肉眼須菩提於意云何如来有天眼不
如是世尊　如来有天眼須菩提於意云何如来

去心不可得現在心不可得未來心不可得

諸心皆為悲是名為心所以者何須菩提過

有衆生若千種心如來悉知何以故如來説

爾不甚多世尊佛告須菩提余所國土中所

恒河是諸恒河所有沙數佛世界如是寧為

須菩提於意云何如一恒河中所有沙有如是等

中所有沙佛説是沙不如是世尊如來説是沙

不如是世尊如來佛眼須菩提於意云何恒河

法界通化分弟十九

須菩提於意云何若有人滿三千大千世界七寶以用
布施是人次是因像得福 多不如是世尊此人次是因像
得福甚多須菩提若福德有實如來不說得福德多

離色離相分弟二十　　須菩提於意云何佛
可以具足色身見不不也世尊如來不應次具足色身見
何以故如來說具足色身即非具足色身是名具足色
身須菩提於意云何如來可次具足諸相見不不也
世尊如來不應次具八足請相見何次故如來說諸
相具足即非具足是名諸相具足

謂如来作是念我當有所説法莫作是念何次故
若人言如来有所説法即為謗佛不能解我所
説故須菩提説法者无法可説是名説法
加實可傷六千字
白佛言世尊頗有衆生於未来世説是經法生信心
不佛言須菩提彼非衆生非不衆生何次故須菩提
衆生者如来説非衆生是名善法
　无法可得分弟二十二
世尊佛得阿得多羅三藐三菩提為无所得耶

爾時慧命須菩提
須菩提白佛言

如是如是須菩提我於阿耨多羅三藐三菩提乃至

無有少法可得是名阿耨多羅三藐三菩提

淨心行善分第二十三

復次須菩提是法平

等無有高下是名阿耨多羅三藐三菩提次無我

無人無眾生無壽者修一切以善法則得

阿耨多羅三藐三菩提門言善法者
如來說非善法

福智無比分第二十四

須菩提若三千大千世界中所有諸須彌山王如

是等七寶聚有人持用布施若人次以此般若波

羅密至乃四句等受持讀誦為他人說於

不能及

須菩提於意云何　化无所化分弟二十五

汝等勿謂如来作是念我

當度衆生須菩提莫作是念何以故實无

有衆生如来度者若有衆生如来度者如

来度者如来則我人衆生壽者須菩提如来

說有我者則非有我而凡夫之人以為有我須菩

提凡夫者如来說則非凡夫　法身非相分弟二十六

P.3398-1　金剛般若波羅蜜經　（21—16）

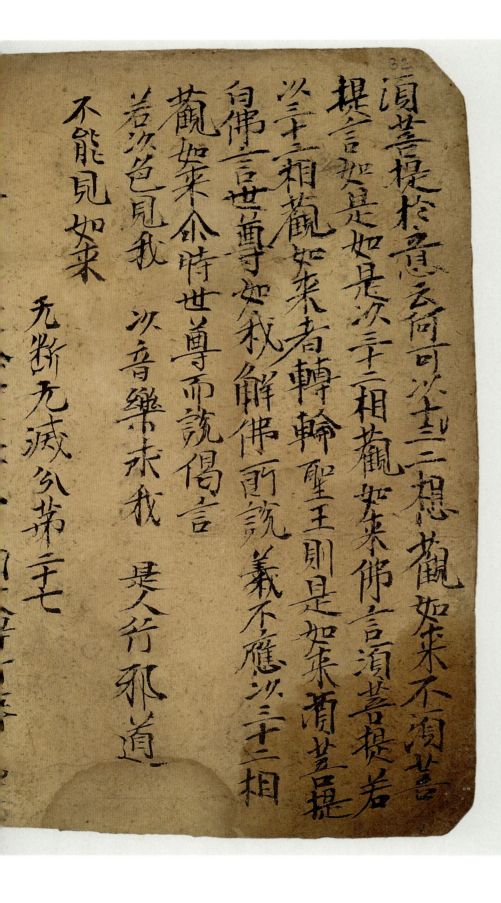

須菩提於意云何可以三十二想觀如來不須菩
提言如是如是以三十二相觀如來佛言須菩提若
以三十二相觀如來者轉輪聖王則是如來須菩提
白佛言世尊如我解佛所說義不應以三十二相
觀如來尔時世尊而說偈言

若以色見我　以音樂求我　是人行邪道

不能見如來

无断无滅分第二十七

得阿耨多羅三藐三菩提須菩提汝若作是念

發阿耨多羅三藐三菩提心者說諸法断滅莫作

是念何以故發阿耨多羅三藐三菩提者扵法不說

断滅相　　　　不受不貪分第六十

須菩提若菩薩以滿恒河沙等世界七寶持用

布施若復有人知一切法无我得成扵忍此菩薩勝

前菩薩所得切德須菩提以諸菩薩不受福德

故須菩提自佛言世尊云何菩薩不受福德須

P.3398-1　　金剛般若波羅蜜經　　（21—17）

·179·

善提菩薩所作福德不應貪著是故佛說不受
福德

威儀寂靜分第廾九

須菩提若有人言如來若來若去若坐若卧是
人不解我所說義何故　如來者无所從來亦
无所去故名如來

一合相理分第卅

須菩提若善男子善女人以三千大千世界碎為
微塵

塵衆所以者何佛説微塵衆則非微塵衆是

名微塵衆世尊如來所説三千大千世界則

非世界是名世界何以故若世界實有者則

是一合相如來説一合相則非一合是名合相湏

提菩薩一合相者則是不可説但凡夫人之貪著其事

智見不生分第三十一

湏菩提若人言佛説我見人見衆生見壽者見

湏菩提於意云何是人解我所説義不世尊

P.3398-1　金剛般若波羅蜜經　（21—18）

是人不解如來所說義何以故世尊說我見人
見眾生見壽者見即非我見人見眾生見
<sub>是名我見人見眾生見壽者見</sub>
壽者見須菩提發阿耨多羅三藐三菩提
心者扵一切法應如是諸如是見<sub>者</sub>如是信解不生法
相須菩提所言法相如來說即非法相是名法
相　　　應化非真分第三十二
須菩提若有人以滿无量阿僧祇世界七寶
持用布施若有善男子善女人發菩薩心者時

其福勝彼　云何為人廣說　不取於相　如如不動　何

故

一切有為法　如夢幻泡影　如露亦如電

應作如是觀

佛說是經已　長老須菩提

乃諸比丘比丘尼優婆塞優婆夷一切世間

天人阿脩羅　聞佛所說　皆大歡喜信

金剛般若波羅蜜經

P.3398-1　　金剛般若波羅蜜經　　（21—19）

毗過家真印本

大身真言

耶謨婆伽跋帝　鉢喇壤　波羅蜜多

曳唵伊利底　伊室利輪盧馱

毗舍耶　毗舍耶　莎婆呵

随心真言

耶謨導伽伐帝　鉢喇壤　波羅蜜多電

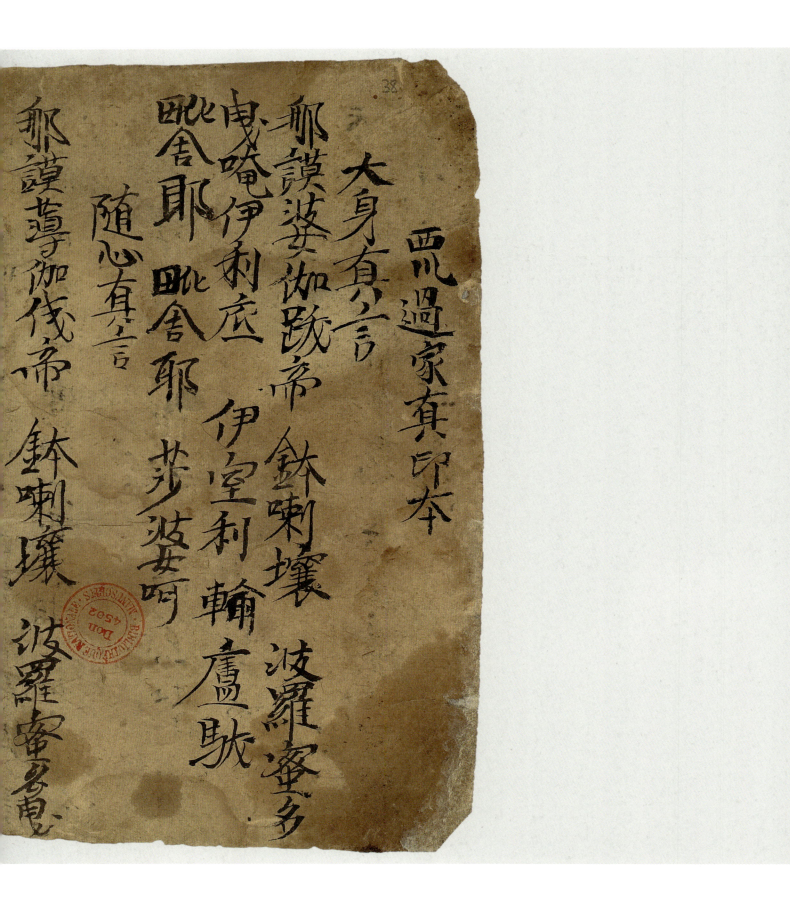

法國國家圖書館藏敦煌文獻

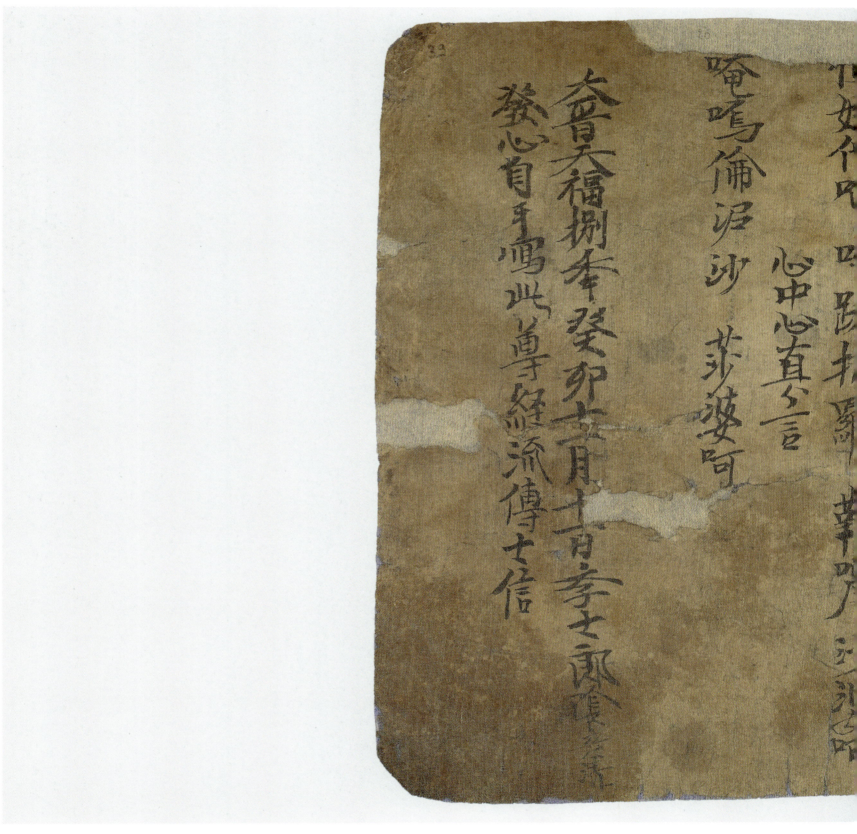

P.3398-1　　金剛般若波羅蜜經　　（21—20）

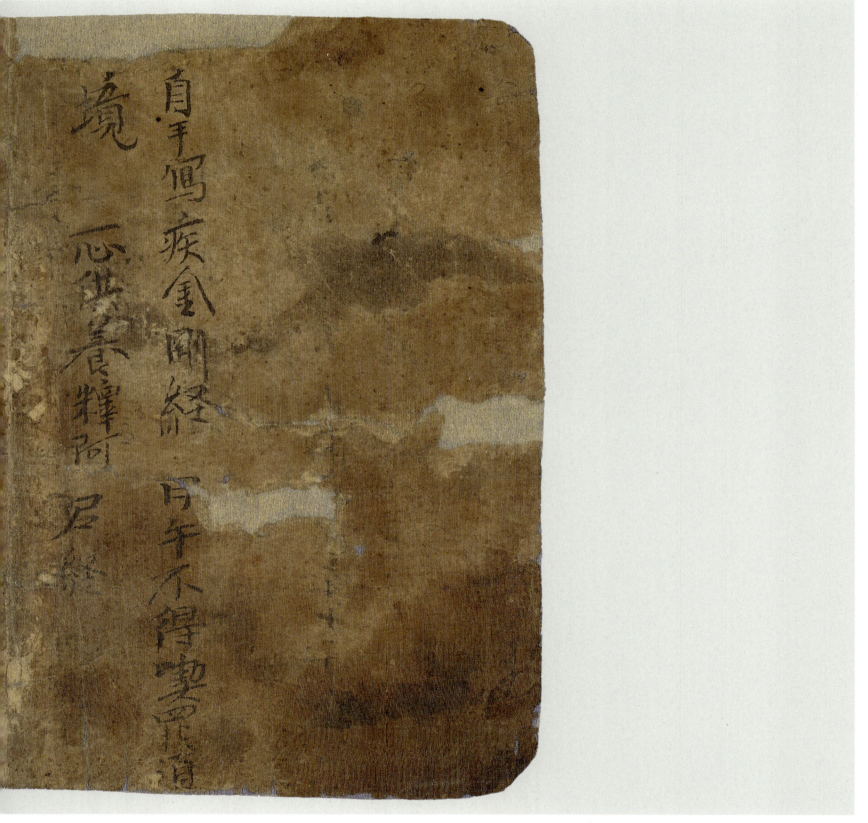

自手寫疾金剛經
境 一志供養輝阿
尼

P.3398-1　　　金剛般若波羅蜜經　　　（21 — 21）

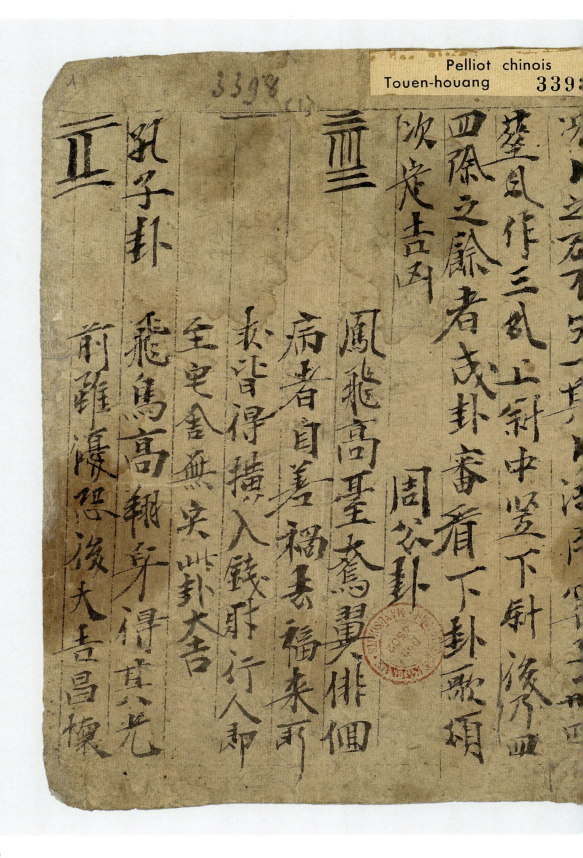

次定吉凶

四孫之餘者成卦審看下卦歌頃

蓋且作三卦上斜中竪下斜除

周公卦

鳳飛高基鴦翼俳佪

府者自善福喜福来所

表背得横入錢財行人卽

孔子卦

至宅盡無灾此卦大吉

飛鳥高翔乳得其光

前雖漫恕後大吉昌懷

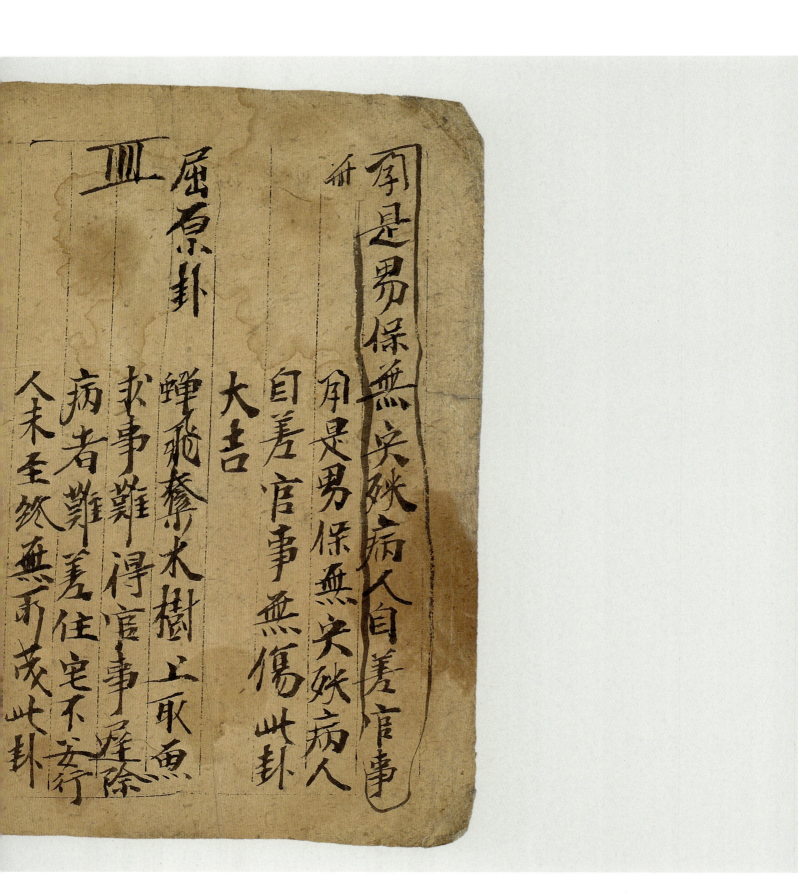

屈原卦

宅是男保無灾殃病人自差官事

宅是男保無灾殃病人
自差官事無傷此卦
大吉
蟬飛拳木樹上取魚
求事難得官事尋除
病者難差住宅不安行
人未至終無新茂此卦

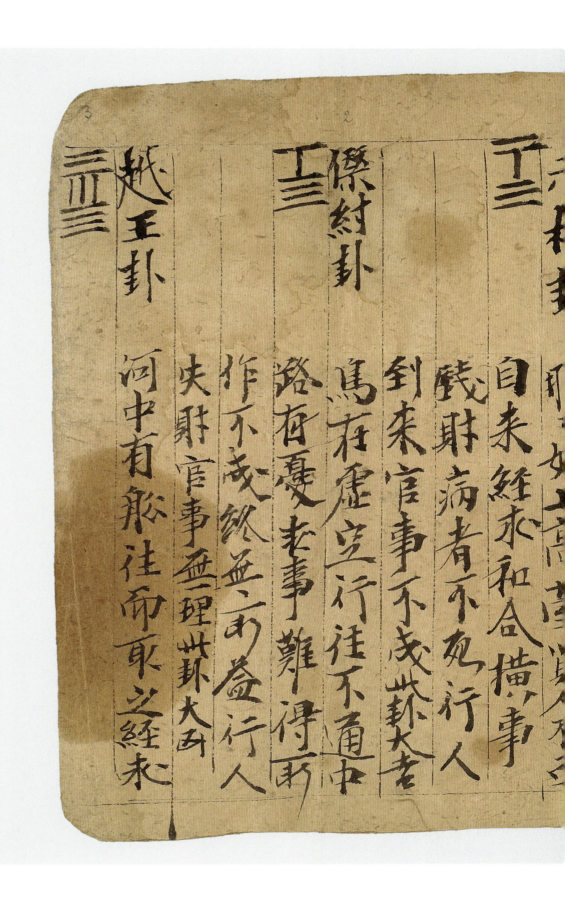

越王卦 傑紂卦

自来経求和合横事

銭財病者不免行人

到来官事不成此卦大吉

馬在虚立行往不通也

路有憂老事難得也

作不成終益二而益行人

失財官事無理世事大凶

河中有舩往而取之経求

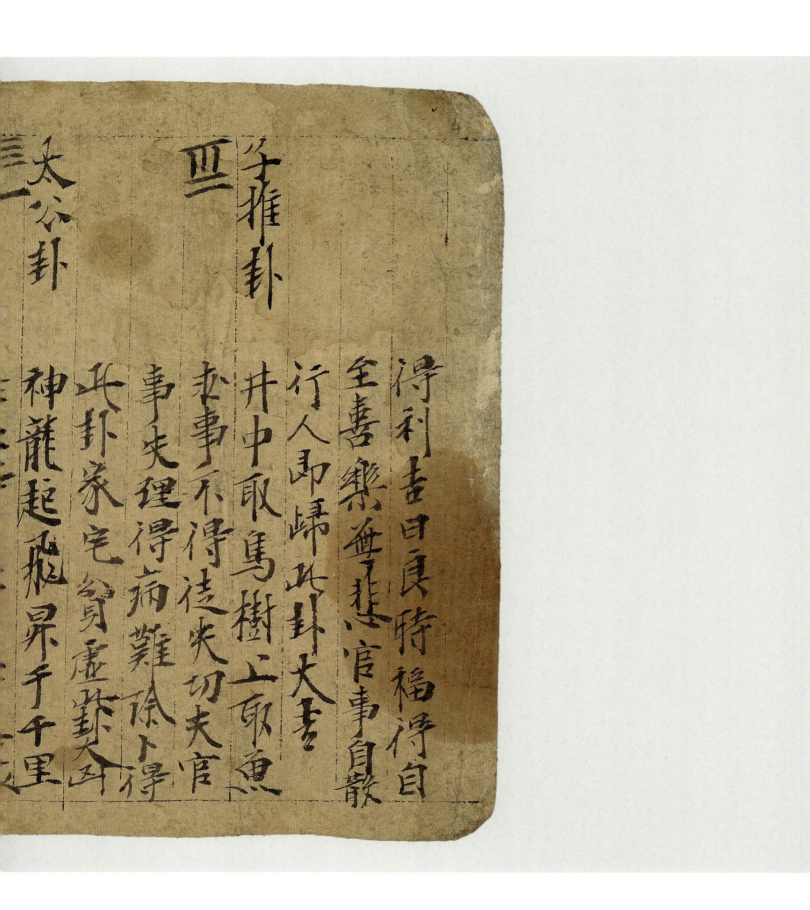

得利吉日良時福得自

全喜樂無憂悲官事自散

行人即歸此卦大吉

井中取馬樹上卻魚

求事不得徒夾切夫官

事失理得病難除卜得

此卦家宅貧虛[軟]大吉

神龍起飛昇千千里

太公卦

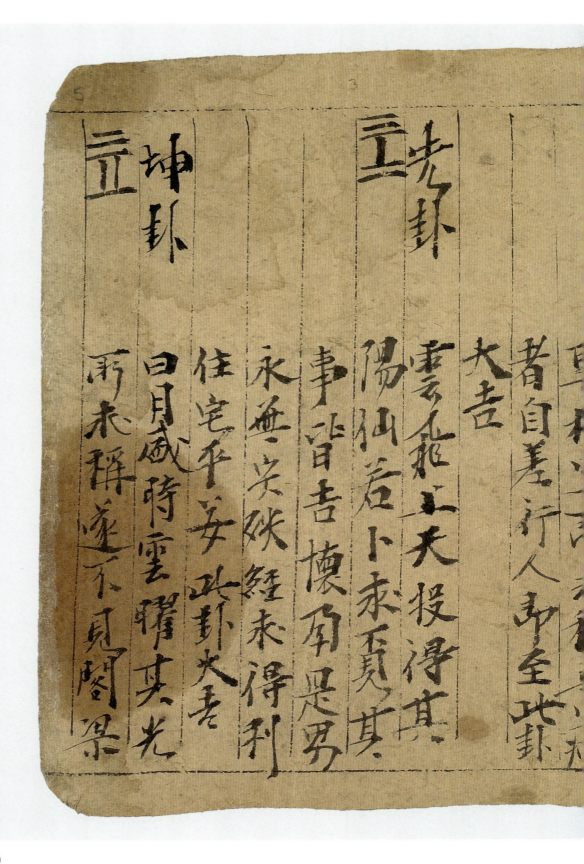

P.3398-2　　1. 周公卜法　　（15—3）

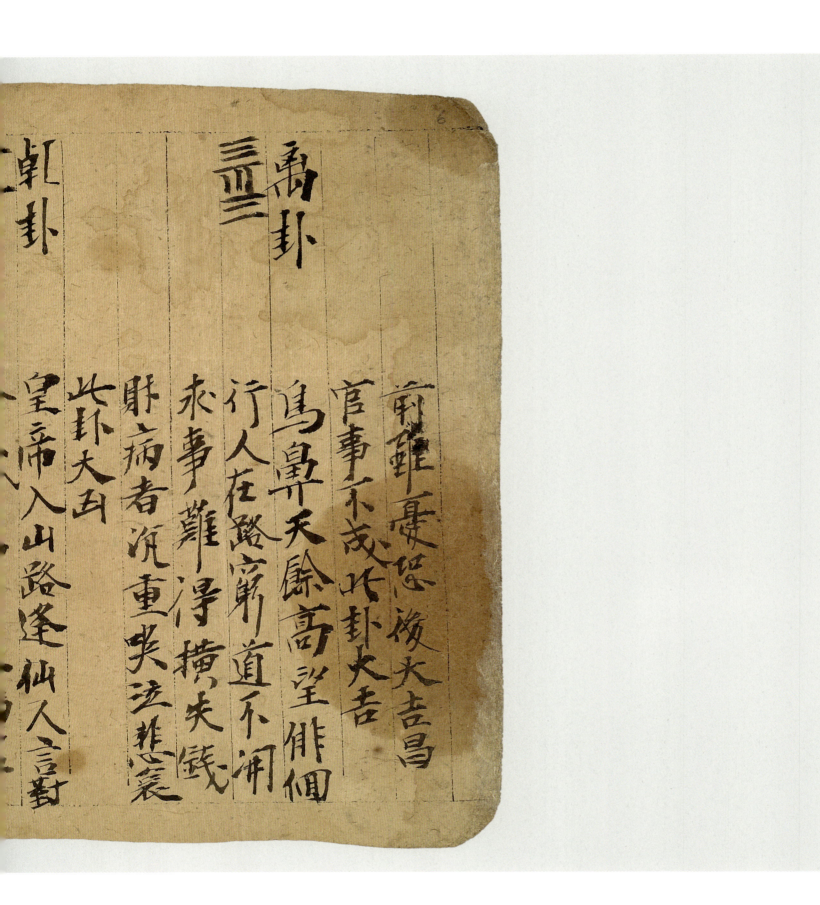

乾卦

離卦

前雖憂惱後夅吉昌

官事不成此卦大吉

鳥鼻天餘高望俳佪

行人在路窄道不闲

求事難浄横失錢

卧病者沉重灾泣悲哀

此卦大凶

皇帝入山路逢仙人言對

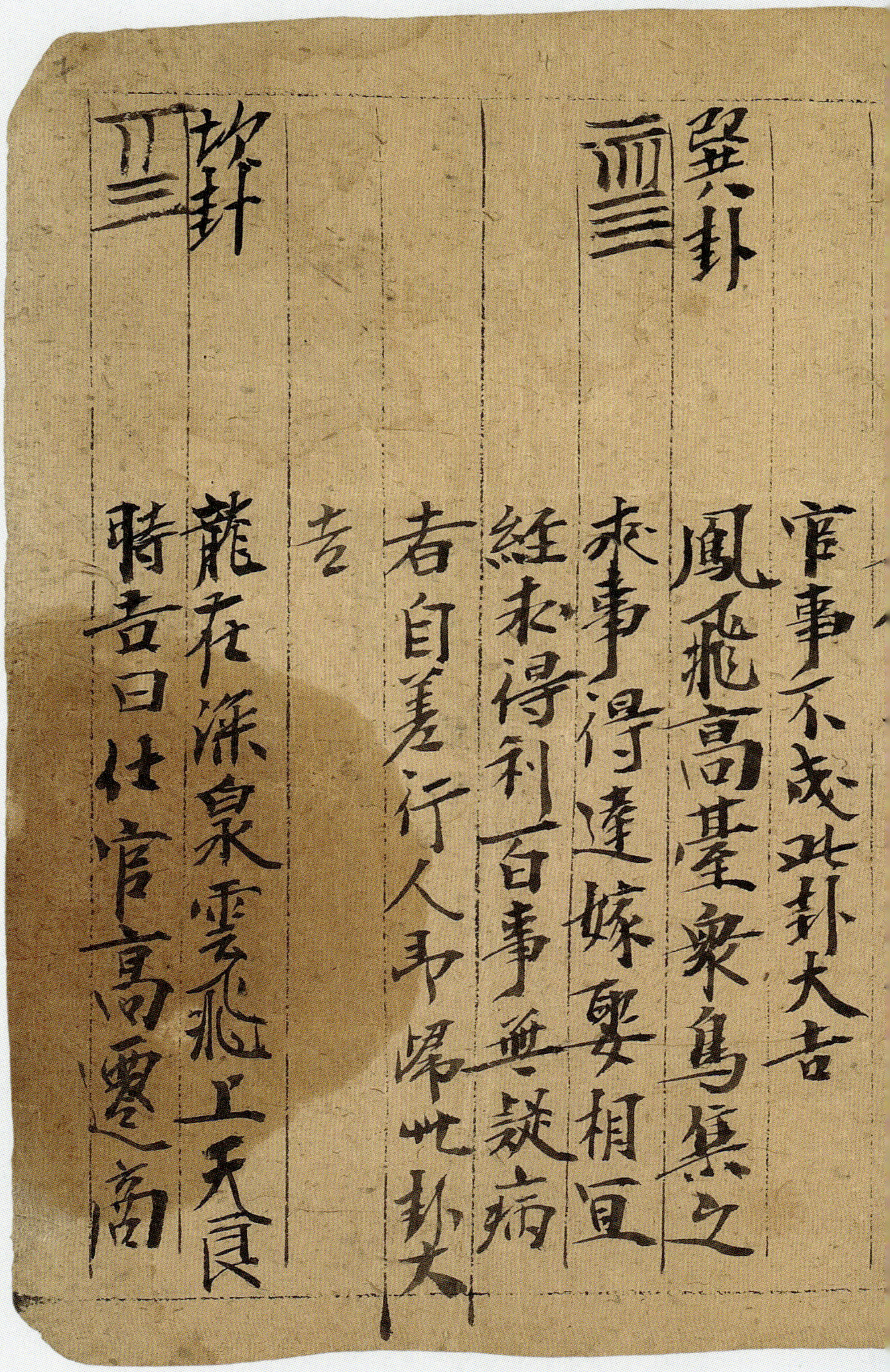

官事不成此卦大吉

巽卦 ☴

鳳飛高臺衆鳥集之

求事得達嫁娶相宜

經求得利百事無疑病

者自差行人即歸此卦大

吉

坎卦 ☵

龍在深泉雲飛上天良

時吉曰仕官高遷商

P.3398-2　　1. 周公卜法　　（15—4）

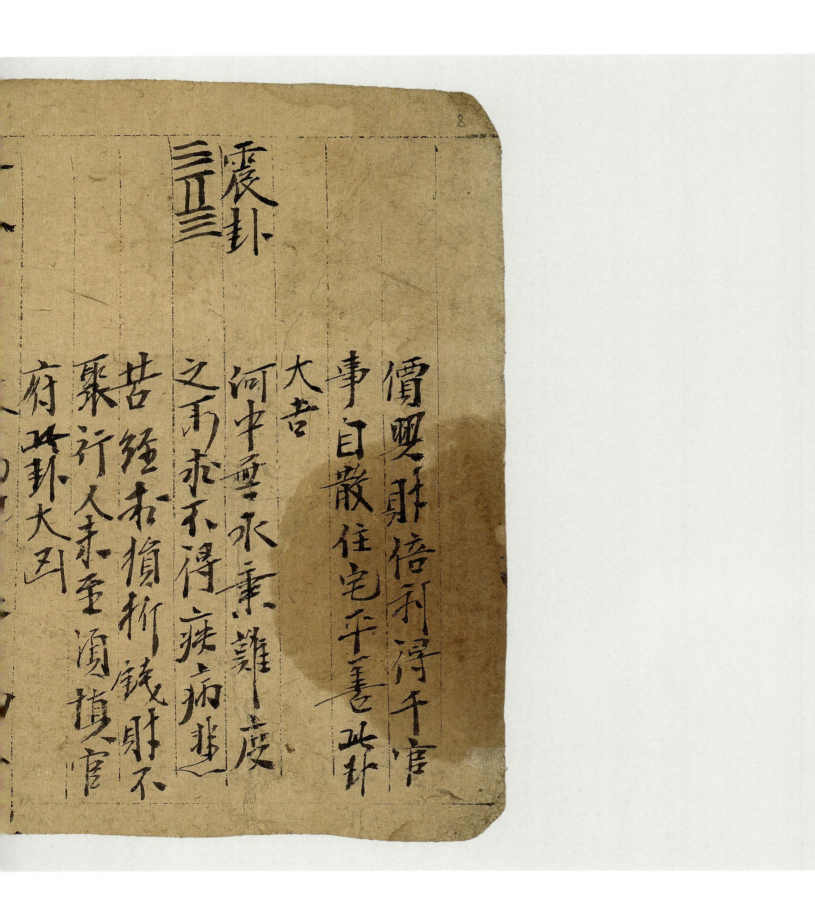

震卦
☳

僧要非倍利得千亭
事自嚴住宅平善□卦
大吉
河中□永乘難度
之雨來不得疾病□
苦經□獨析錢財不
粟行人未至□□官
府□□大凶

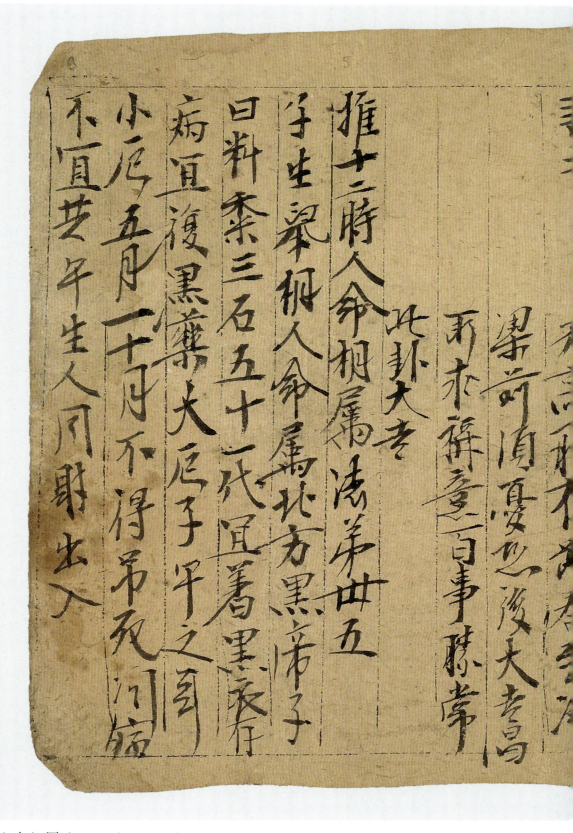

梁前頂夏必後大吉昌

而亦辞意百事勝常

此卦大吉

推十二時人命相屬法弟卅五

半生翠釵人命屬北方黑帝子

曰料黍三石五十一代冤著黑衰春

病宜復黑藥大厄子平之日

小厄五月二十月不得吊死河窟

不宜芒午生人同財出入

P.3398-2　　1. 周公卜法　　2. 推十二時人命相屬法　　（15—5）

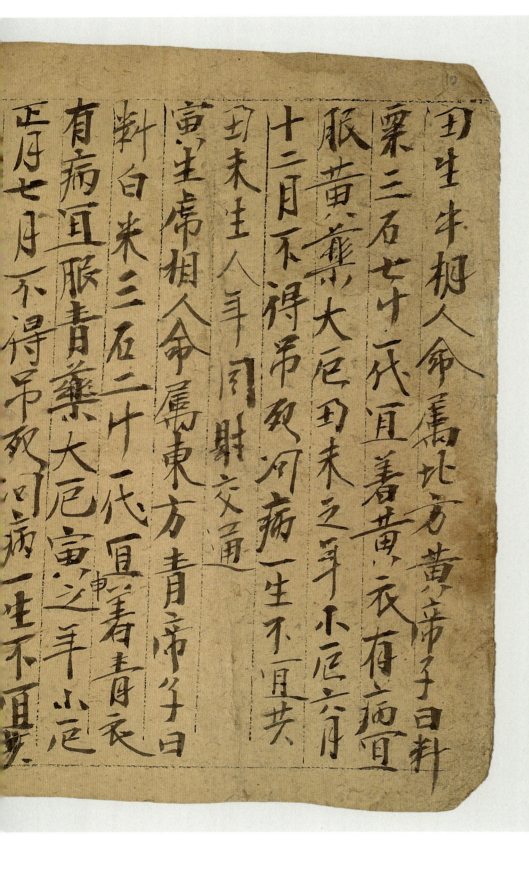

丑生牛相人命屬北方黃帝子曰料
粟三石七斗氏宜善黄衣有瘟疫
服黄藥大厄丑未之年小厄六月
十二月不得吊死问病一生不頂共
丑未生人手同財交通
寅生虎相人命屬東方青帝午曰
斟白米三石二斗氏宜善青衣
有病宜服青藥大厄寅之年小厄
正月七月不得吊死问病一生不頂要

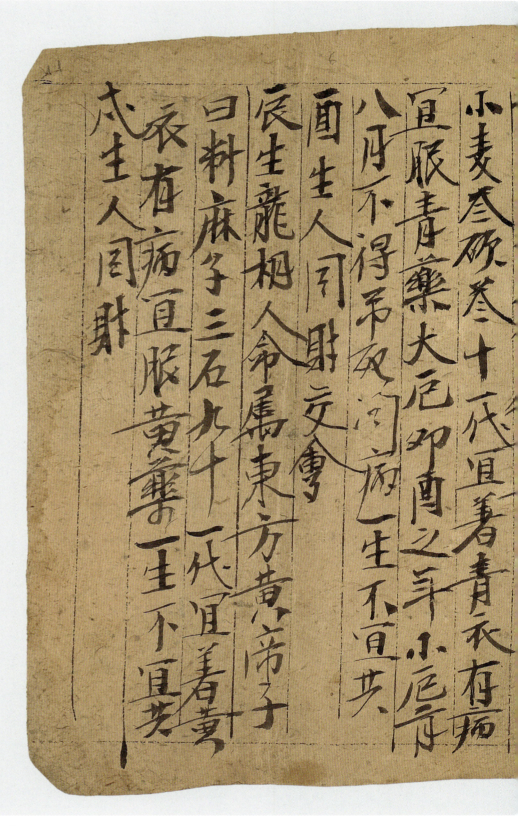

小麦参硕参十一代宜着青衣有病
宜服青药大厄卯酉之年小厄月
八月不得吊及问病一生不豆共
面生人可财立会
辰生龙栖人命属东方青帝子
曰料麻子三石九十一代宜着黄
衣有病宜服黄药一生不宜麦
太生人国群

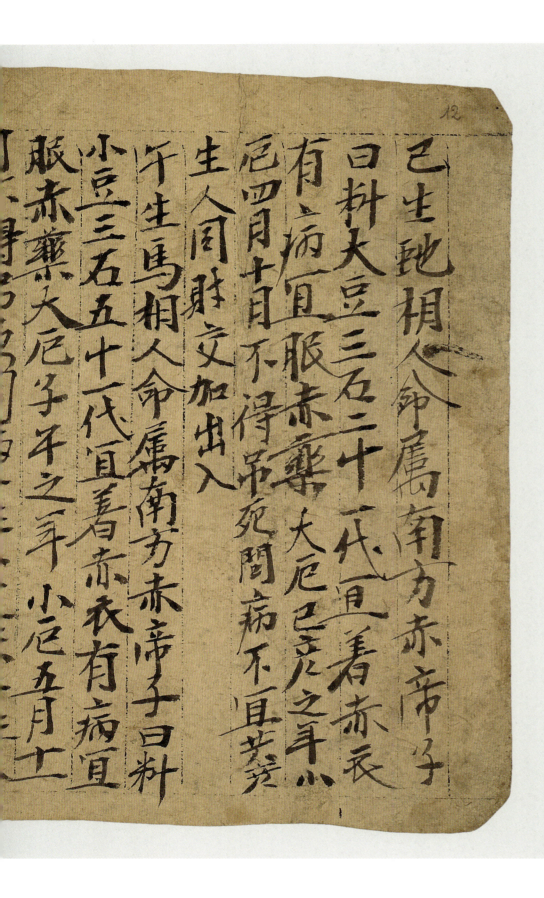

12

已生𪨊相人命屬南方赤帝子
日剋大豆三石二十疋宜著赤衣
有病宜服赤藥大厄巳亥之年小
厄四月十月不得帝死問病不宜葵葵
生人開財文加出入
午生馬相人命屬南方赤帝子日剋
小豆三石五十疋宜著赤衣有病宜
服赤藥大厄子年之年小厄五月十

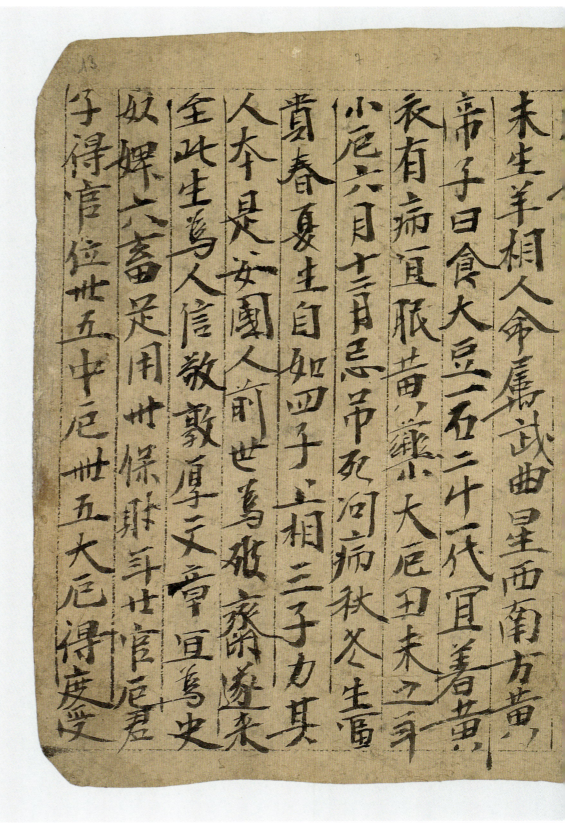

未生羊相人命屬武曲星西南方黃煞

帝子曰食大豆一石二十一代宜著黃煞

秋有病宜服黃藥大厄丑未之平

小厄六月十二月忌帝死河病秋冬生富

賣春夏生自如四子相三子力其

人本是安國人前世爲破齋遂來

全此生爲人信敬敦厚文章亘爲史

奴婢六畜足用世保聘耳仕官居君

子得信位世五中厄卅五大厄得度受

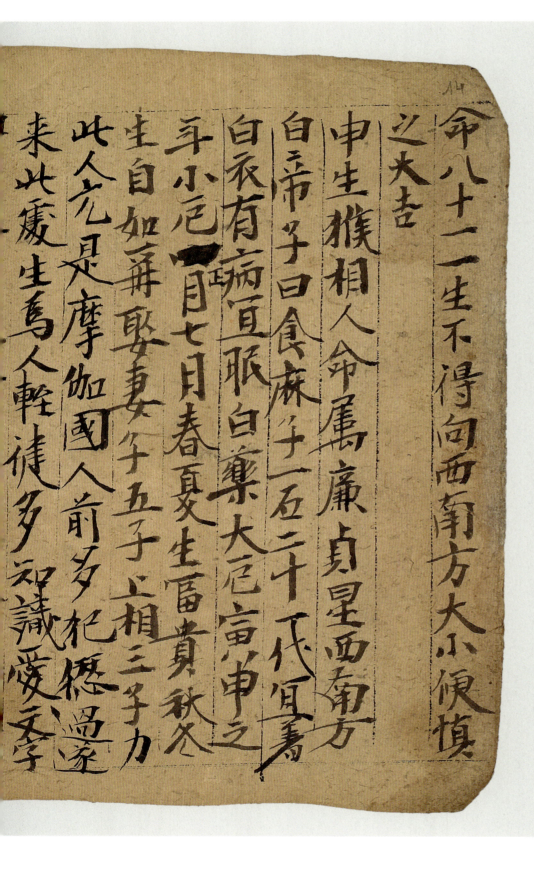

令八十二生不得向西南方大小便慎
之大吉
申生猴相人命屬廉貞星西南方
白帝子曰食麻子一石二十代宜書
白衣有痛宜眠白藥大厄富申之
年小厄一月七月春夏生冨貴秋冬
生自加卑聚妻生五子上相三子力
此人尤是摩伽國人前多杞愿遇遂
来此處生為人輕徙多知識愛交辛

十八九小厄卅五中厄五十七大厄得度

此者受命七十八宜於切德乡長命

一生不得向西南方天小便慎之专

酉生鶏相人命属文曲星西方白帝

子旦食小麦一石八斗一代宜著白衣

有病宜眠白藥大厄卯酉之年危

二月八月忌吊孝问病秋冬生富貴

春夏生自如其人亡是天他罗网人

前　身為破齋兩遂朱此生為人有
信行直心宜修切德冨相卅五保財
宜共官交通六字二相二子力保財
十八衣食牛馬奴婢足女人尔然合
弈嫁十二小厄廿三四中厄卅九大厄得度
受命八十一忌向西方大小便慎之吉
杰生獦相人命屬祿存星西北方自帝
午曰食粳米一石九十一代宜著白衣有
病宜眼白藥大厄辰戌　小厄三

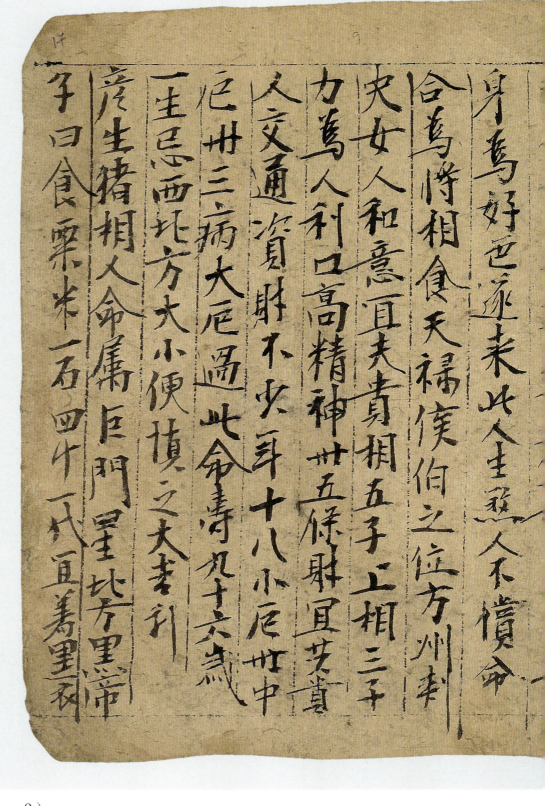

牙為好色逐来此人生憼人不愫命
合為將相食天福侯伯之位方州判
夾女人和意宜夫貴相五子工相三子
力為人利口高精神卅五候射宜芟貴
人文通資射不尖耳十八小厄卌中
厄卌三病大厄過此命壽九十六歳
一生忌酉北方大小便慎之夫妻刊
产生猪相人命屬巨門星比芳里黑帝
子日食粟米一石四个一代宜茤里衣

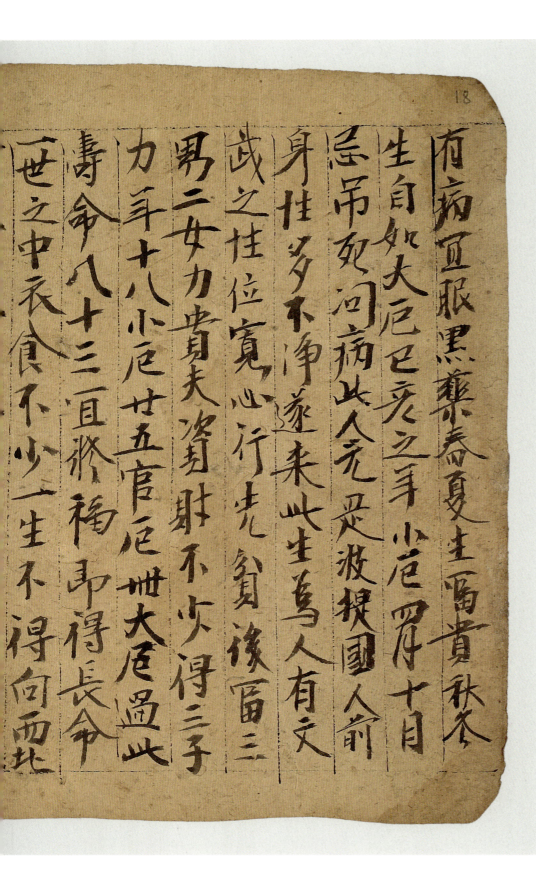

有病豆眼黑藥壽夏主富貴秋冬

生自如大厄已亥之丰小厄卯十月

忌吊如何病此人亢及破提國人前

身性多不净遂来此生為人有文

武之性位寬心行先貧後富三

男二女力貴夫資射不尖得二子

力手十八小厄廿五官厄卅大厄過此

壽命八十三亘於福那得長命

一世之中衣食不少一生不得向西北

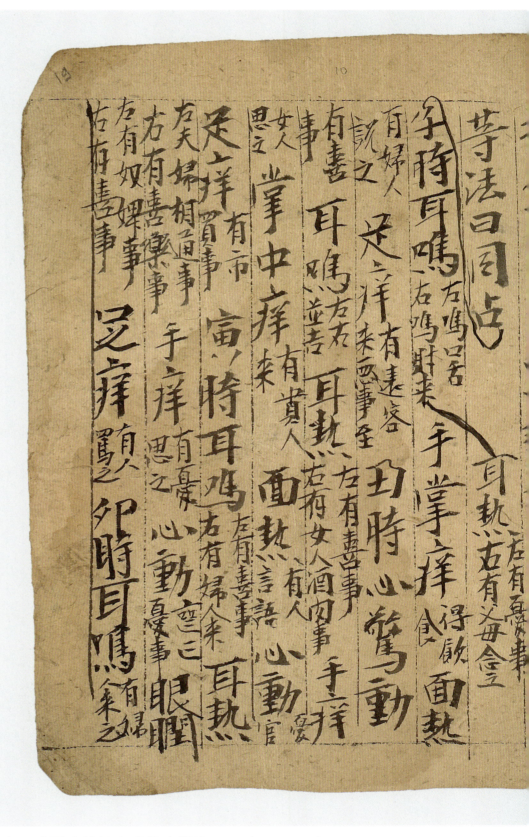

等法曰同占

子持耳鳴右鳴呂君右鳴時來手掌痒得飲面熱

耳婦人足痒有遠客

說之來四事至丑時心驚動

有喜耳鳴並吉

事耳熱右右有女人酒肉事手痒

女人掌中痒有貴人面熱言語心動

思之

足痒有市寅時耳鳴右有婦人來耳熱

右買事左有婦人來

右夫婦相罵音事手痒思之有憂心動眼腫

右有喜樂事

右有奴婢事足痒顖之卯時耳鳴

左有喜事

左有喜事

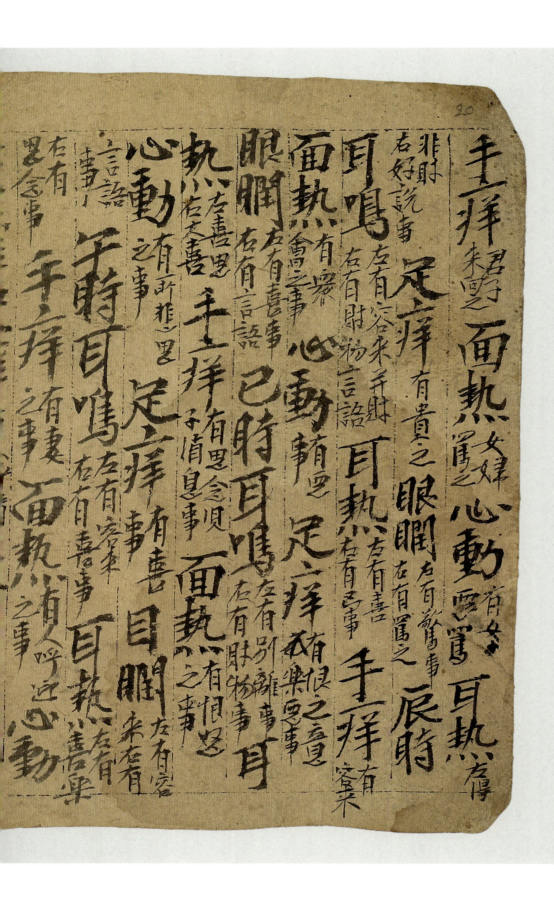

法國國家圖書館藏敦煌文獻

·208·

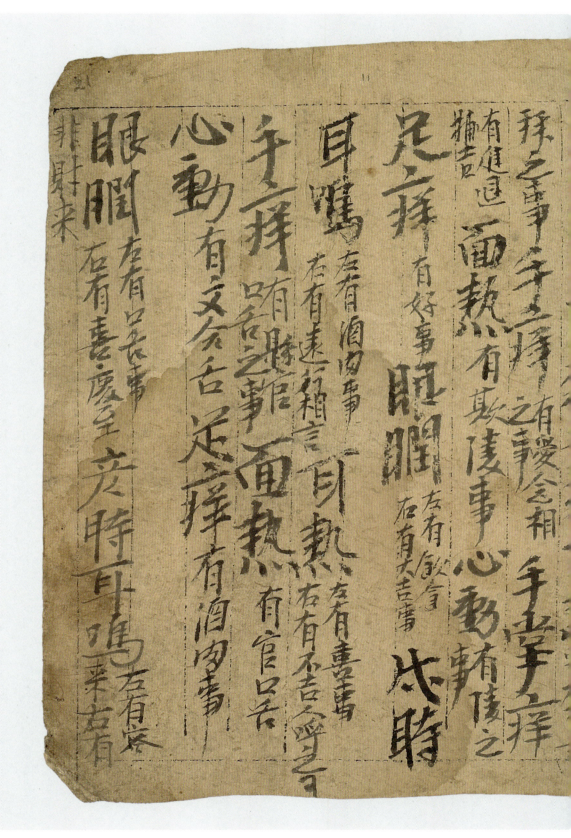

P.3398-2　　　3. 推人十二時耳鳴熱足癢手掌癢等法　　　（15—11）

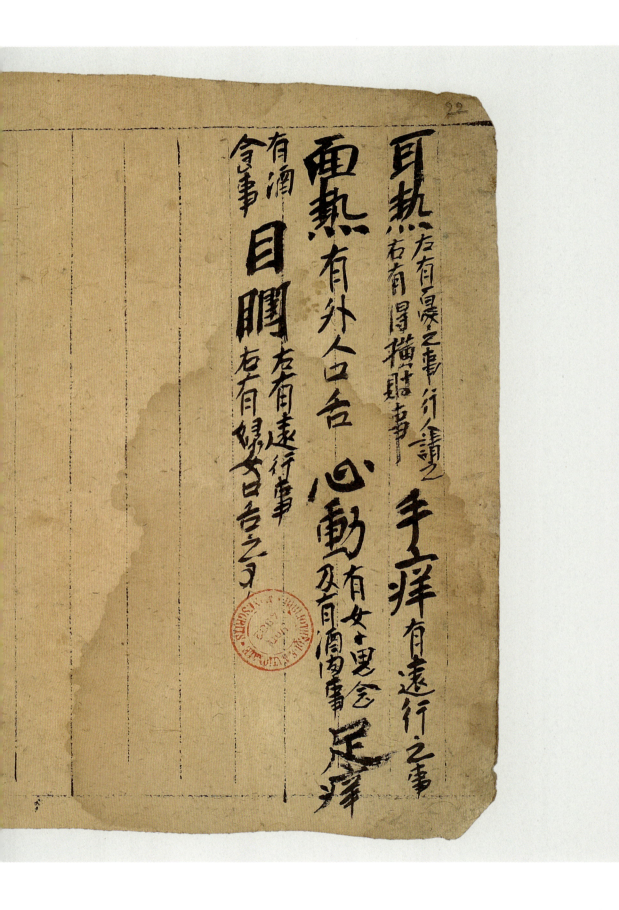

耳熱　左右有慢之事行人請之
右南得橫賭事　手痒　有遠行之事

面熱　有外人口舌　心動　有女思念　又有酒肉事　足痒

有酒　目瞤　右有遠行事
令事　目瞤　左右有慢古舌之事

法國國家圖書館藏敦煌文獻

P.3398-2　　3. 推人十二時耳鳴熱足癢手掌癢等法　　（15 — 12）

24

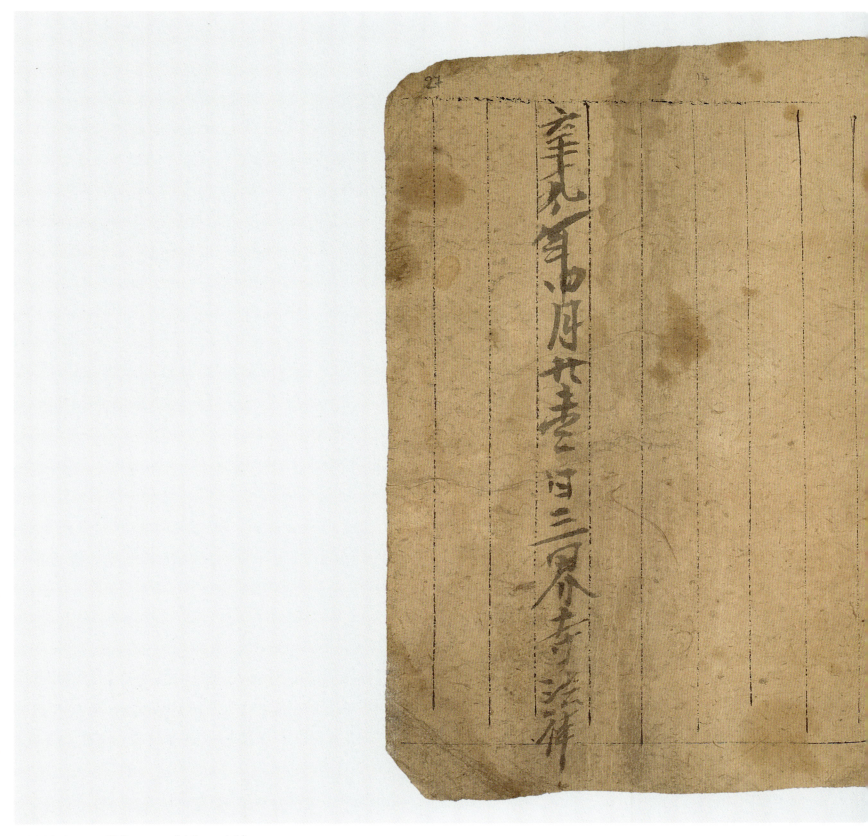

P.3398-2　　封底　　（15 — 15）

Bibliothèque nationale de France

# Pelliot chinois 3399

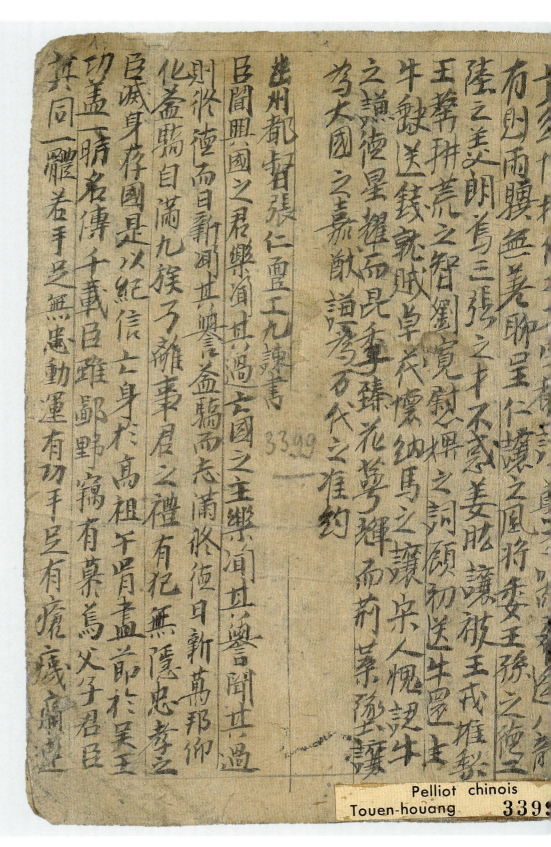

P.3399　　1. 失題文　　2. 幽州都督張仁亶上九諫書　　（3—1）

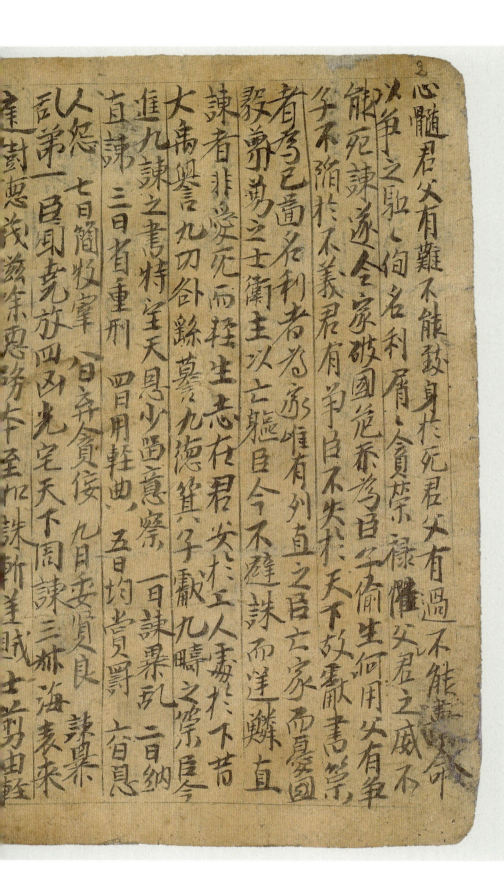

心髓君父有難不能殺身於死君父有過不能盡□□命
次爭之馳之徇名利屑之貪榮祿懼父君之威不
能死諫遂令家破國危案為臣子偷生何用父有爭
子不隨於不義君有爭臣自不失於天下故獻書禁
者為己圖名利者為家唯有列直之臣亡家而憂國
毅勇為之士衛主以亡軀旦今不避誅而進難直
諫者非愛死而輕生志在君父於上人壽於下苦
大禹興言九刀合縣冀其子獻九時之際臣奉
進九諫之書特呈天恩少留意察一曰諫衆亂
直諫三曰省重刑四曰用輕典五曰均賦罰二曰納
亂第一曰因克放四凶光宅天下周諫三曰海表來
人怨七曰簡牧軍八曰弃貪佞九曰委賢良諫衆
□□□茂薮余恩務本至於誅所進賊士立刑為由輕

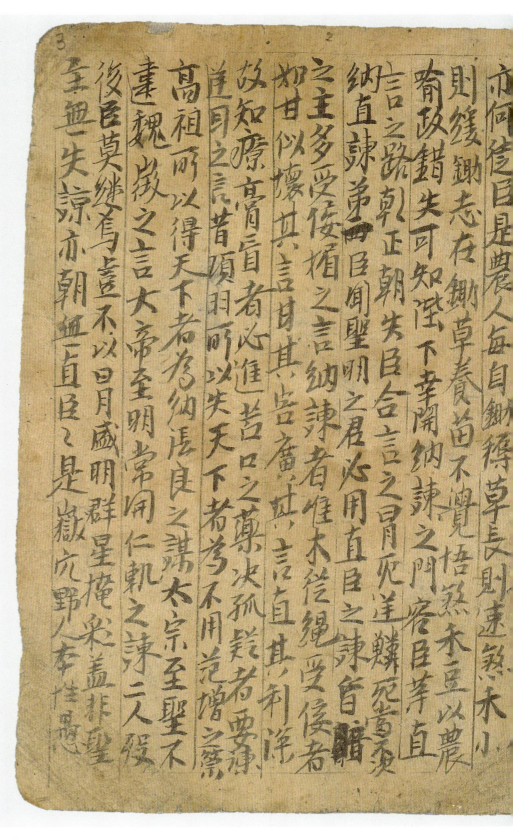

亦何德曰是農人每自鋤穫草長則速熟禾小

則殘鋤志在鋤草養苗不覺悟慈禾豆以農

喻政錯失可知陛下幸開納諫之門臣葶直

言之路乾正朝失臣合言之冒死違難死當受

納直諫苐一曰聞聖明之君必用直臣之諫臣

之主多受佞諂之言幼諫者惟木從繩受後者

如甘似懷其言甘其告廣其言直其利洋

故知療膏肓者必進苦口之藥決孤疑者要須

道目之言昔項羽所以失天下者為不用范增之策

高祖所以得天下者為幼張良之謀太宗至聖不

逮魏嶽之言大帝至明常開仁軌之諫二人段

後臣莫継焉言不以日月盛明群星掩采盖非聖

至無失諒亦朝廷直臣之是嶽沉野儿本性愚

P.3399　　2. 幽州都督張仁亶上九諫書　　（3—2）

直辛經貽崇明主收言陛下方国至尊蒭蕘
野人之說　省刑對第三　臣聞鳳鳥冲天必資羽
翼大廈成立先藉棟梁翱翔則蟲鱗悅情柱摧則
鶯鵲無托臣聞在外百姓皆言良將忠臣流叛
將盡豈謂自翦羽翼何以安國理家由鳥無鱗天
翮不可以遊水冲天竟達既無英賢何以克隆周祚
陛下聖明諸衆足明萬方豈藉嚴刑方制海內省
刑肅物足表皇威欲逞先誅殊乾主聖故知判
臣逆子何以無之雖慈父嚴君未能全免足可斬
其ヽ首ヽ異ヽ處刑罰皆誅戮一人破家之聲嚮振天
下臣案論語云導之以刑民免而無恥季康子問於孔
子曰如殺無道以就有道何如孔子曰如子為政
焉用殺又按尚書云伊尹去而桀亡箕子囚而紂
滅傅說相而殷盛姜牙用而周興故知得一賢

P.3399　　　2.幽州都督張仁亶上九諫書　　（3—3）

# Pelliot chinois 3400

無二無二分無別無斷故養育者清淨即聲

香味觸法處清淨聲香味觸法處清淨即養

育者清淨何以故是養育者清淨與聲香味

觸法處清淨即色處清淨無二無二分無別無斷故士夫

清淨即色處清淨無二無二分無別無斷故士夫

以故是士夫清淨與色處清淨即士夫清淨何

別無斷故士夫清淨聲香味觸法處清

淨聲香味觸法處清淨即士夫清淨何以故

是士夫清淨與聲香味觸法處清淨無二無

二分無別無斷故補特伽羅清淨即色處清

淨補特伽羅清淨何以故是補

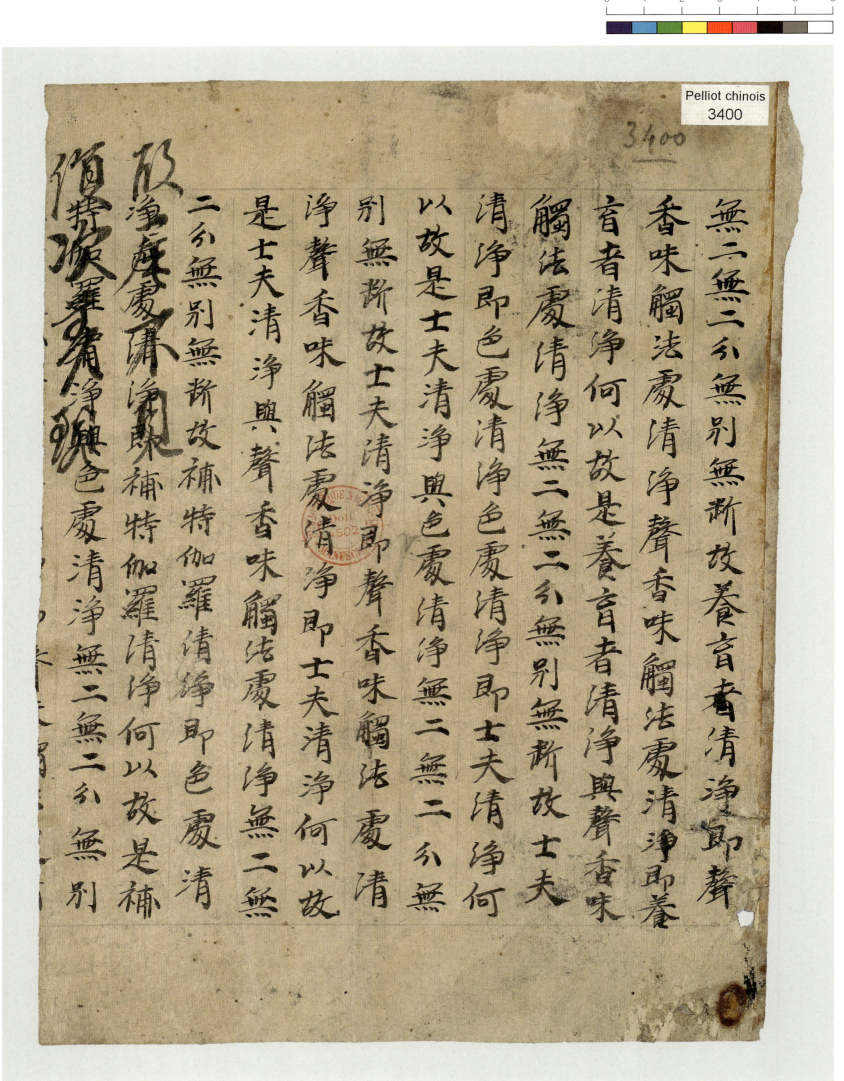

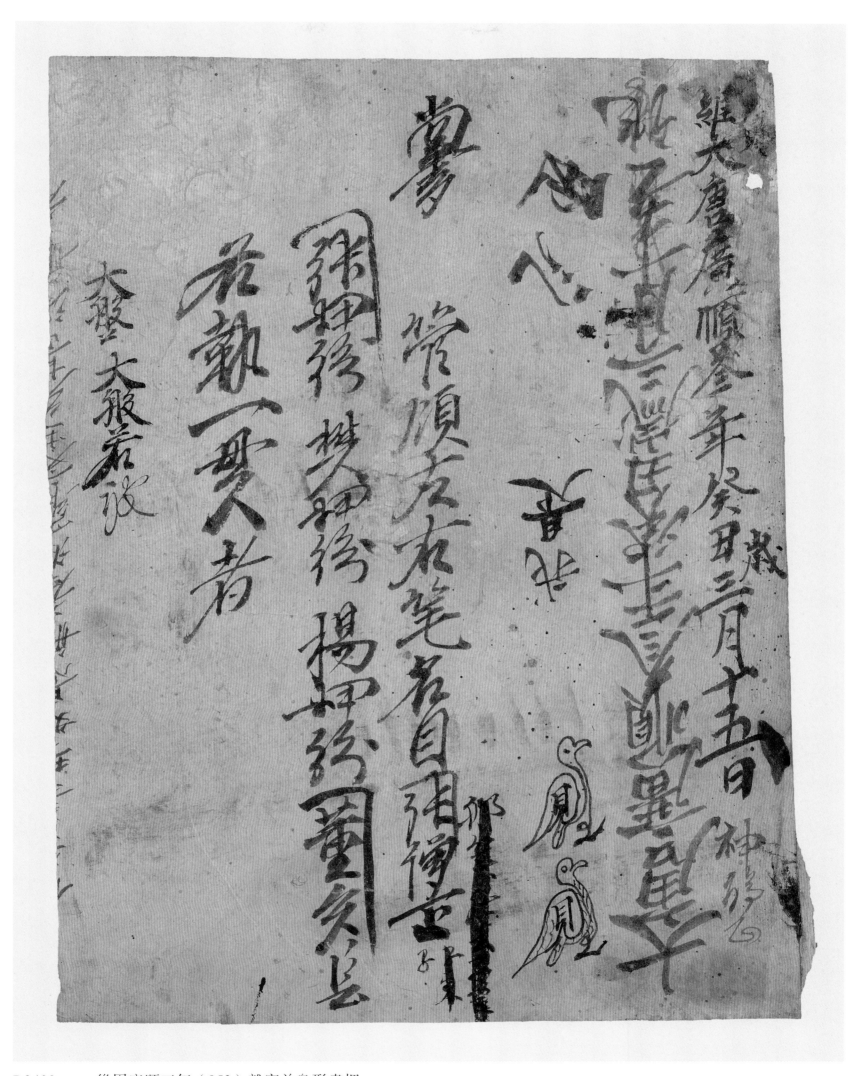

P.3400v　　後周廣順三年（953）雜寫并鳥形畫押

# Pelliot chinois 3401

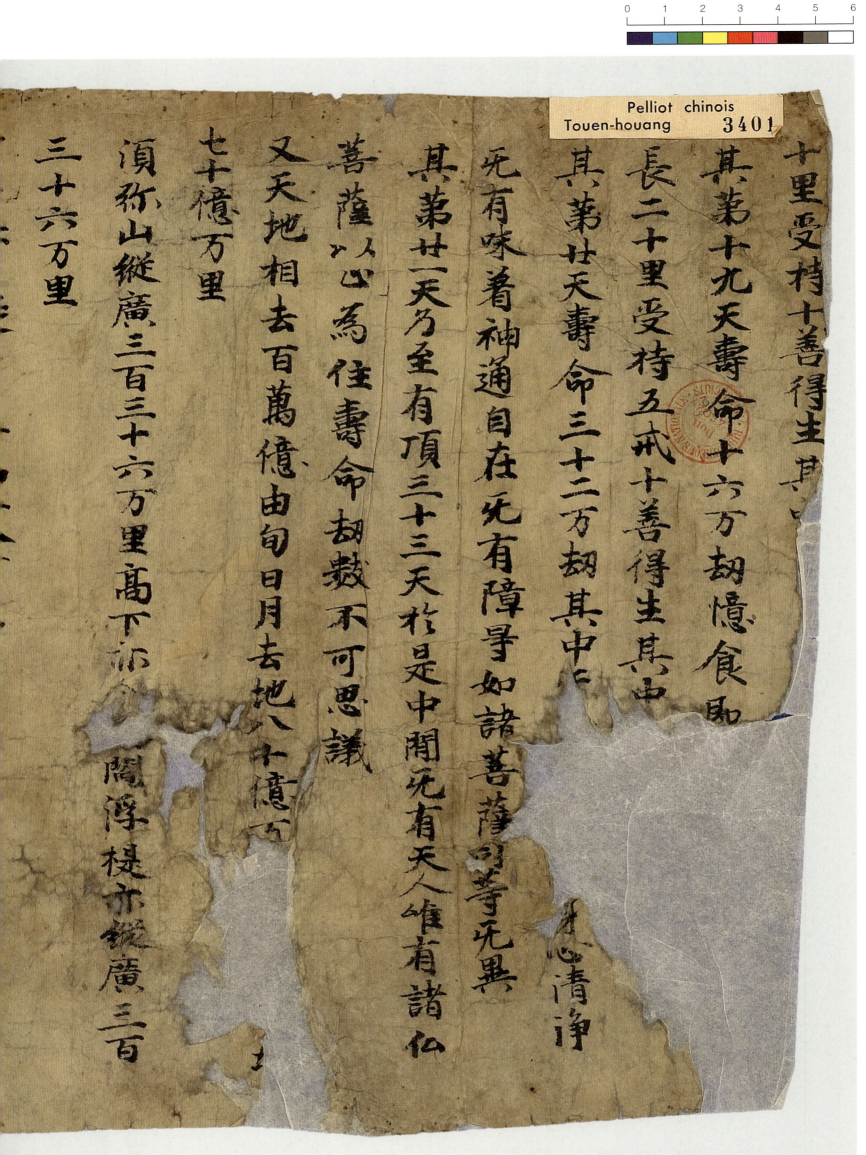

十里受持十善得生其□

其第十九天壽命十六万劫憶食□

長二十里受持五戒十善得生其由

其第廿天壽命三十二万劫其中□

无有味著神通自在无有障旱如諸菩薩□等无異

其第廿一天乃至有頂三十三天於是中閒无有天人唯有諸仏

菩薩心為住壽命劫數不可思議

又天地相去百萬億由旬日月去地八十億□

七十億万里

湏弥山縦廣三百三十六万里高下亦□

閻浮提亦縱廣三百

三十六万里

其心清浄

東弗于逮縱廣五百五十三万里

金剛山高二百万里

大鐵圍山亦高二百万里

小鐵圍山高百二十万里

其大海廣五千深三千里

其海廣千五百里深千里

其大江廣八十里深四十里

其小江廣四十里深二十里

其盟津廣三里深一里半

如是三千大千世界百億日月百億大海江河百億四天下百

其小江廣四十里深二十里

其鹽津廣三里深一里半

如是三千大千世界百億日月百億大海江河百億四天下百

億四天王百億轉輪百億忉利天乃至百億三十三天人身長

短壽命劫數次第多少若有食不食見色聞喜光悲皆

同等死有異也諸須弥山高下大小四方大地

鐵圍山及与大海小海江河高下深淺皆悉同等死有別

興日月去地亦復如是

又諸日月皆悉周圍一千七百里大星周圍百二十里中星周圍

八十里小星周圍四十五里冰車火車亦周圍一千七百里天下四時

冬天極寒夏天極熱春秋調和何以故日行三道冬行南道

以為居止皆受使樂自在无量黄金水精為日夏天之時
水精盡退黄金正見火車助之其須弥山上有百億金剛
皆共助熱夏行北道當人之上是故天下悉皆大熱冬天之
時欄去火車黄金盡退水精正現水車助之冬行南道水
山之止上是故天下悉皆大寒月在天中照曜天下一月之中
而有生滅明時極明暗時極暗所以者何白銀琉璃為月
阿須輪王而曲之自以身手翻覆轉側初生之時現於琉
璃少出白銀如是日日漸漸而轉至十五日琉璃隱没白銀
正現故是天下一切皆明過十五日已漸復而轉至卅日白銀
盡没琉璃正現是故天下悉皆大暗
佛告觀世音天下一切四方眾生各有冤別汝今諦聽當為

璃少出白銀如是日日漸漸而轉至十五日琉璃隱沒白銀

匹現故是天下一切皆明過十五日巳漸復而轉至卅日白銀

盡沒琉璃匹現是故天下悉皆大暗

佛告觀世音天下一切四方衆生各有差別汝今諦聽當為

汝說何以故閻浮提内一切衆生身長八尺壽命百歳西拘

耶尼諸衆生苐身長十里壽命千二百歳北欝單越所

有衆生身長二十里受命千歳東弗于逮衆生之頿身

長九里壽命五百歳閻浮提内衆生多受害者怤多有憂

悲煩惱患難雖壽百歳夜消其半長命者得壽百歳

短命者胞胎傷墮兼復中夭人生之時父母養育年既

長大自將種健擔輕重不自裁量勤身者務以自給濟

无量此中衆生雖受苦惱有能備行五戒十善受持讀

誦妙法華經勤備精進供養諸佛晝夜一心奉持經

武清净具足无數漏者因是果報得成佛身

西构耶居諸衆生等一切皆受无量快樂⋯⋯人受苦惱

Bibliothèque nationale de France

# Pelliot chinois 3402

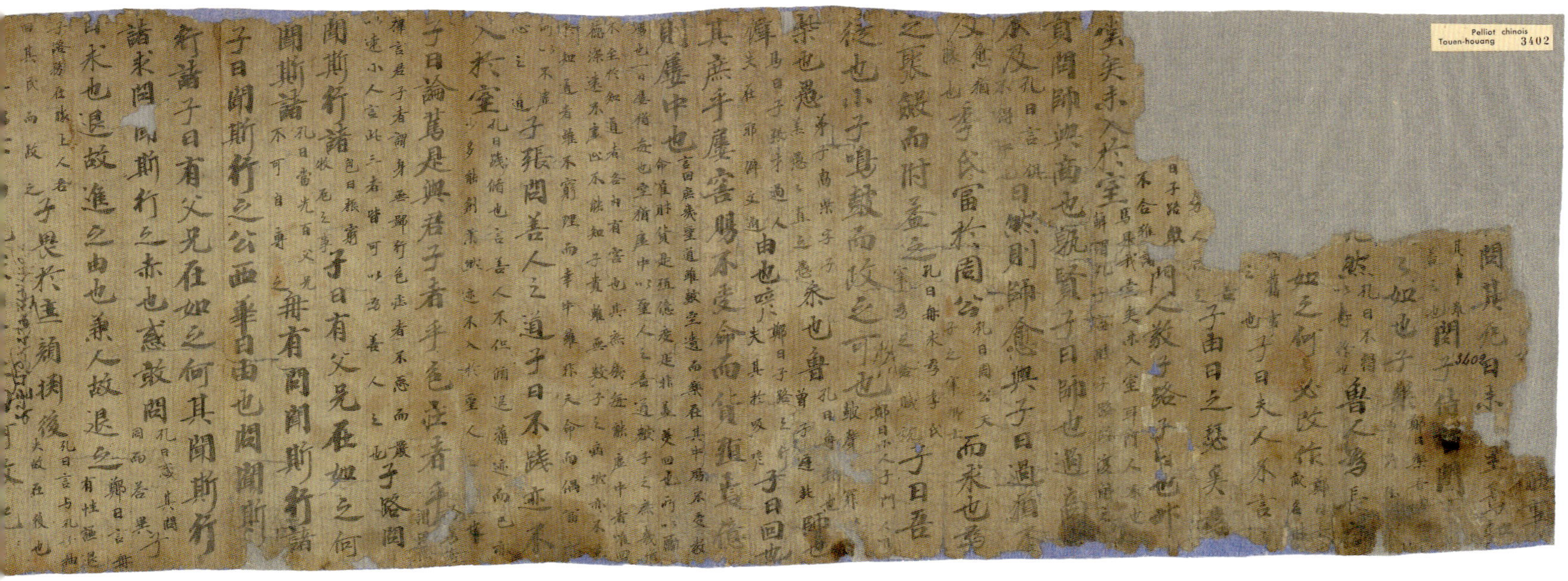


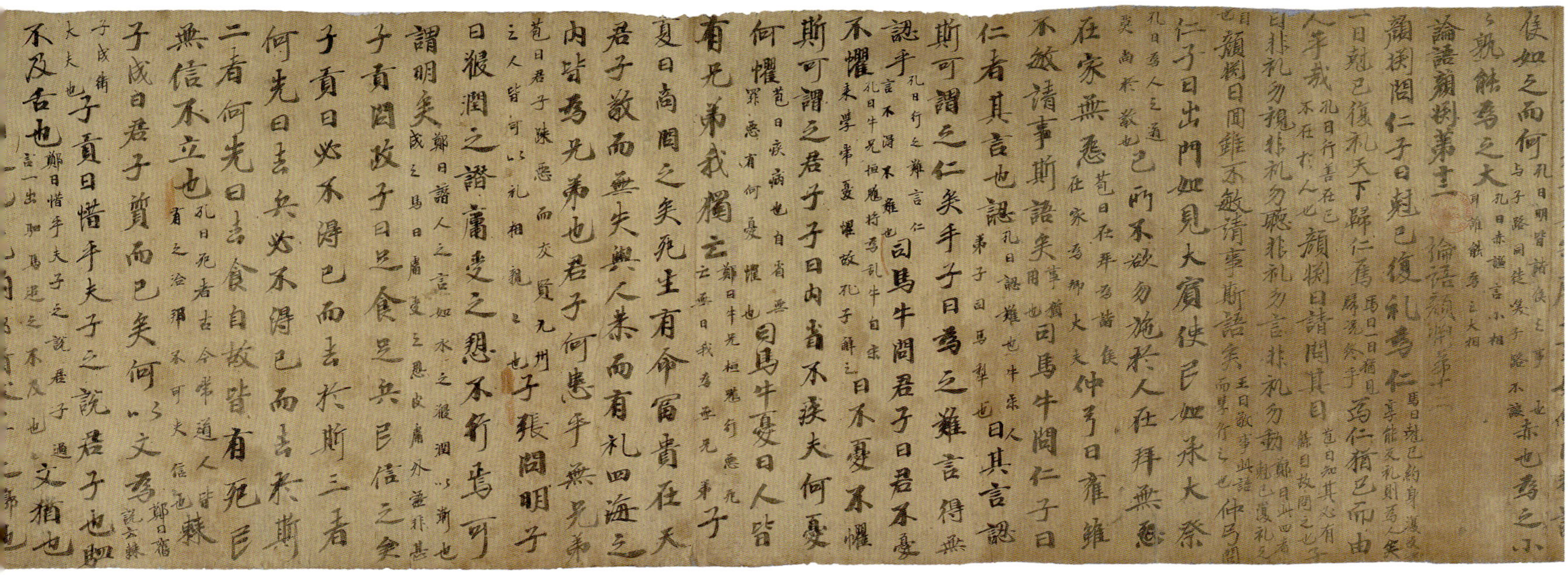

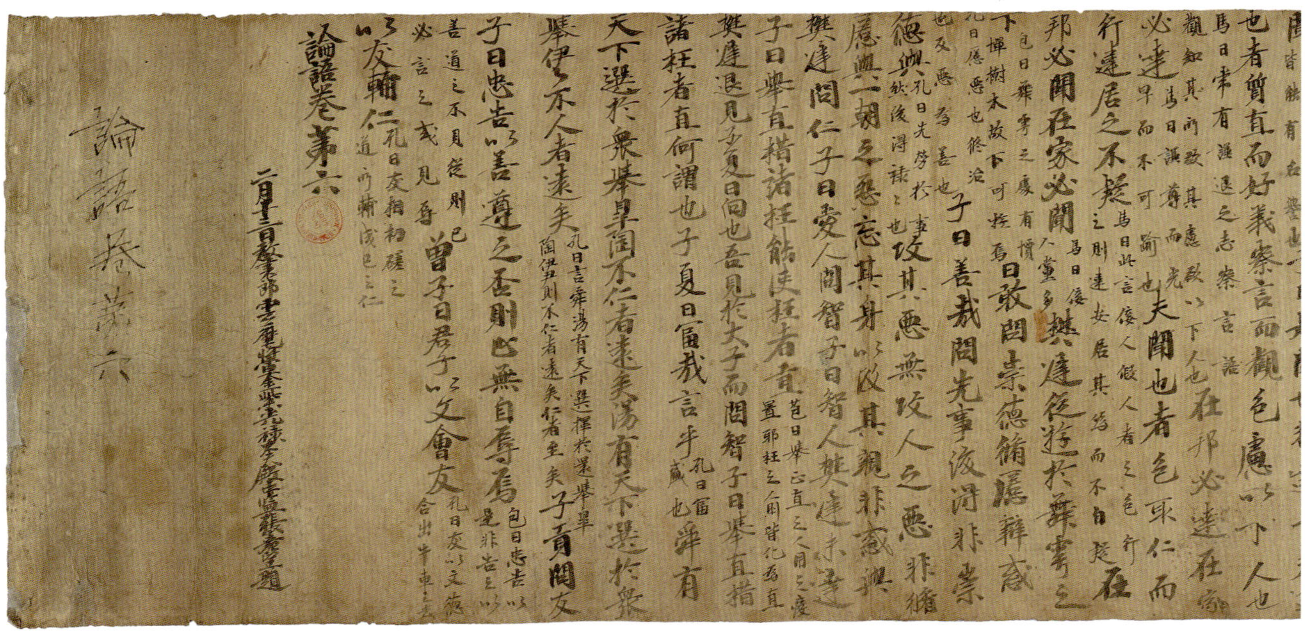

法國國家圖書館藏敦煌文獻

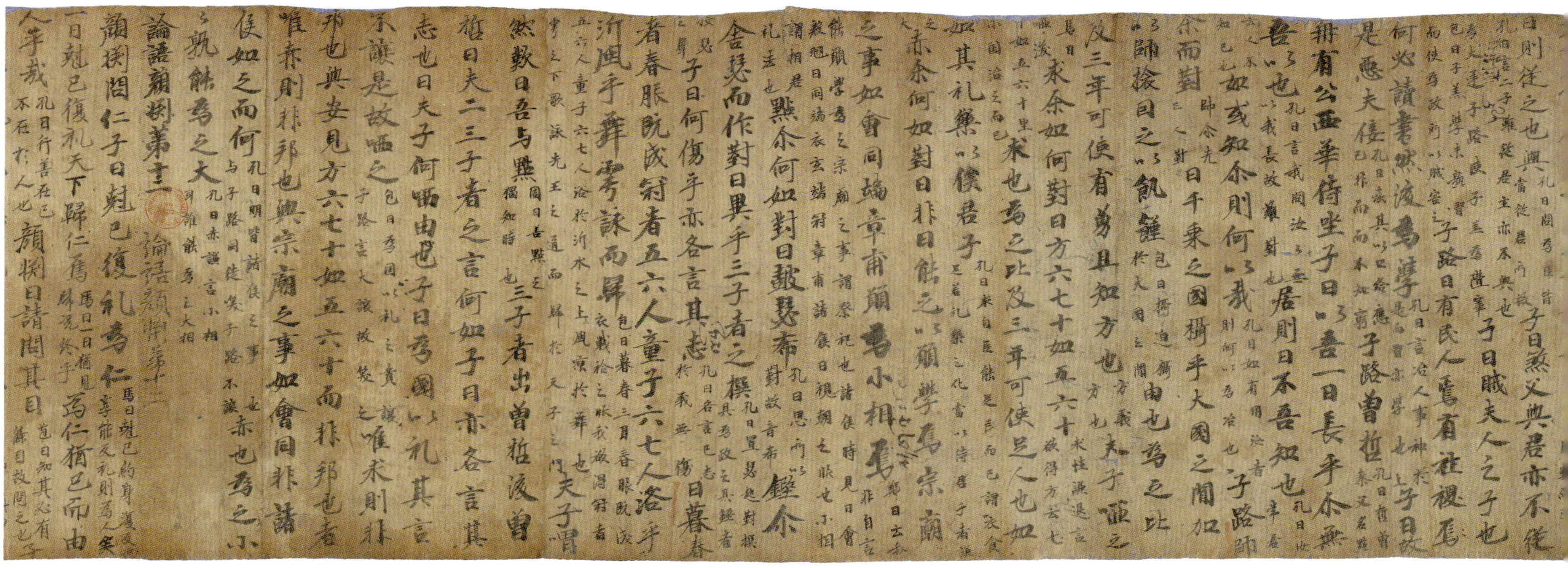

P.3402　　論語集解卷六（總圖）　　（一）

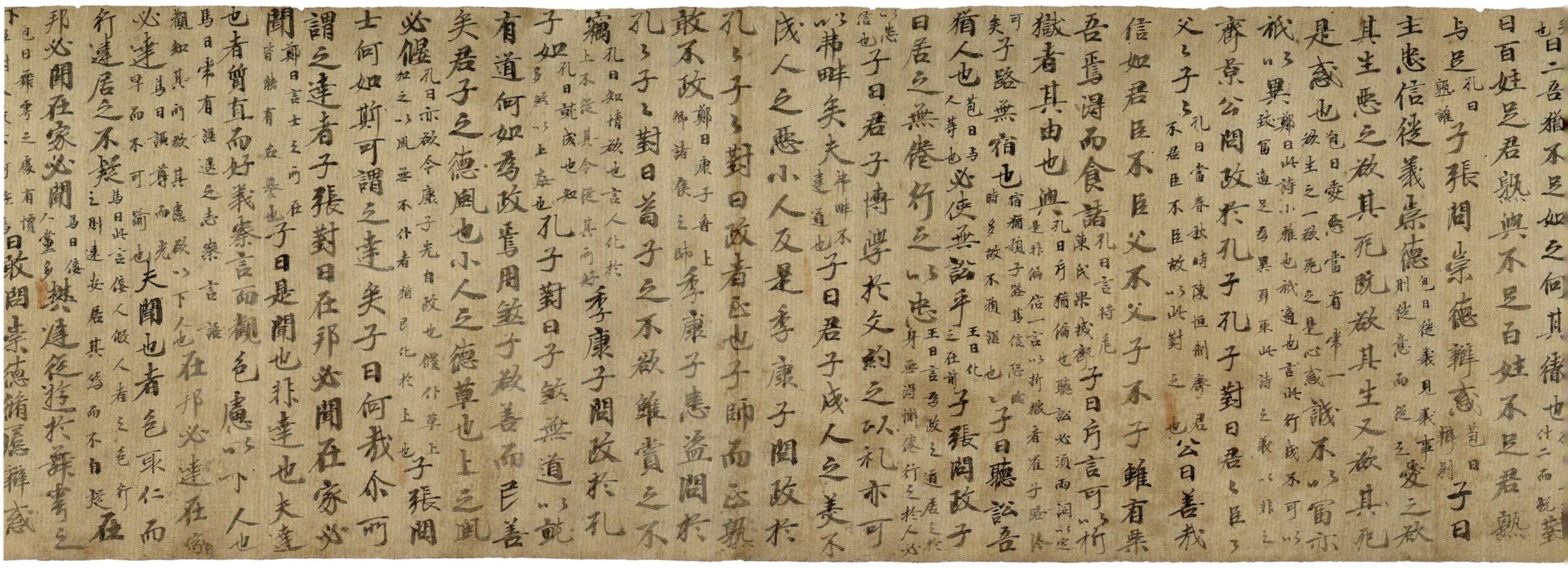

P.3402　　論語集解卷六（總圖）　　（二）

P.3402　　論語集解卷六（總圖）　　（三）

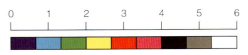
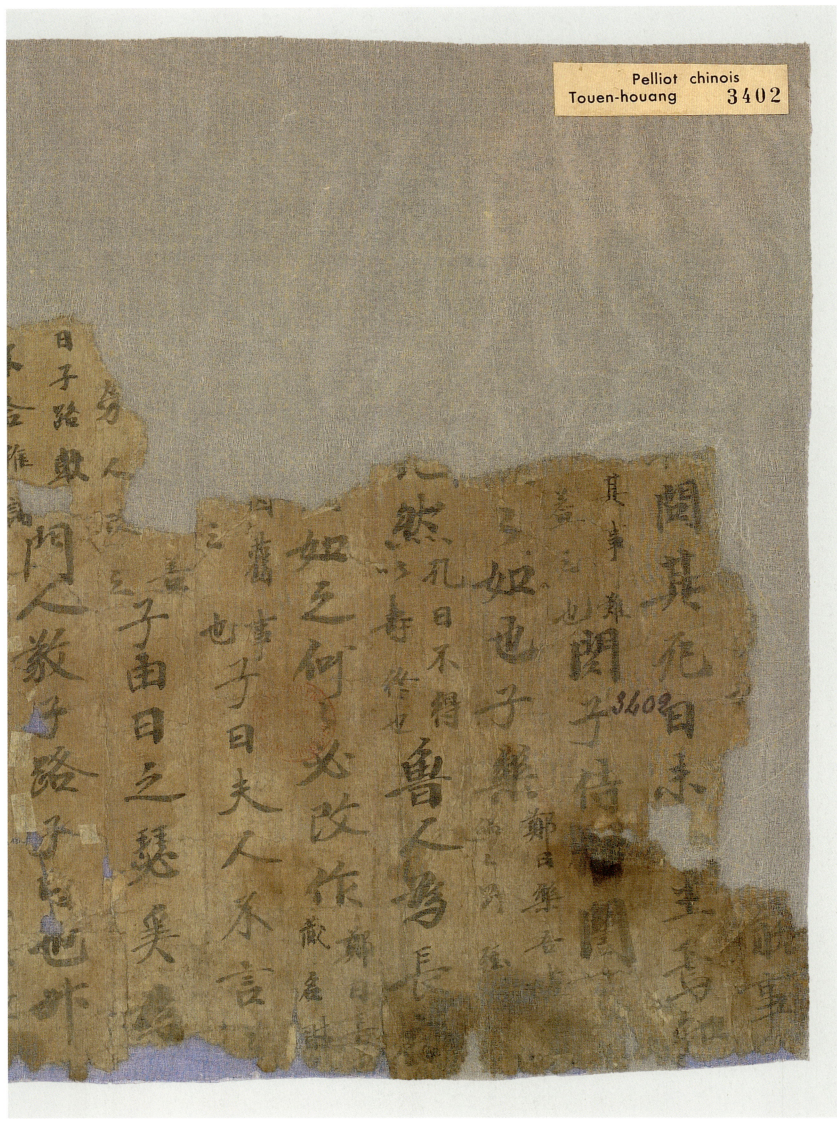

閔其死曰未畫鳥輒

閔子侍側閔　3402

真□雖□云也也

孔然以□□□

孔曰不得魯人為長

如也子樂鄭曰樂至

如之何必改作鄭曰長

也子曰夫人不言藏虛此

子曰之瑟奚

子由日之瑟奚

門人教子路子謂也外

日子路敦

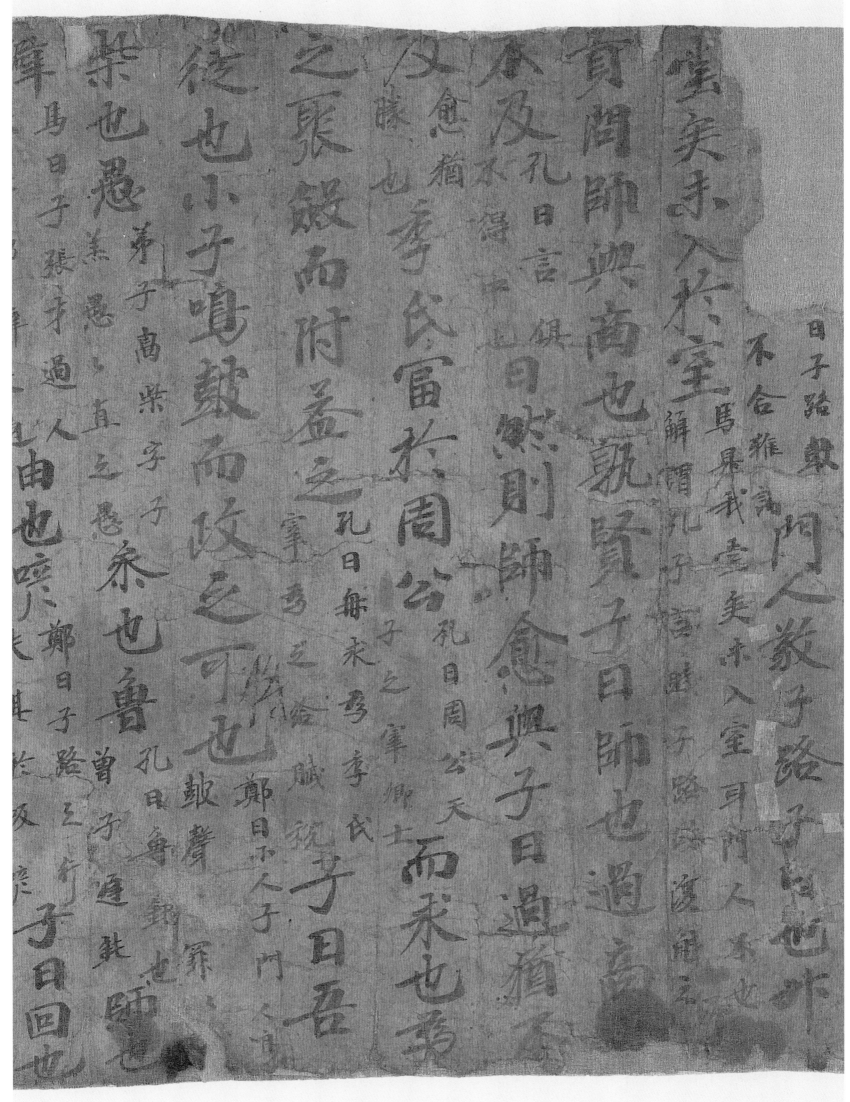

噫實未入於室　子路欵瑟

貢問師與商也孰賢子曰師也過　門人教子路　子路而

余及　孔曰言俱　日然則師愈與子曰過猶　不合雅頌　馬曰我壹　未夫入室　門人不敬子路

父愈稍　滕也　季氏富於周公　孔曰周公天　而求也弟

之張鼓而附益之　孔曰每求季氏　子之宰卿士

徒也小子鳴鼓而攻之可也　敏聲　鄭曰不入子門人

柴也愚　參也魯　孔曰　鄭曰　子曰吾

馬曰子張才過人也　鄭曰子路行行　子曰回也

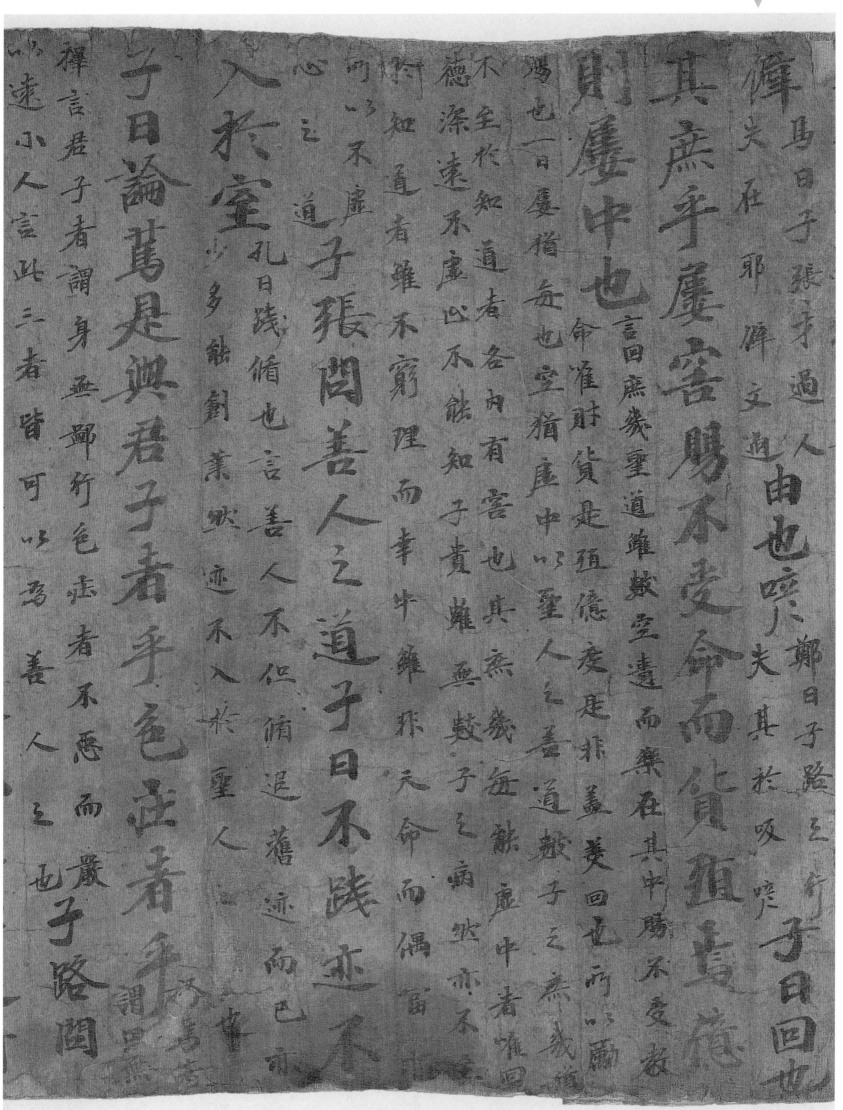

馬曰子張才過人

鄭曰子路子行行

辟夫在邪辟文過□辟 由也哼哼夫其於哼哼 子曰回也

其庶乎屢空賜不受命而貨殖焉 則屢中也

言回庶幾聖道雖數空匱而樂在其中賜不受教

惟財貨是殖德度是非盡善回也而以勵

命准肝貨是殖德度是非 盡善回也而以勵

德深遠不虛心不能知子貴難 取數子之病然亦不

不全於知道者各内有言也其庶幾 每空匱虛心者惟回

柯知道者雖不窮理而牽牛雖非 天命而偶富

道子張問善人之道子曰不踐亦不

入於室 孔曰踐循也言善人不但循 舊迹而已亦可

子曰論篤是與君子者乎色莊者乎 子路問

釋言君子者謂身無鄙行色莊者不惡而嚴

以遠小人言此三者皆可以為善人之也 子路問

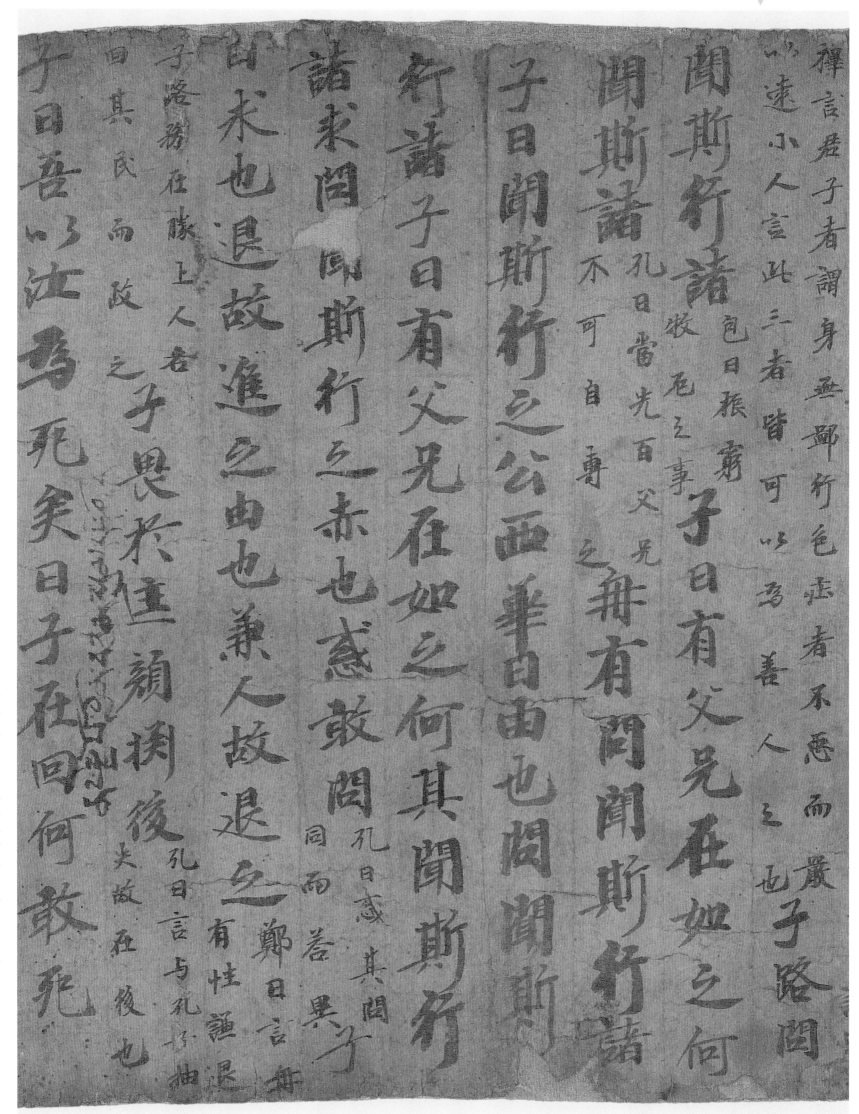

釋言君子者謂身亚鄙行邑迮者不惡而嚴

以速小人言此三者皆可以為善人之也　子路問

聞斯行諸　包曰振霸

聞斯諸　牧氏之事

聞斯行諸之公西華曰由也問聞斯

行諸子曰有父兄在如之何其聞斯行

子曰聞斯行之　孔曰當先白父兄不可自專之

諸求問同斯行之　孔曰惑其問

求也退故進之由也兼人故退之　鄭曰　弟子名赤

子路務在勝上人者　子畏於匡顏淵後　孔曰言與孔子相失

回其民而故　故在後也

子曰吾以汝為死矣曰子在回何敢死

子曰吾以汝為死矣曰子在回何敢死

包曰言夫子在
己惡敢死也

季子然問仲由冉求可謂大臣與

孔曰然問
孝代子弟也自多得
臣以此二子故問之

孔曰謂子然問其事耳

之問也
刑此二人巨問安足大季町謂大臣者以道事君

子曰吾以子為異之問曾由與求

不可則止今由与求也可謂具臣矣
孔曰言偹然

日則從之也與
當從君所故

孔雍言二子雖從君主亦不與也

子曰然父與君亦不從

子路使子羔為費宰子曰賊夫人之子也

包曰子羔學未嘗習
子路使為政所以賊害之

子曰有民人焉有社稷焉

何必讀書然後為學
孔曰言治人事神於上子曰故

子路曾晳

是而習之亦學也

是惡夫佞者
孔曰惡其以口給應
子路曾晳

已非而不知窮
秦冉有

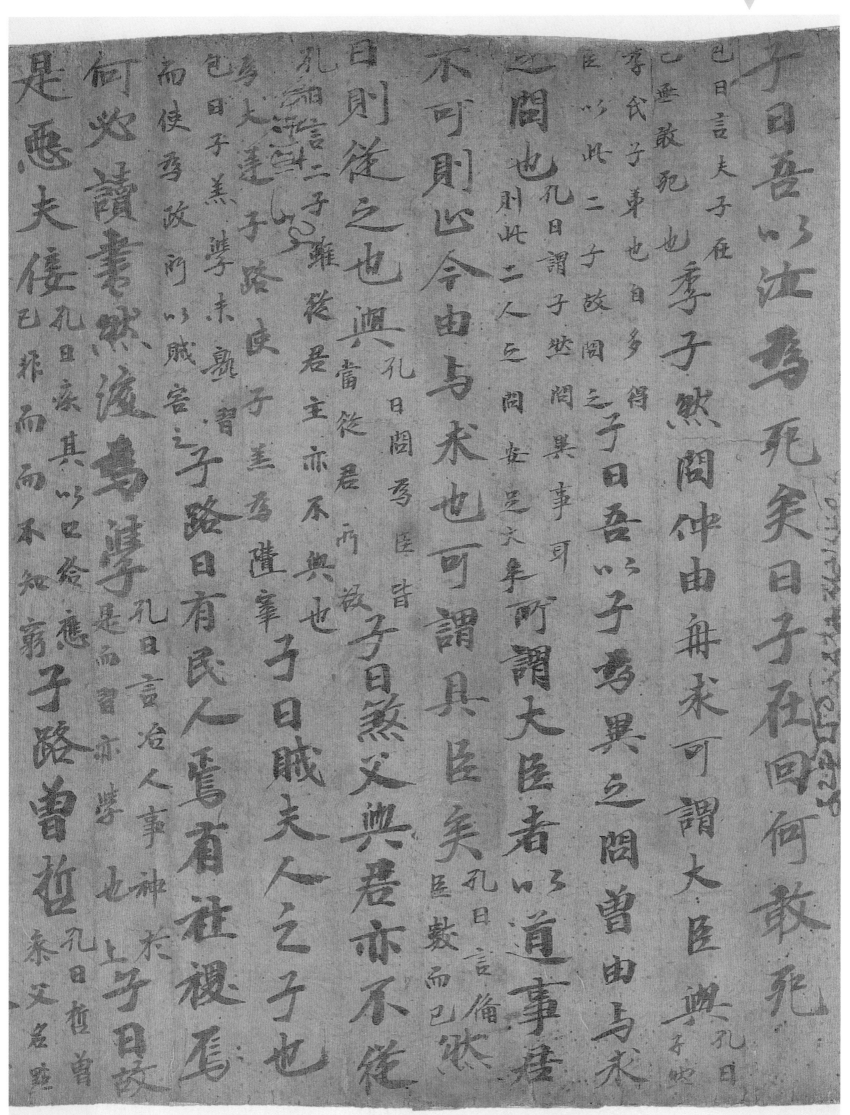

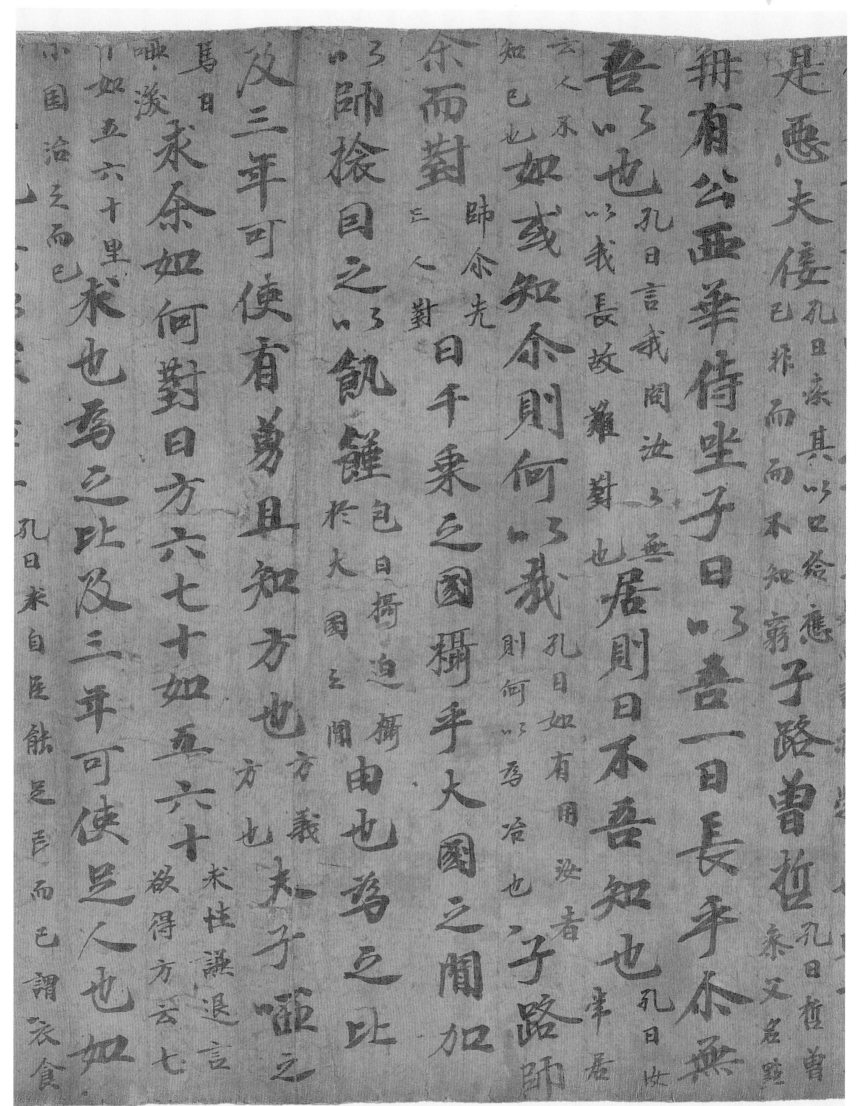

是惡夫佞〔孔曰惡其以口給應，非而不知窮〕

子路曾晳〔孔曰晳曾……又名點〕

冉有公西華侍坐，子曰：以吾一日長乎爾，毋〔孔曰言我問汝之辭，無……〕吾以也〔以我長故難對也〕。

居則曰：不吾知也〔孔曰……〕。如或知爾，則何以哉〔我〕？

師爾先〔二人對〕曰：千乘之國，攝乎大國之間，加〔包曰攝迫……大國之間〕之以師旅，因之以飢饉〔孔曰大國……〕，由也為之，比及〔方義也　夫子哂之〕三年，可使有勇，且知方也〔方義也〕。

夫子哂之。求，爾何如？對曰：方六七十，如五六十〔求性謙退言……故得方六七十〕，求也為之，比及三年，可使足民也〔馬曰……〕；

如五六十里，求也為之，比及三年，可使足民〔孔曰求自臣能足長而已謂衣食，國治之而已〕。如其禮樂，以俟君子〔如……〕

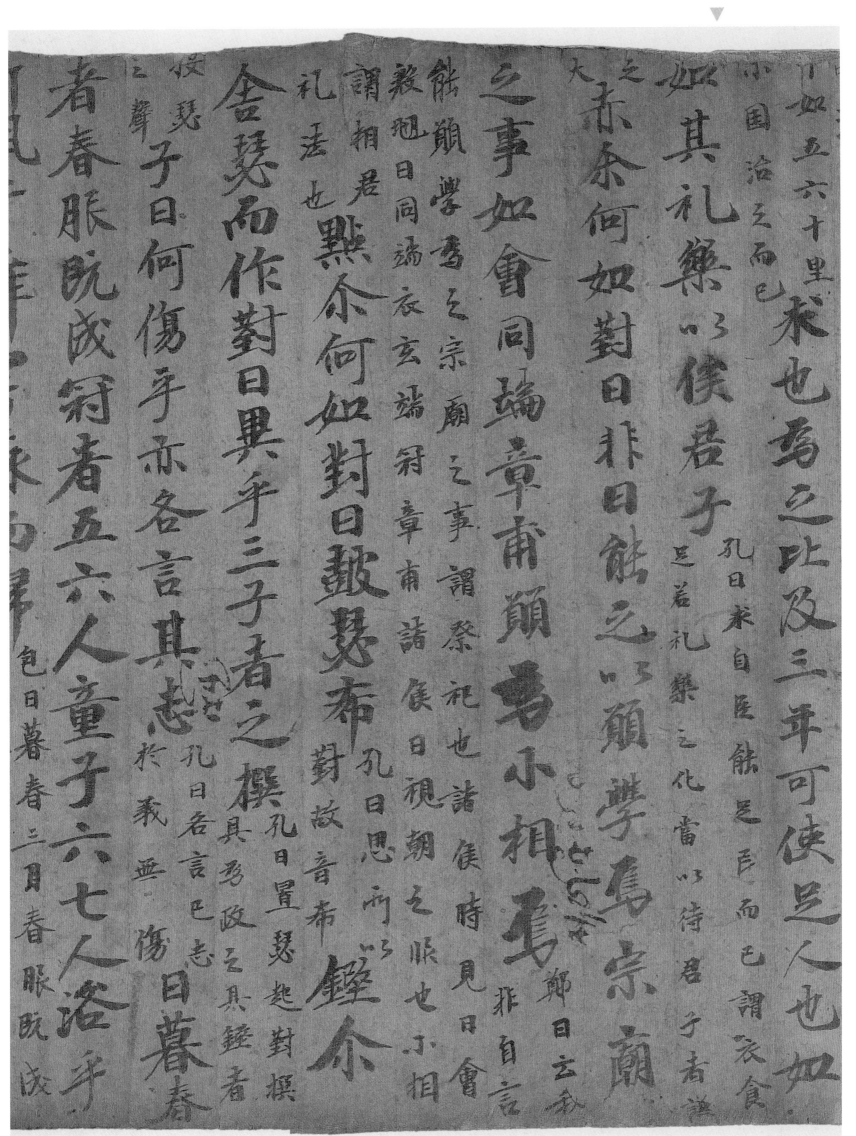

如五六十里

求也為之比及三年可使足人也如

小國治之而巳

其礼樂以俟君子

孔曰求自云能足民足人而巳若礼樂之化當以待君子者謙

之赤尔何如對曰非曰能之以願學焉宗廟

孔曰求自臣能足臣而巳謂衣食

鄭曰會

之事如會同端章甫顏曾小相焉

鄭曰祭祀也諸侯時見曰會殷頫曰同端衣玄端衣也章甫諸侯之服也小相

非自言

謂相君

礼法也

黙尔何如對曰鼓瑟希

孔曰思所以對故音希

舍瑟而作對曰異乎三子者之撰

孔曰撰具也為政之具其鏗者

鏗尔

投瑟

聲

子曰何傷乎亦各言其志

孔曰各言己志於義無傷也

者春服既成冠者五六七人童子六七人浴乎

包曰暮春三月春服既成

者春服既成冠者五六人童子六七人浴乎

沂風乎舞雩詠而歸　衣戟袷之服我故得冠者
包曰暮春三月春服既成

五六人童子六七人浴於沂水之上風涼於舞雩也

雩之下歌詠先王之道而歸於夫子之門　夫子喟

然歎曰吾与點　周曰善點之
獨知時也

三子者出曾皙後曾

皙曰夫三子者之言何如子曰亦各言其

志也曰夫子何哂由也子曰為國以礼其言

不讓是故哂之　子路言大讓故笑之

邪也與安見方六七十如五六十而非邦也者
唯求則非

唯赤則非邦也與宗廟之事如會同非諸

P.3402　　論語集解卷六　　（20—8）

·249·

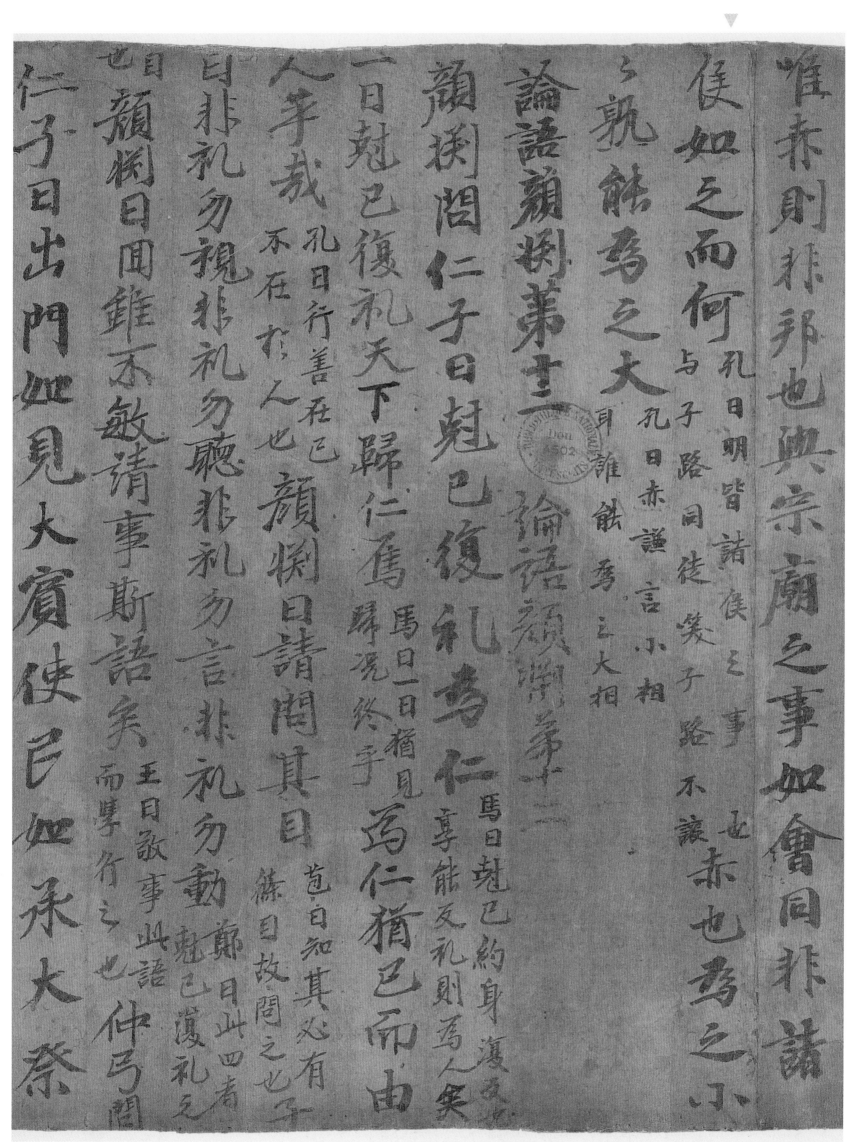

唯赤則非邦也與宗廟之事如會同非諸
侯如之而何 孔日明皆諸侯之事也
与子路同徒笑子路不讓赤也為之小
赤能為之大 孔日赤謙言小相
曰誰能為之大相

論語顏淵第十二

顏淵問仁子曰克己復禮為仁
一日克己復禮天下歸仁焉
為仁由己而由人乎哉 禮日行善在己
不在於人也 顏淵曰請問其目
子曰非禮勿視非禮勿聽非禮勿言非禮勿動
顏淵曰回雖不敏請事斯語矣
仲弓問仁
仲弓曰出門如見大賓使民如承大祭

仁

子曰出門如見大賓使已如承大蔡

孔曰為人君之道莫尚於敬也已所不欲勿施於人在邦無怨

在家無怨　苞曰在邦為諸侯在家為卿大夫

仲弓曰雍雖不敏請事斯語矣

仁者其言也訒　孔曰訒難也

司馬牛問仁子曰

其言也訒斯謂之仁已乎

孔曰牛兄桓魋將為亂牛自宋來學常憂懼故孔子解之曰

斯可謂之仁矣乎子曰為之難言之得無

訒乎　孔曰行仁難言仁不得不難也　司馬牛問君子子曰君子不憂

不懼

斯可謂之君子矣乎子曰內省者不疚夫何憂

斯可謂之君子矣子曰內省不疚夫何憂

何懼
<small>苞曰疾病也自省無
罪惡有何憂懼也</small>

司馬牛憂曰人皆

有兄弟我獨亡
<small>鄭曰牛兄桓魋行惡死亡
云亡曰我憂無兄弟子</small>

夏曰商聞之矣死生有命富貴在天

君子敬而無失與人恭而有禮四海之

內皆為兄弟也君子何患乎無兄
<small>苞曰君子疎惡而交覽九州
之人皆可以礼相親之也</small>

子張問明子

曰浸潤之譖膚受之愬不行焉可

謂明矣
<small>鄭曰譖人之言如水之浸潤以漸也
馬曰膚受之愬皮膚外語非其</small>

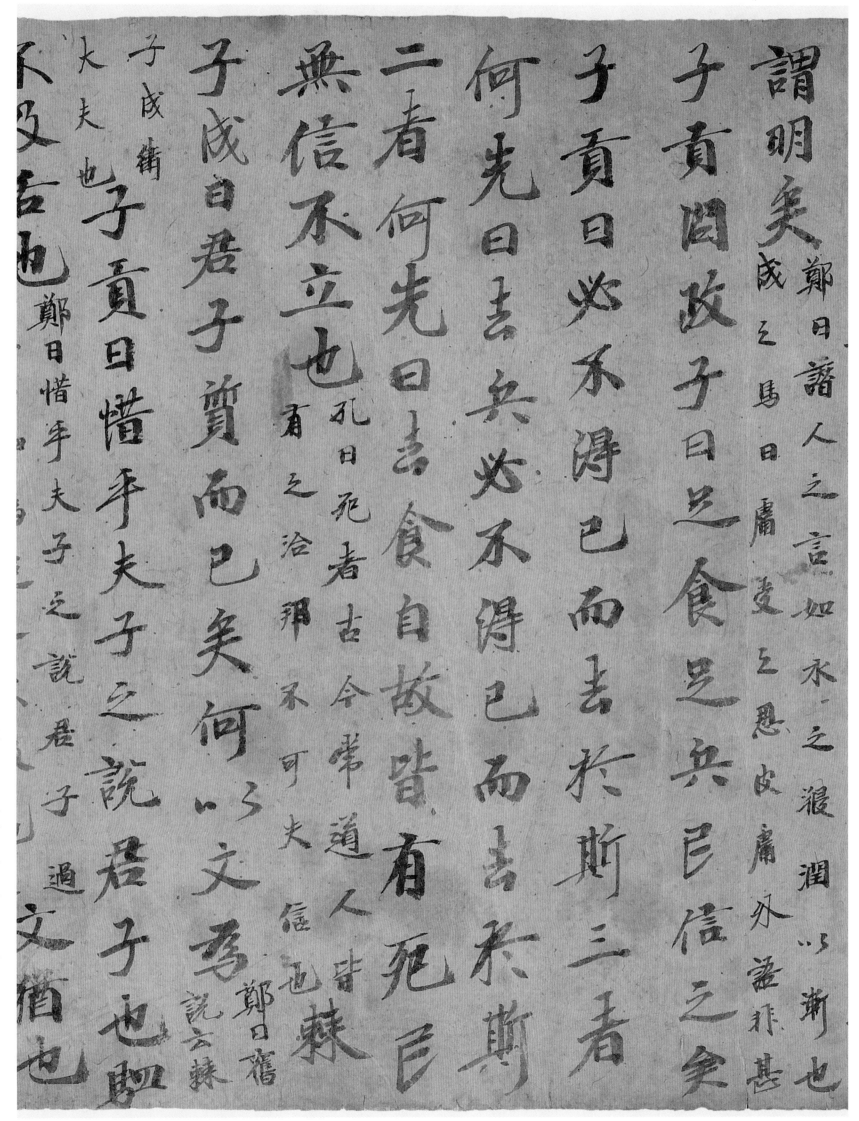

謂明矣　鄭曰譖人之言如水之浸潤以漸也

子貢問政子曰足食足兵民信之矣　成之馬曰庸近也愬愬之愬故庸愬非甚

子貢曰必不得已而去於斯三者

何先曰去兵必不得已而去於斯二者

無信不立也　孔曰死者古今常道人皆有之治邦不可失信也

二者何先曰去食自故皆有死

子成曰君子質而已矣何以文為　鄭曰舊說云棘

子貢曰惜乎夫子之說君子也駟

子成稱大夫也子貢曰惜乎夫子之說君子也過　鄭曰惜乎夫子之說君子也

不及舌也　鄭曰惜乎夫子之說君子過文猶也

不及舌也　鄭曰惜乎夫子之說君子過　言一出駟馬追之不及也　文猶

質　質猶文也　虎豹鄭猶犬羊之鞟也

孔曰皮去毛曰鞟孔曰與犬羊別者正以毛文

異耳今使文質同何以別虎豹與犬羊耶

有若對曰盍徹乎　謂之徹通也

哀公問於有若曰年饑用不足如之何　鄭曰盍何不也周法什一而稅

曰二吾猶不足如之何其徹也　孔曰二謂什二而稅　對

曰百姓足君孰與不足百姓不足君孰與足

与臣言是義崇惠　子張問崇德辨惑　包曰徙義見義事變之欲　曰従義見義　孔曰　鞟別　子曰　子曰

子張問崇德辨惑子曰 [孔曰孰誰]

主忠信徙義崇德也 [包曰徙義見義事則徙意而從之愛之欲]

其生惡之欲其死既欲其生又欲其死 [包曰愛惡當有常一欲生之一欲死之是心意]

是惑也 [欲生之死之是心惑誠不以富亦祗以冨亦] 誠不以冨亦

祗以異 [鄭曰此詩小雅也祗適也言此行成不可以非之] 致冨適足為異耳此詩之義以非之

齊景公問政於孔子孔子對曰君君臣 [不君臣不臣故以此對之也] 公曰善哉

父父子子 [孔曰當春秋時陳恒制齊君君臣]

信如君不臣父不父子不子雖有粟 [孔曰言將危]

吾晉得而食諸 [陳民果殺齊子日庐言可以] 孔曰言

信如君臣不臣父不父子不子雖有粟

吾黨得而食諸

獄者其由也與　孔曰言將危　子曰片言可以折

矣子路無宿也　信也

可　孔曰聽訟吾

猶人也　人等　必使無訟乎

曰居之無卷行之以忠　以忠　子張問政子曰

信也子曰君子博學於文約之以禮亦可

以弗畔矣夫　苞曰弗畔不違道也　子曰君子成人

戌人之惡小人反是季康子問政於　之美不成

孔子對曰政者正也子帥而正孰　鄭曰魯上

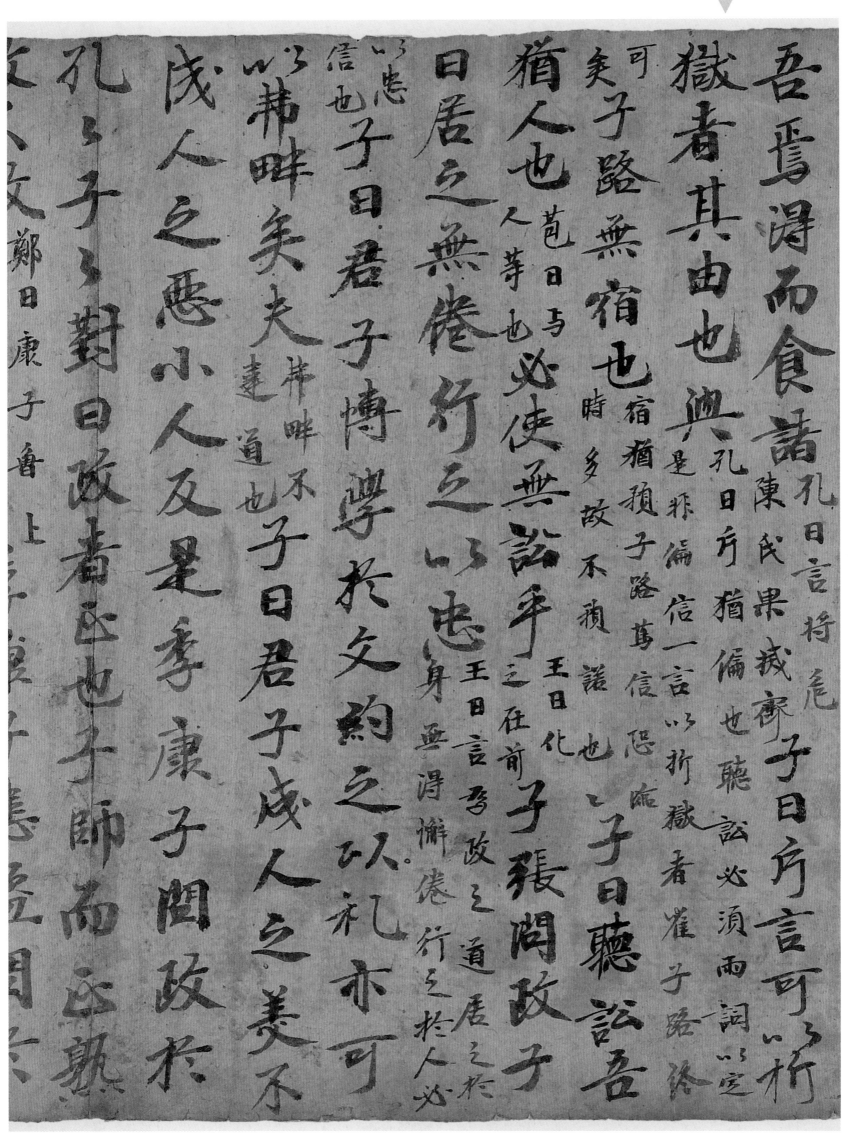

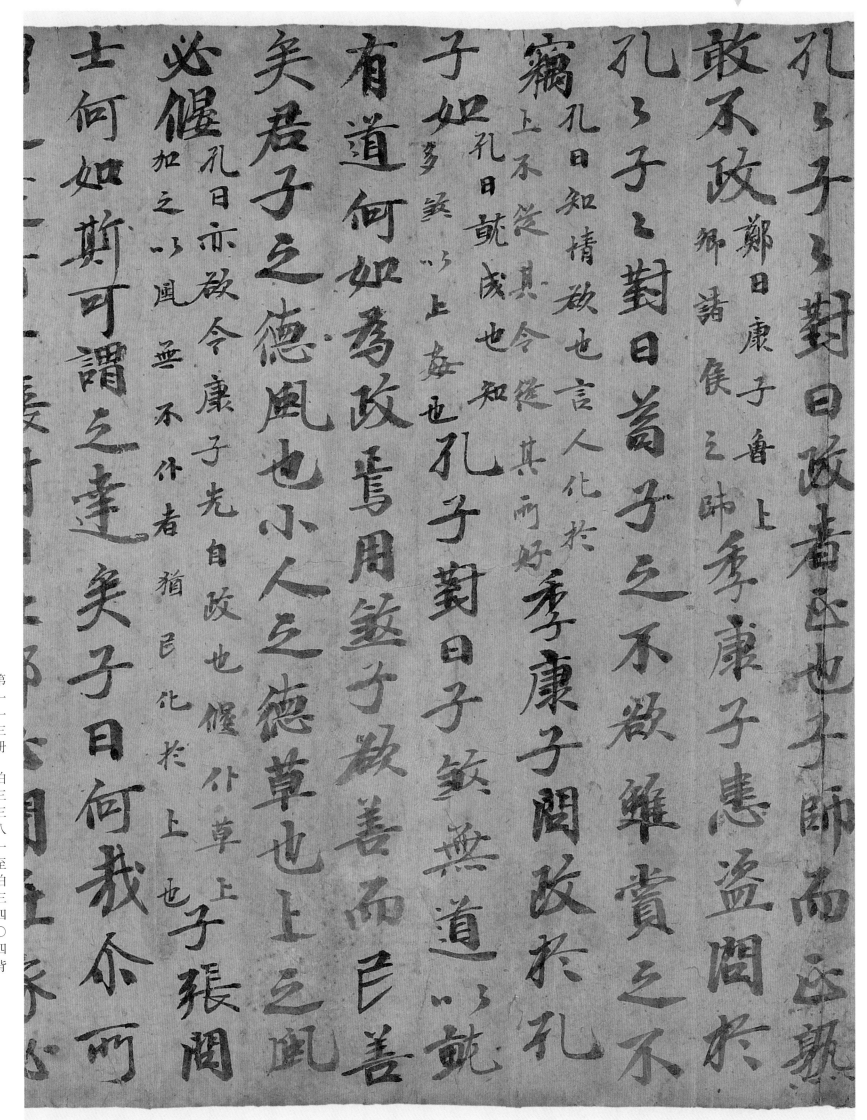

孔子對曰：政者正也，子帥以正，孰
敢不正。鄭曰康子魯上卿諸侯之師季康子患盜問於

孔子對曰：苟子之不欲，雖賞之不
竊。孔曰上不從其令從其而好季康子問政於孔

子曰：如殺無道，以就
有道，何如？為政焉用殺，子欲善而民善矣。君子之德風也，小人之德草也，上之風

必偃。孔曰亦敬令康子先自政也偃仆草上子張問

士何如斯可謂之達矣。子曰：何哉爾所

士何如斯可謂之達矣子曰何哉尒所
謂之達者子張對曰在邦必聞在家必
聞皆有名譽也鄭曰言士之所在而子曰是聞也非達也夫達
也者質直而好義察言而觀色慮以下人也在邦必達在家
必達馬曰謙尊而光卑而不踰也夫聞也者色取仁而
行違居之不疑馬曰此言佞人假人者之色行在
邦必聞在家必聞馬曰佞人黨多樊遲從遊於舞雩之
下曰敢問崇德脩慝辨惑包曰舞雩之處有壇墠
孔曰慝惡也終沒下憚樹木故下可捿焉為

P.3402　論語集解卷六　（20—17）

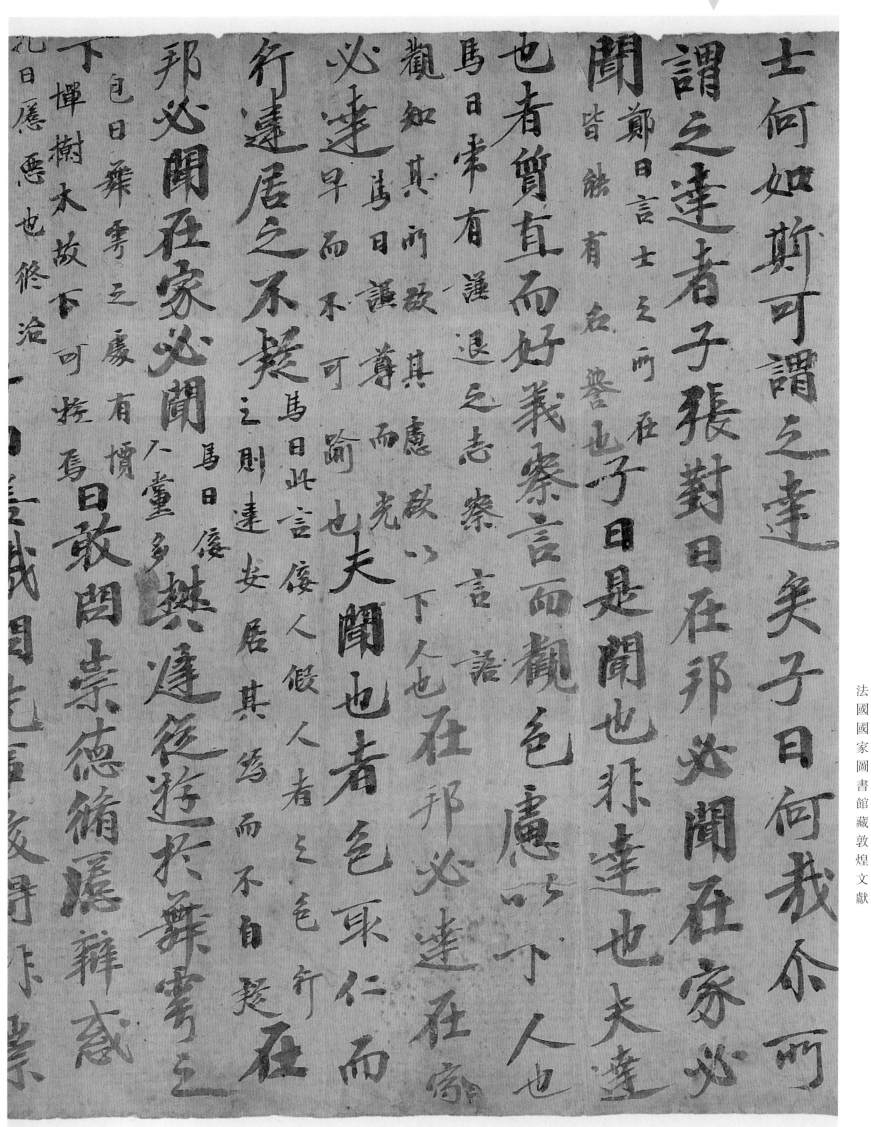

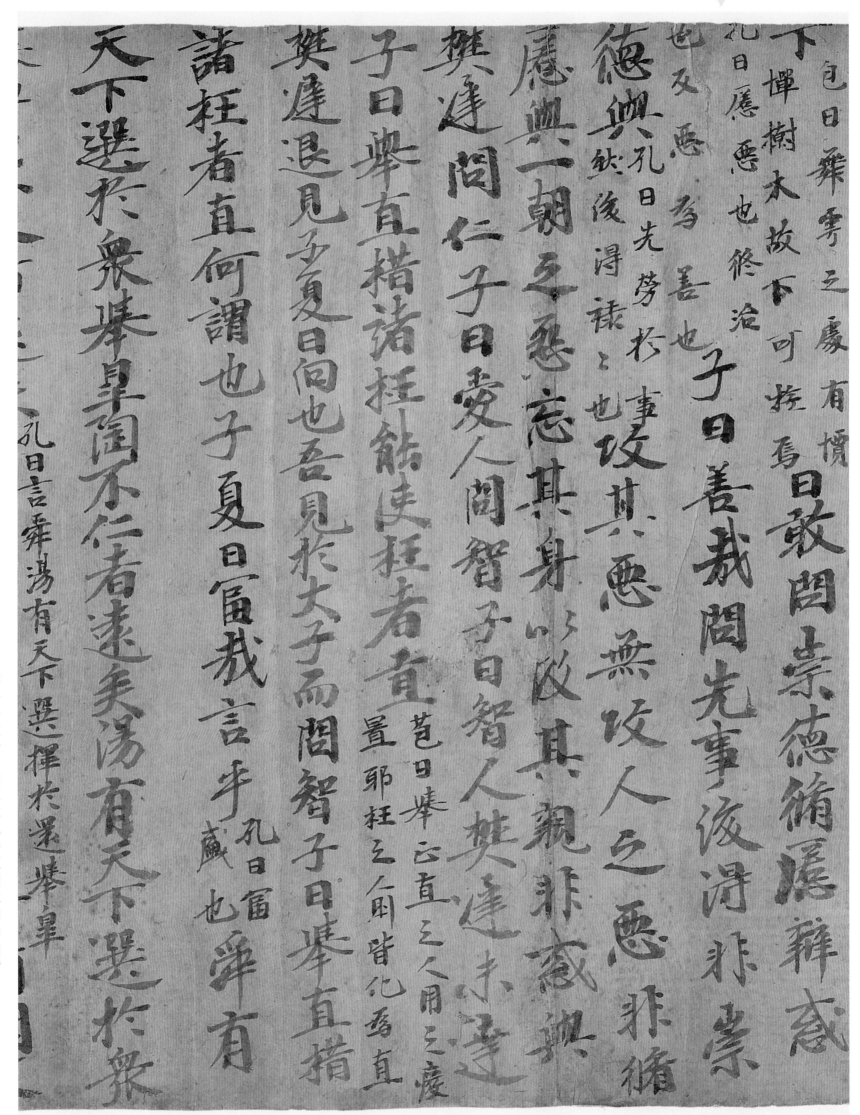

包曰舞雩之處有壇
墠樹木故下可捿焉為

曰敢問崇德脩慝辨惑

孔曰應惡也終治
也又惡為善也

孔曰先勞
於事攻其
惡無攻人之惡
然後得祿
之也

子曰善哉問先事後得非崇
德與攻其惡無攻人之惡非脩
慝與一朝之忿忘其身以及其親非惑與

樊遲問仁子曰愛人問智子曰智人樊遲未達

孔曰舉正直
之人用置邪
枉之人則皆化為直

子曰舉直錯諸枉能使枉者直

樊遲退見子夏曰鄉也吾見於夫子而問智子曰舉直錯

孔曰富
盛也

諸枉者直何謂也子夏曰富哉言乎

孔曰言舜湯有天下選擇於眾舉皋
陶不仁者遠矣湯有天下選舉皋

天下選於眾舉皋陶不仁者遠矣湯有天下選於眾

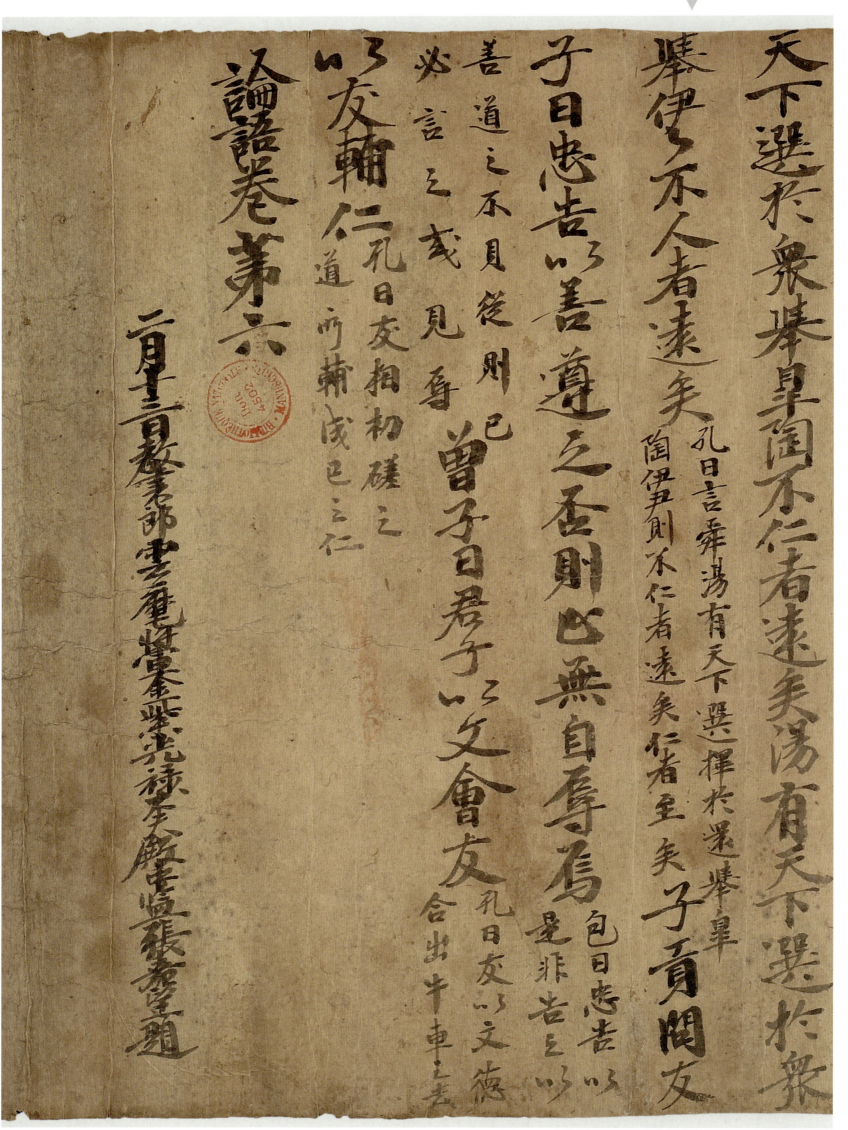

天下選於眾舉皐陶不仁者遠矣湯有天下選於眾

舉伊尹不仁者遠矣孔曰言舜湯有天下選擇於眾舉皐陶伊尹則不仁者遠矣仁者至矣子貢問友

子曰忠告以善道之包曰忠告以是非告之以

善道之不可則已必言之戒見辱曾子曰君子以文會友孔曰友以文德

以友輔仁孔曰友相切磋之道所以輔成己之仁

論語卷第六

二月十三日奉使郎中雲□□□柱國□□祿大夫□□監張孝嵩題

論語卷第六

二月十二日學童云云重校書黃紙一
案書郎云云重校書黃紙一云云重校書黃紙一
祿李○重書監張○○重

P.3402　　論語集解卷六　　（20—20）

法國國家圖書館藏敦煌文獻

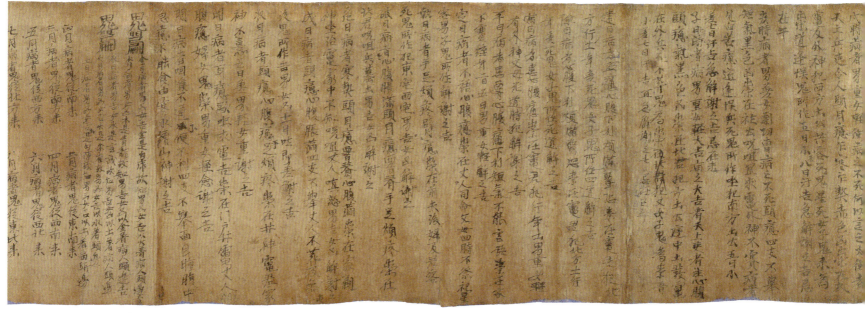

P.3402v　　發病書等（總圖）　　（一）

P.3402v　　發病書等（總圖）　　（二）

P.3402v　　發病書等（總圖）　　（三）

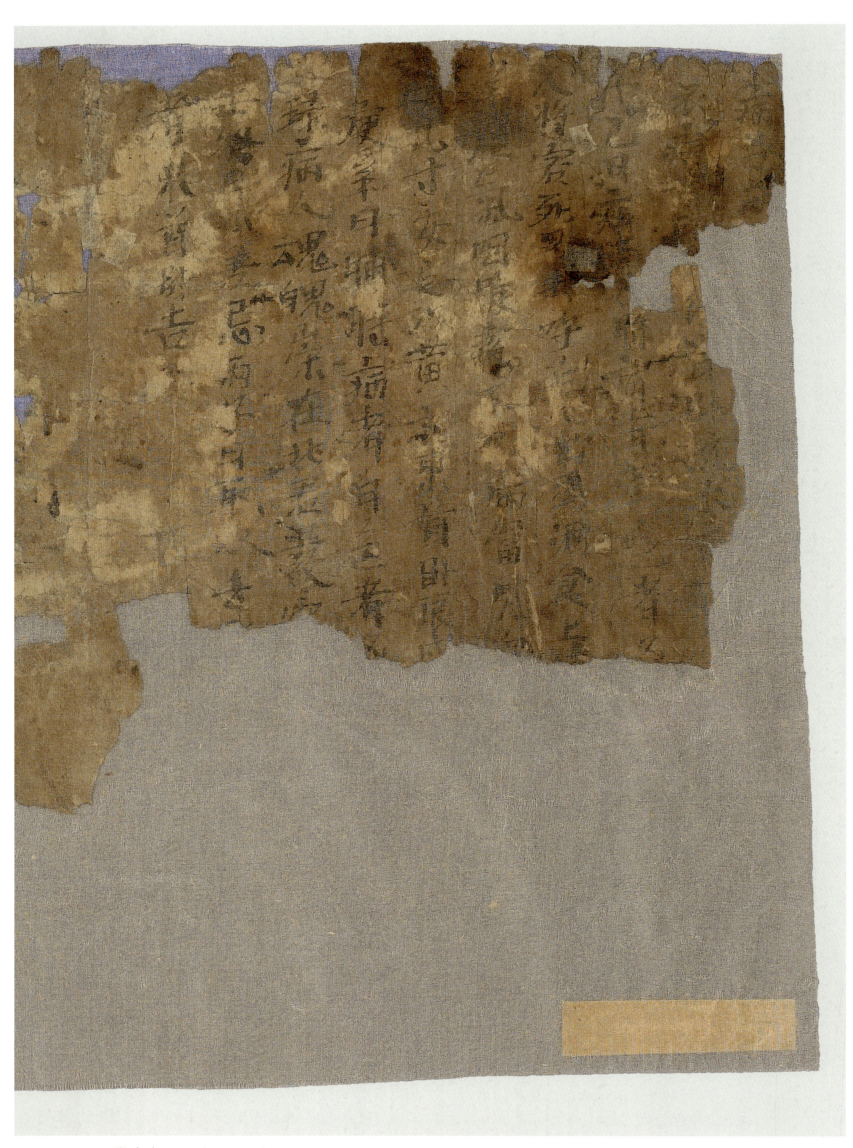

P.3402v　　1. 發病書　　（12—1）

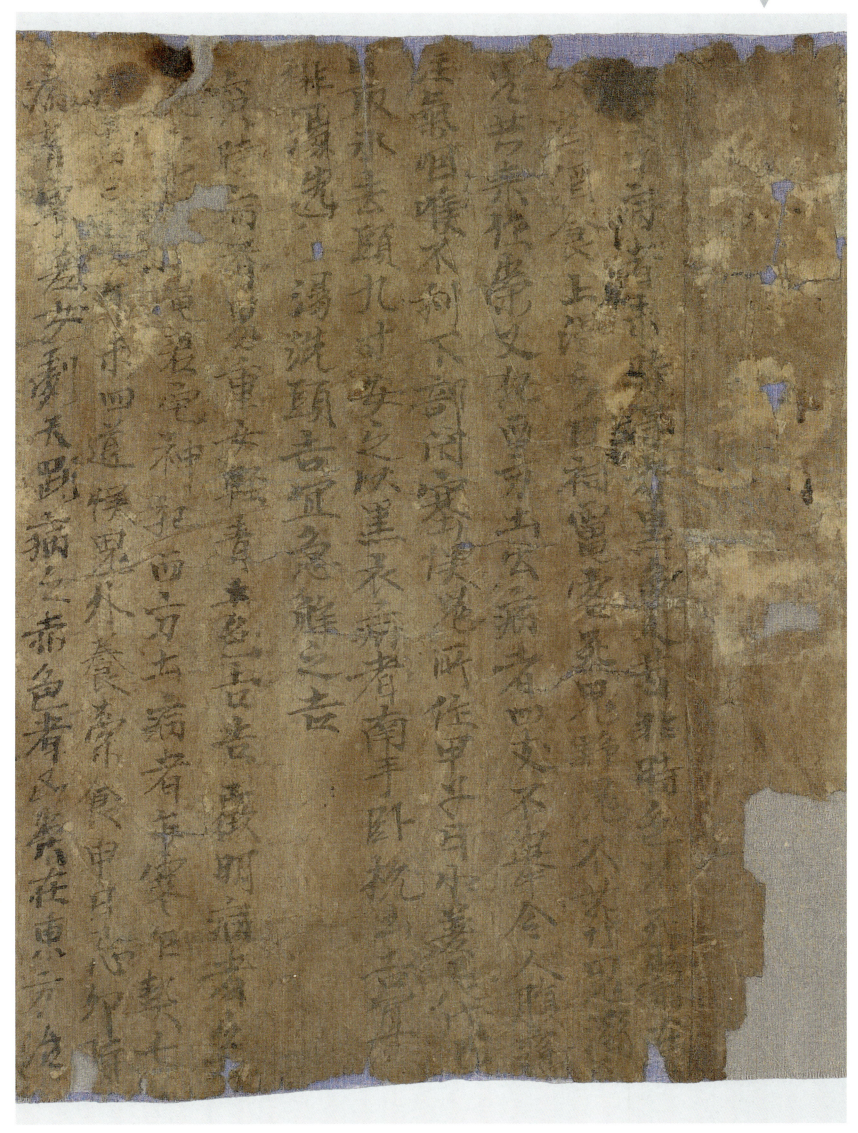

P.3402v　　1. 發病書　　（12—2）

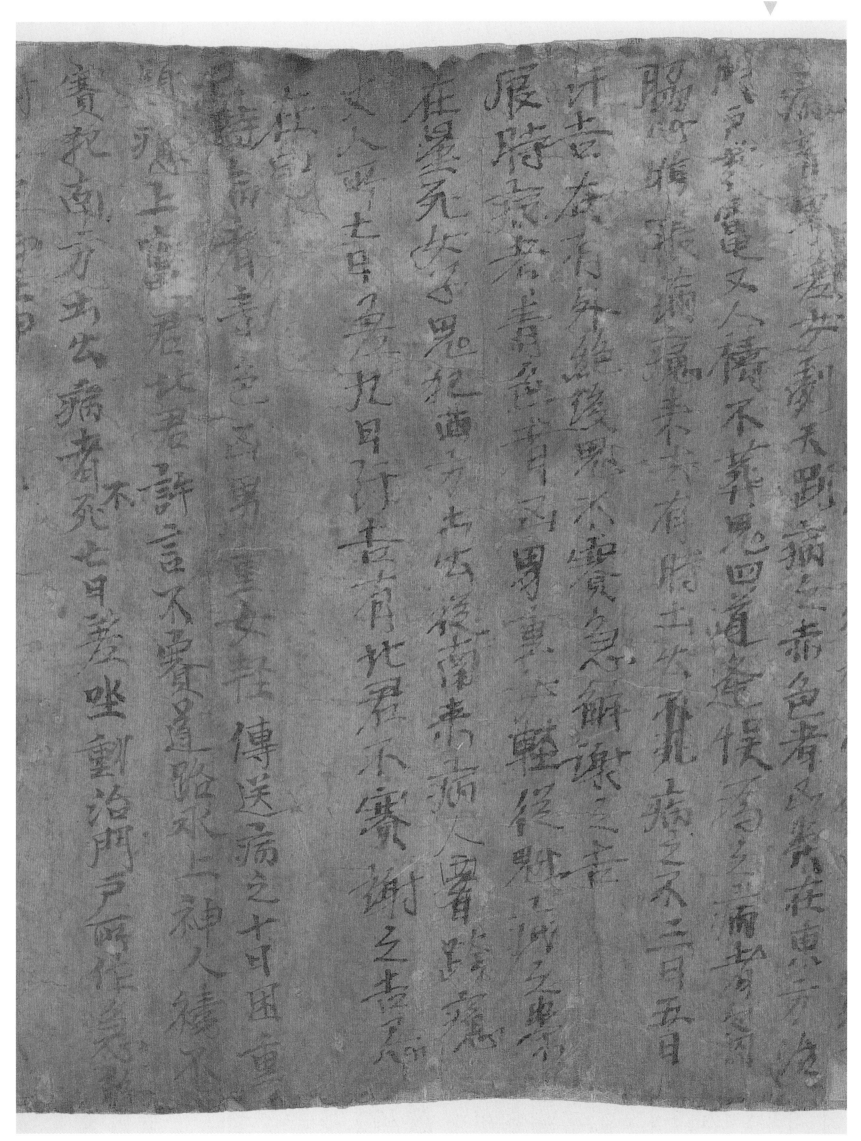

P.3402v　　1. 發病書　　（12—3）

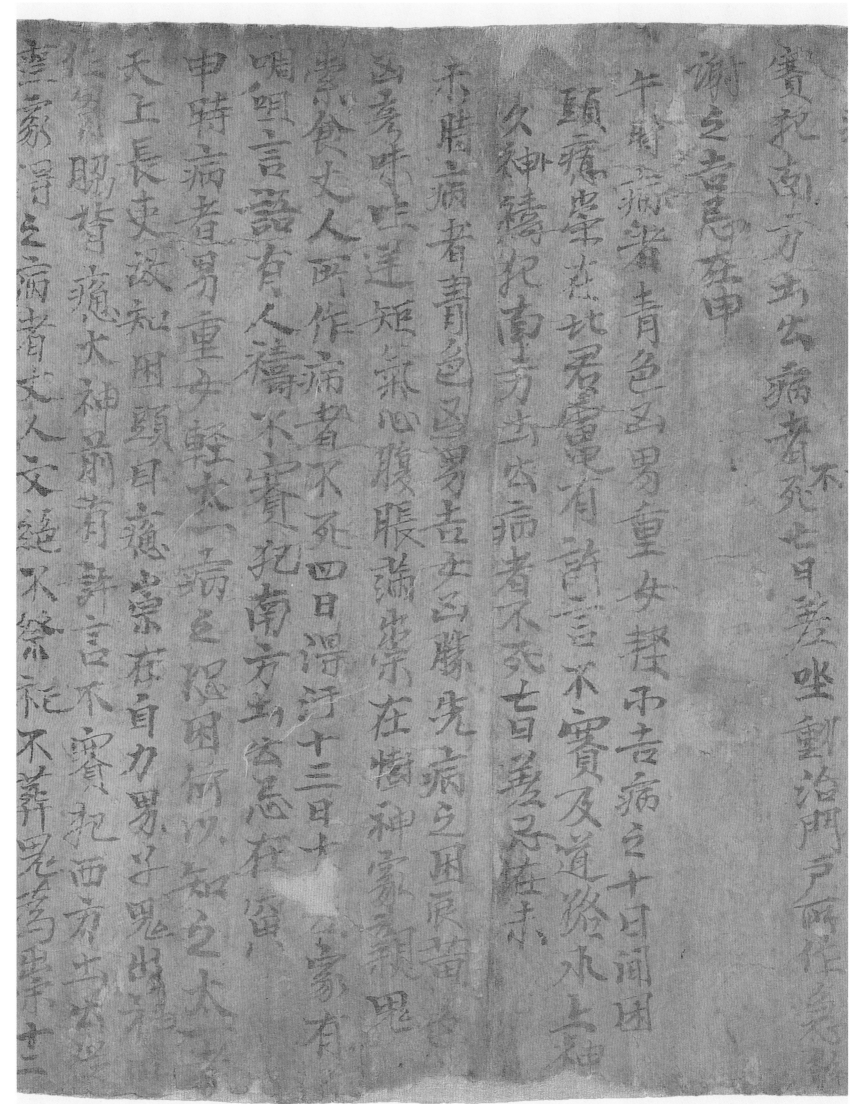

實祀南方以此公病者死七日差坐劃治兩戶兩作□　不

謝之當愈差申

午肺病省青色凶男重女輕不言病立十日□困頸瘡寒熱北君薹蜜有許言不實及道猕水上畑

次神禱祀南方以此公病者不死七日差忌薹未

不脅之病者青色凶男吉女凶膝先病之困辰薹凶

凶寄味正逢延氣心腹脹滿崇在樹神家親喂

崇食丈人西作病者不死四日漫汗十三日　家有

唱咽言語有人禱不實祀南方以此公忘在留

申時病者男重女輕大一病之恕困所以知之太

天上長史沒祀困頸日瘡崇在自力男子呪出

作崇昨明背瘡水神前有哗言不實祀西方以此公

崇家得主病者丈人文選不祭祀不蒙卯呪蔦栗

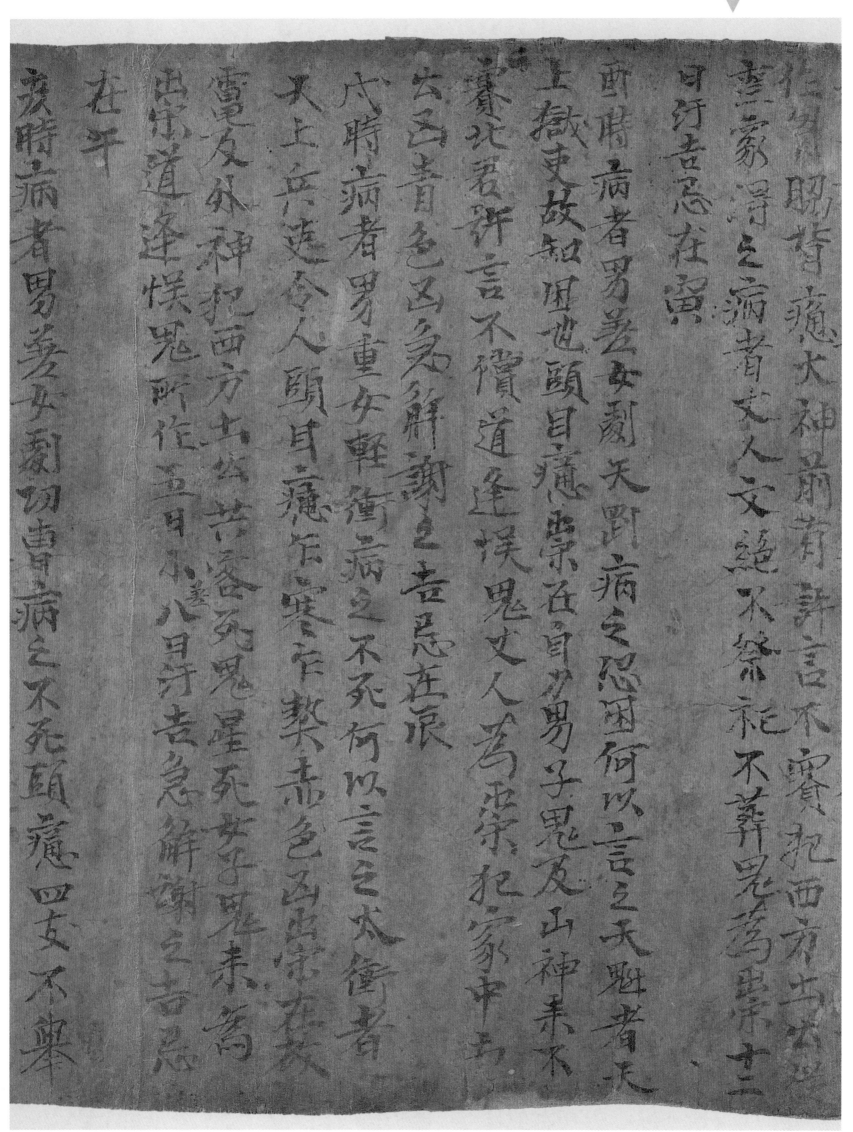

…聰皆瘨火神前菁許言不竇祀西方土公…

齊蒙得之病者去人文絕不祭祀不葬鬼爲…祟十二

日汗吉忌在寅

西晴病者男差女劇天罰病之忌困何以言之天魁者无

上藏更故知困也頭目瘨祟在首少男子鬼及山神未末

賽北君許言不償道逢悞鬼丈人爲祟犯家中凶

云凶者色凶兔解謝之吉忌在辰

六時病者男重少輕衝病之不死何以言之太衝者

天上兵連令人頭目瘨左寒右熱赤色色凶祟在故

雷友外神犯西方土公芒容死鬼星死女子鬼未爲

出祟道逢悞鬼所作五月不八月汗吉急解謝之吉忌

在牛

亥時病者男差女劇切書病之不死頭瘨四支不舉

在午

亥時病者男羨女剝切曹病之不死頭瘡四支不舉

短氣黑色凶其宗在祉去呪咀豆求竈外神不實病者

見血若瘡道逢誤其死鬼所作坐把南方土凶五音不

羗曰評吉㿍急解謝之吉忌在去

子曰時暗病男重女輕大吉病之大吉者天上吏者注心願

頤瘡氣黑色凶宗正狀君把方土公匠中土發電

在外兵死　个莽个鬼高中宗田諫病跋又女子鬼者孝吾

小羗七日汗吉百忌解謝之吉　后祉巳午

達日病高宓癃心腹下利煩惵驚忩素在竈君把北化

方行土　年亥死鬼女子鬼所任四通解之吉

除日病者心腹下利煩惵驚恐崇在竈君把北方土芳

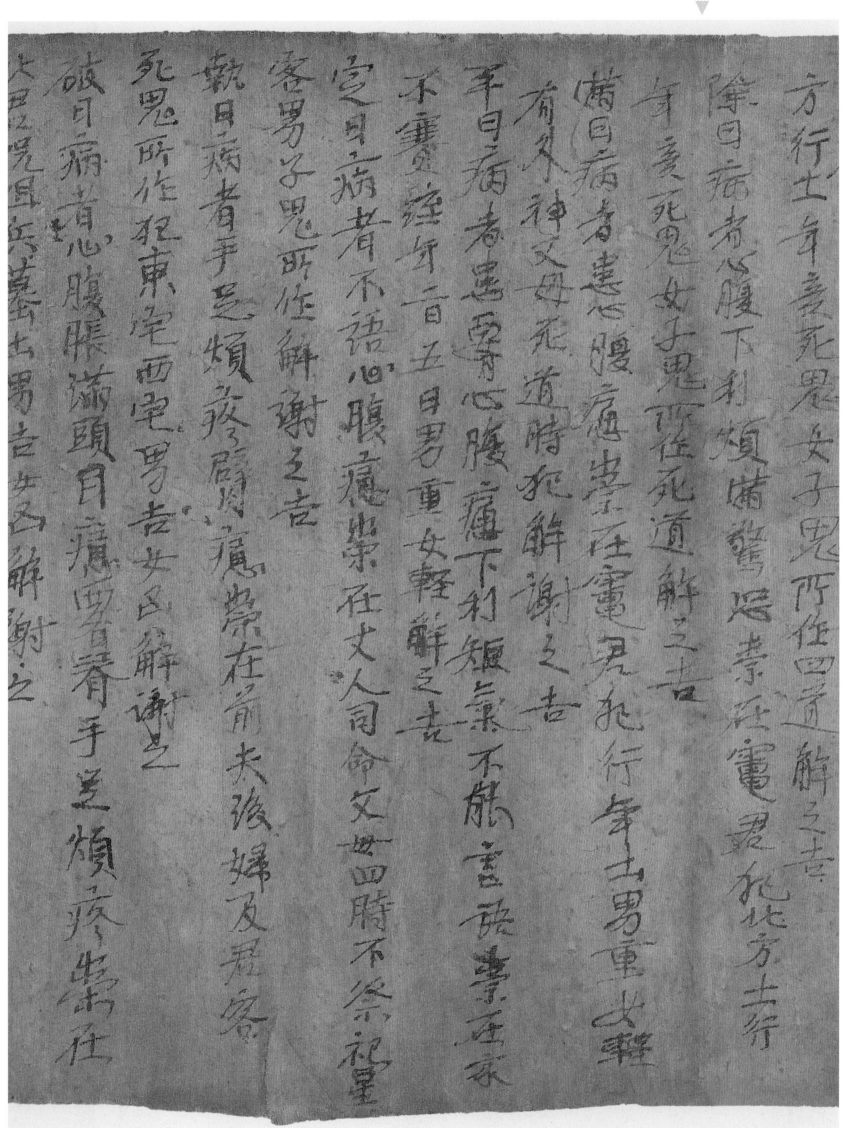

方行士　年亥死鬼女子鬼所作四道解之吉

除日病者心腹下利煩滿驚恐崇在電君犯於方土行

年亥死女子鬼所在死道解之吉

滿日病者患心腹瘟疫出崇在電君犯行年土男重女輕

有外神文母死道時犯解謝之吉

平日病者遇崇心腹瘟下利短氣不能言語崇在

定日病者不語心腹瘟疫崇在丈人司命文毋四時不祭祀

不審受痙年二日五日男重女輕解謝之吉

客男子鬼所作解謝之吉

執日病者手足煩疼屑門瘟崇在前夫故婦及君客

死鬼所作犯東宅西宅男吉女凶解謝之

破日病者心腹脹滿頭目瘟要脊手足煩疼崇在

大日凶鬼崇在墓士男吉女凶解謝之

破日病者，心腹脹滿頭目痛西曹脊手足煩疼祟在

北君呪咀兵墓土男吾女吾解謝之

危日病者寒熱頭目痛要脊心腹滿祟在豪親

神坐於電家中不知呪咀文人嗔怒男吉女吾解謝立

成日病者頭痛心腹脹滿四支不舉丈人不莊友無吉

該見兩作吾眾安死十日吐即差謝之吉

收日病者頭痛心腹痛之煩疼祟在井神電君家

神不憙立五日差男輕女重謝之吉

開日病者耳擾惑水求電吉祟在門户併電丈人問

腹瘕婦头畏紫男重女輕念謝之吉

閉日病者咽喉不通小便不利四支不舉面目瞳腹中

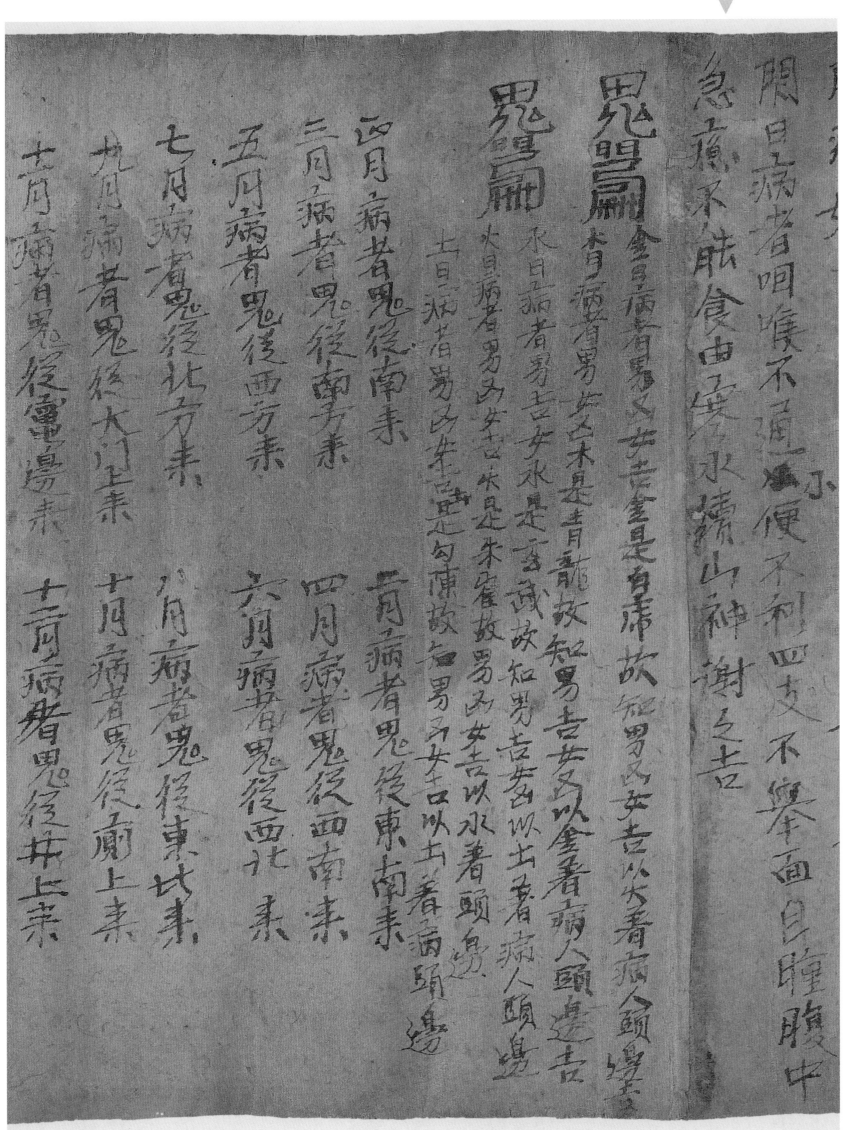

鬼書

鬼書

P.3402v　1. 發病書　（12—9）

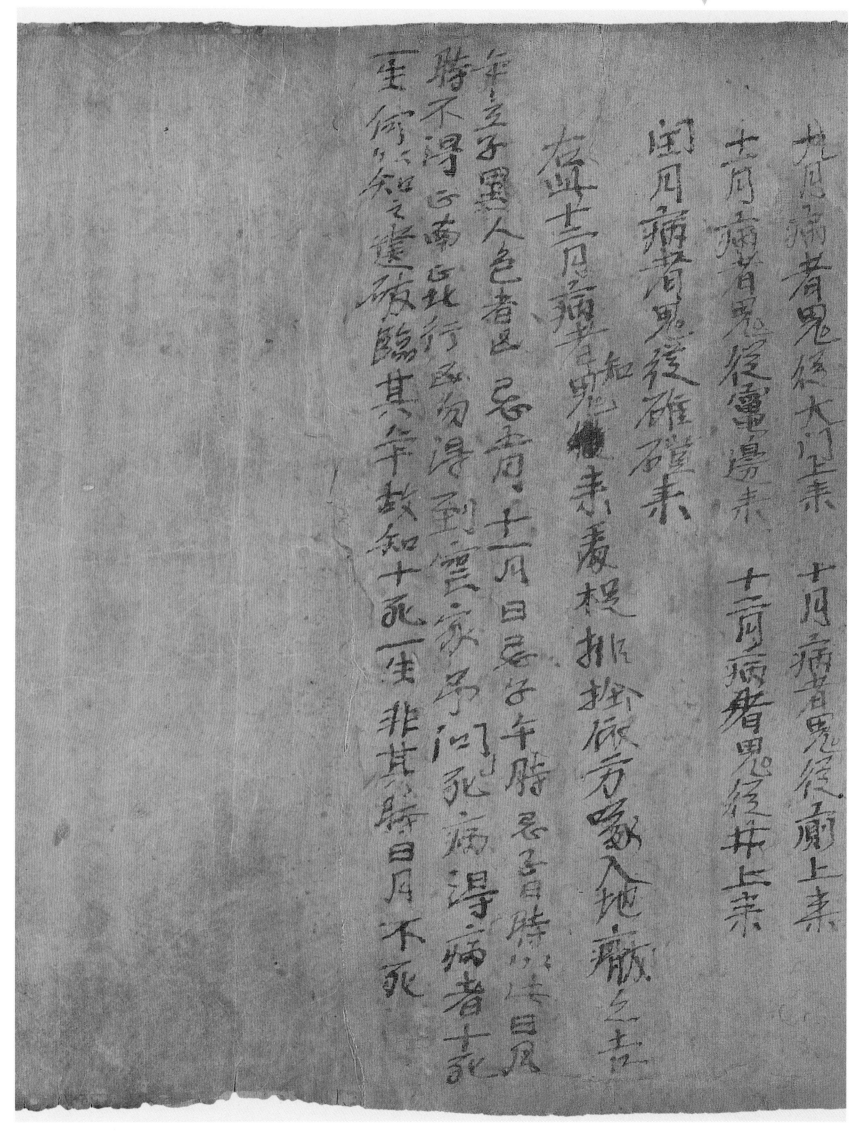

九月病者鬼經大門上来　十月病者鬼經厛上来

十一月病者鬼經竈邊来　十二月病者鬼經井上来

閏月病者鬼經碓磑来

右正十二月病者鬼并閏来麦㮂排捻低方吸入地藏之吉

年立子黑人色者忌　名青十一月日忌子午時忌子日時以来目見

勝不得云南并行区匆得到寧家异門死病得病者十死

至何以知之遠破臨其午故知十死一至非其時日月不死

P.3402v　　（12—11）

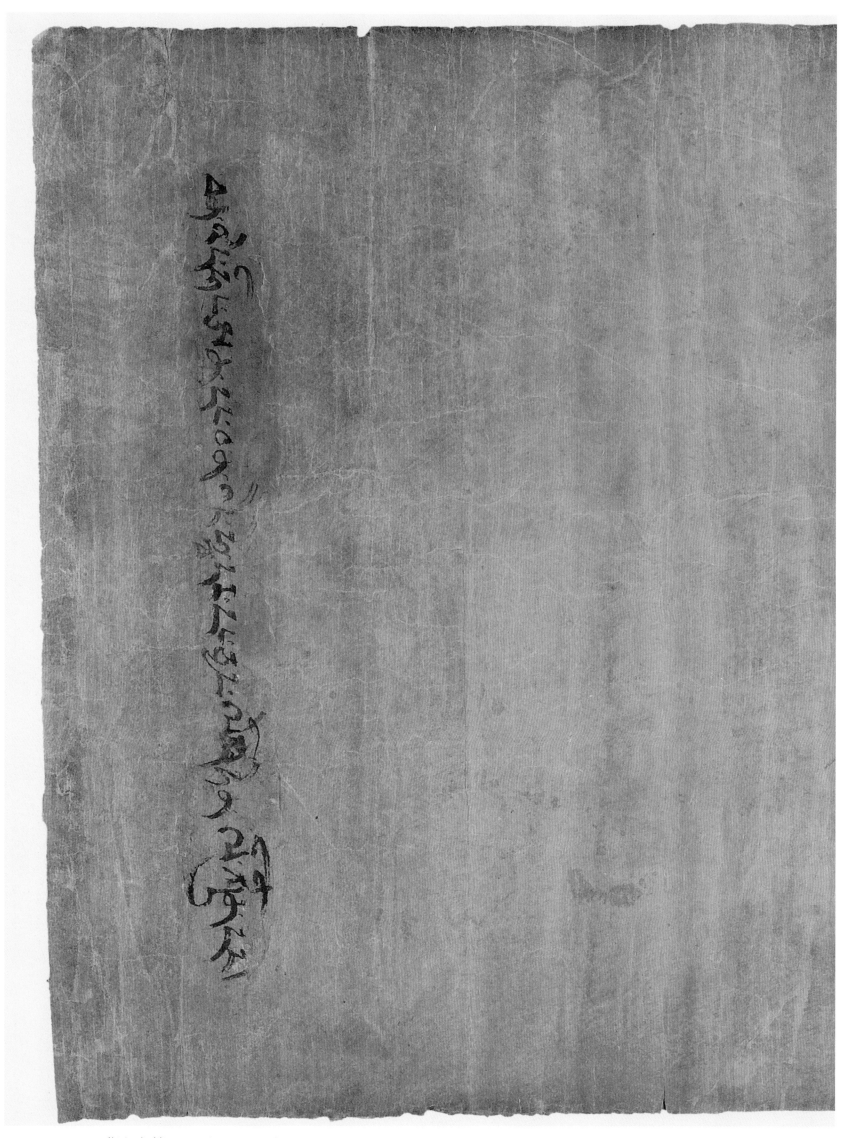

P.3402v　　2. 藏文名籍　　（12—12）

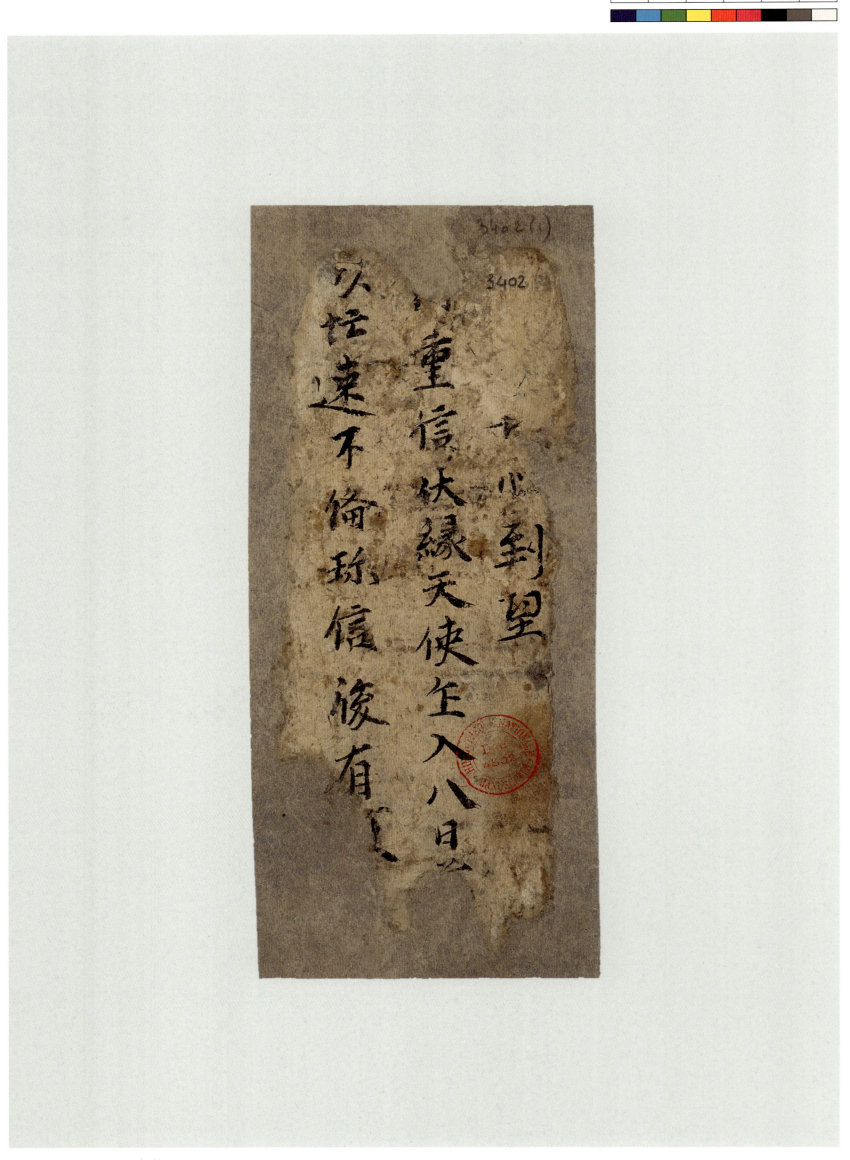

P.3402 pièce 1　書狀

法國國家圖書館藏敦煌文獻

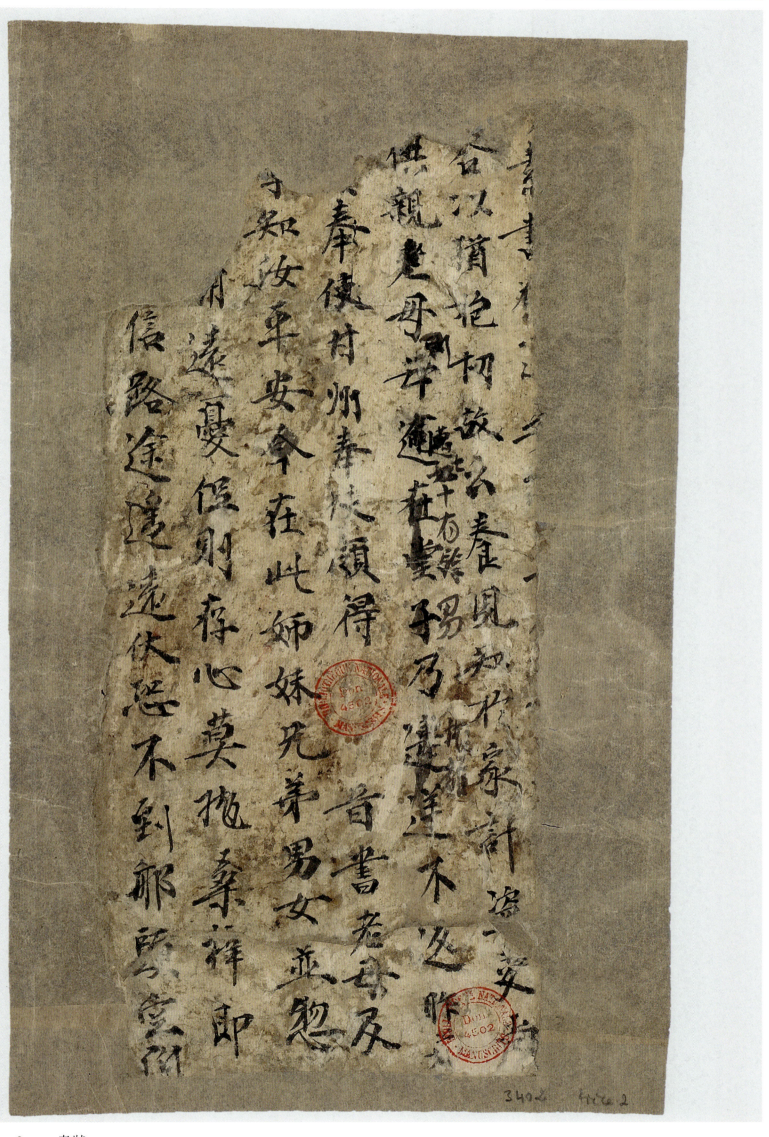

P.3402 pièce 2　　書狀

# Pelliot chinois 3403

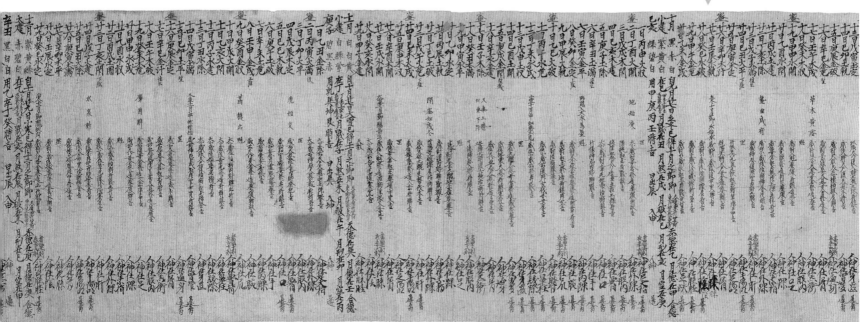

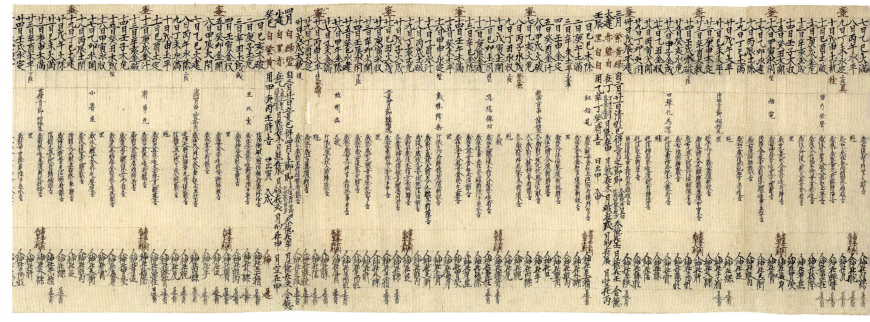

P.3403　　宋雍熙三年（986）丙戌歲具注曆日并序（總圖）　　（一）

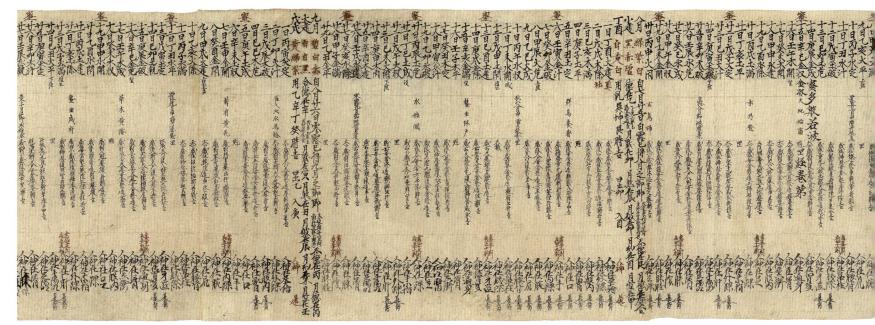

P.3403　　宋雍熙三年（986）丙戌歲具注曆日并序（總圖）　　（二）

P.3403　　宋雍熙三年（986）丙戌歲具注曆日并序（總圖）　　（三）

維□二年具注曆日

P.3403　　宋雍熙三年（986）丙戌歲具注曆日外題

雍熙三年丙戌歲具注曆日 并序

押衙知節度參謀銀青光祿大夫檢校國子祭酒兼監察御史安彥存 草呈

九三百五十四日

夫曆日者是陰陽之經紀造化之根京教授人時對受律管二氣交泰即有易處之殊八節
推遷四時更改閏七十二候要理審廿四氣老形顯示一年日晨和月朔之大小無虧昏晚
定晝夜之短長紫白二方稟造吉慶侶依三百五十四辰是下檢吉受回公私敢要無過

P.3403　　宋雍熙三年（986）丙戌歲具注曆日并序　　（21—1）

法國國家圖書館藏敦煌文獻

推遷四時更盛觀七十二候要理審廿四氣衰盛移顯亦一年日晨和月朔之大小無虧皆晴
定晝夜之短長與紫白二方衰往吉慶侶依三百五十四辰是下撿吉之凶
於曆日也日佳月美必成一歲九人年内造作興動百事先須看太歲及已下諸神行并魁
罡犯之凶避之全吉人今年太歲丙戌大將軍在午太陰在申歲刑在未黃幡在辰豹尾在戌
歲破在辰宮氣在亥九卿在亥力士在乾黃幡在丑豹尾在
德意德合月侯合天恩母倉天恩母倉天恩及天赦日甲子日更子日遷癸巳日還丙午
博士在艮大耗在卯小耗在辰三丘在寅五墓在壬卻殺在巳
天赦在子地殺在辰宮門在未喪客在辰五墓在未聖重在卯破敗五鬼
在坤辛黑方在子今年金神七殺在申卯午未子丑六侯之地初頂迴避卯吉今年歲德在丙
合德在辛至于其件大歲已下其地不可家鑒動土因有破壞家事風俗任當其日興動土
九宮今年生男起三宮女起九宮　今年生月天罡壬月河魁罡罡之月切不得修造動土大凶
九方邑之中但依紫白二方修造法此貴子加官
長犯大隂呂家冊犯府軍被男女太歲所遊不在之日後普無妨今年起六宮日起五宮日起
改職橫得財物婚嫁酒食所作通達合家吉慶

（圖：九宮圖）

椎七羅直日吉凶法第一蜜太隂直日忌官　第三雲漢大直日宜買六畜合火不書與合市吉吉忌　受法忌見官巾口馬者新宗徙遠開門戶吉

日宜納財治病從井竈門戶吉忌見官　碧綠之地思離難蒼生年之内樂堂乙　第六鄉頓金直日見官礼事買老宅下文怊洗

針灸凶第五陷水直日宜入差造切德一切切防啓成人吉重去夫自來吉第五溫設斯未直日宜

三百詩日
黑方動土主凶竈　五姓侶能依山用　逆人起造乘星曆
上利興切紫白方　碧綠之地思離蒼　黃赤之方遭疾病

九宮主關羅貴即拾使者喚來君来　銅枷鐵付棒君火吞
章呈君子　千辛保守

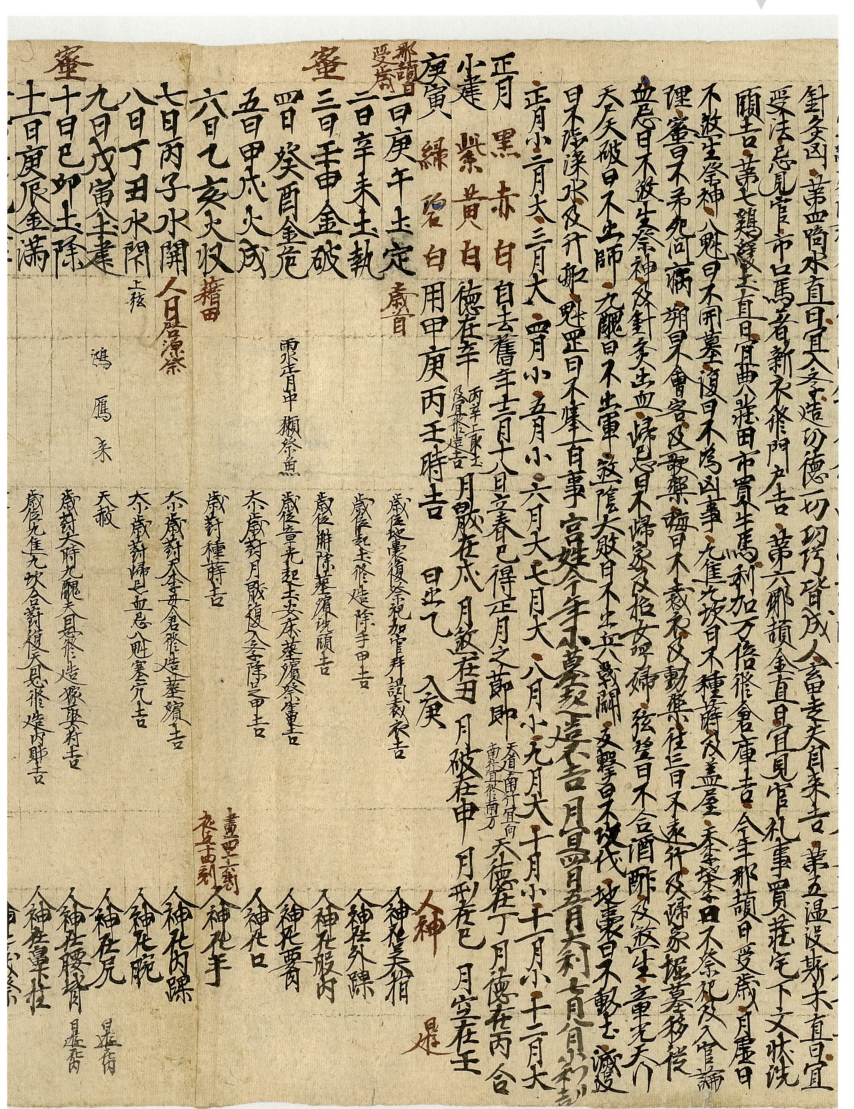

P.3403　　宋雍熙三年（986）丙戌歲具注曆日并序　　（21—3）

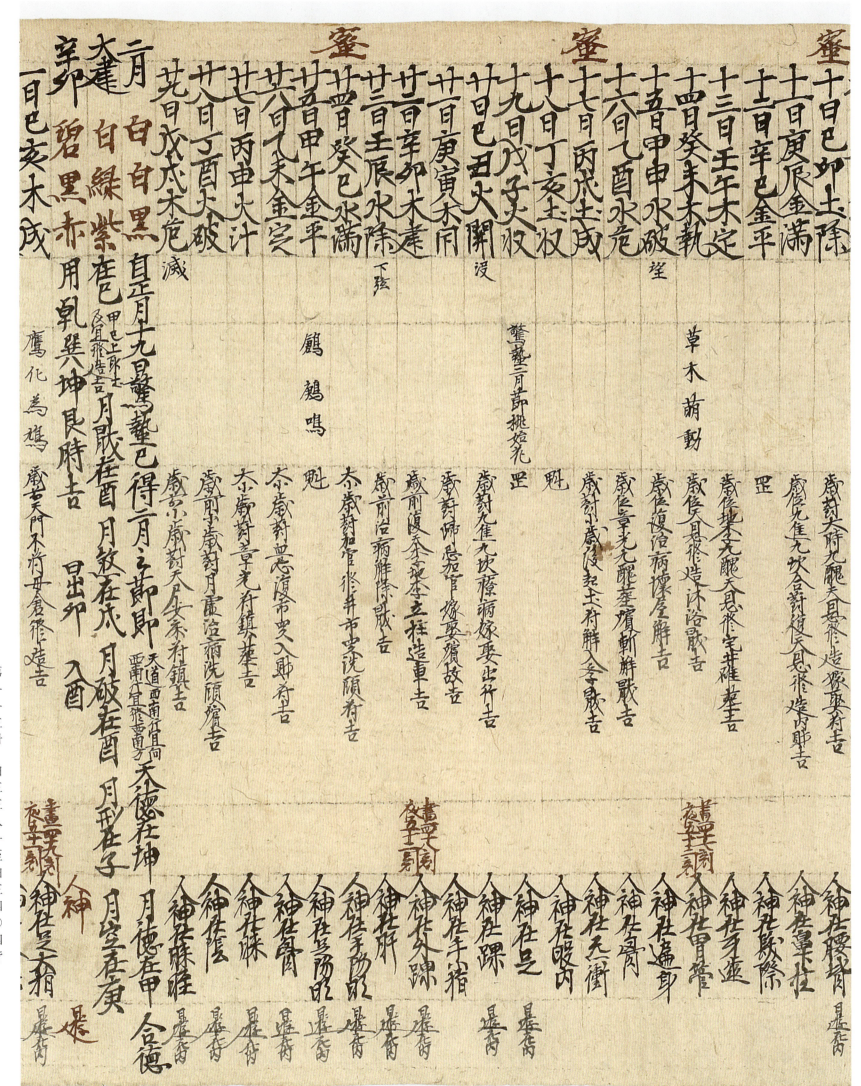

P.3403　宋雍熙三年（986）丙戌歲具注曆日并序　（21—4）

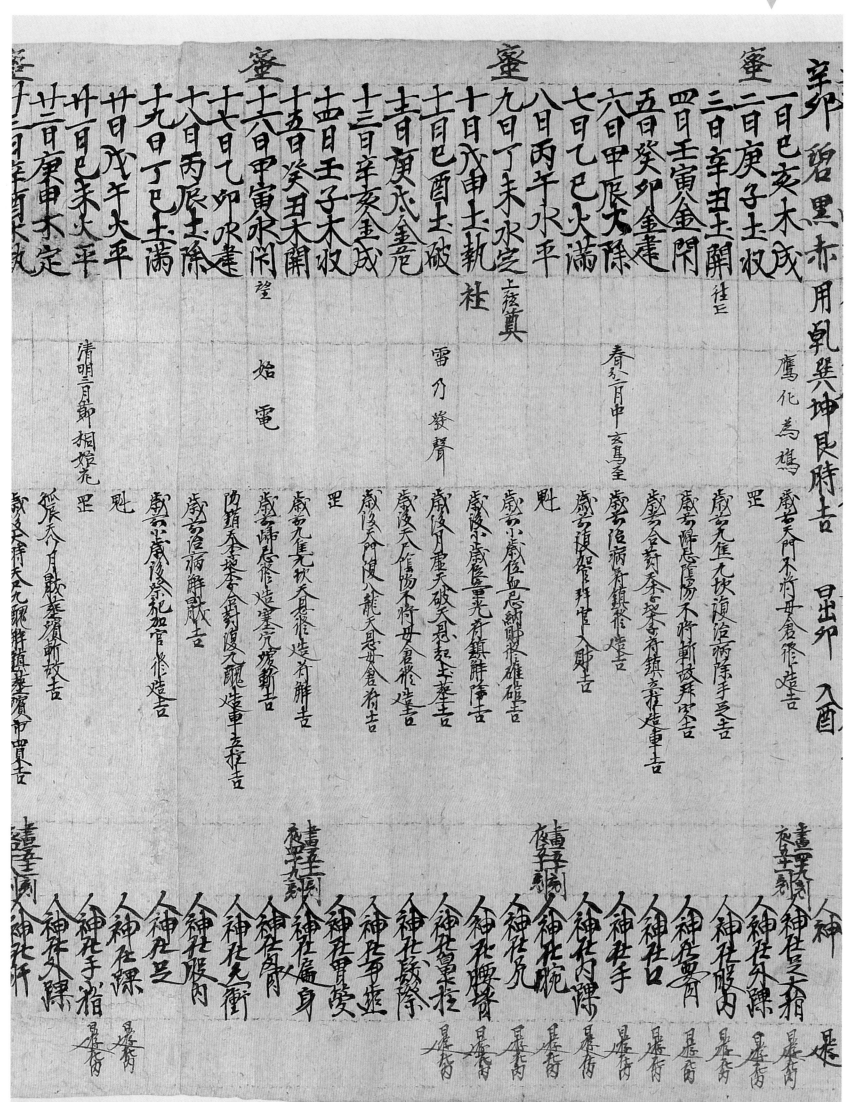

郭　碧黑赤用乾巽坤艮時吉　日出卯　入酉

鷹化為鵰

春分二月中亥為至

清明三月節桐始花

一日乙亥木成
二日庚子土收
三日辛丑土開
四日壬寅金閉
五日癸卯金建
六日甲辰火除
七日乙巳火滿
八日丙午水平
九日丁未水定
十日戊申土執
十一日己酉土破
十二日庚戌金危
十三日辛亥金成
十四日壬子木收
十五日癸丑木開
十六日甲寅水閉
十七日乙卯水建
十八日丙辰土除
十九日丁巳土滿
廿日戊午火平
廿一日己未火定
廿二日庚申木定

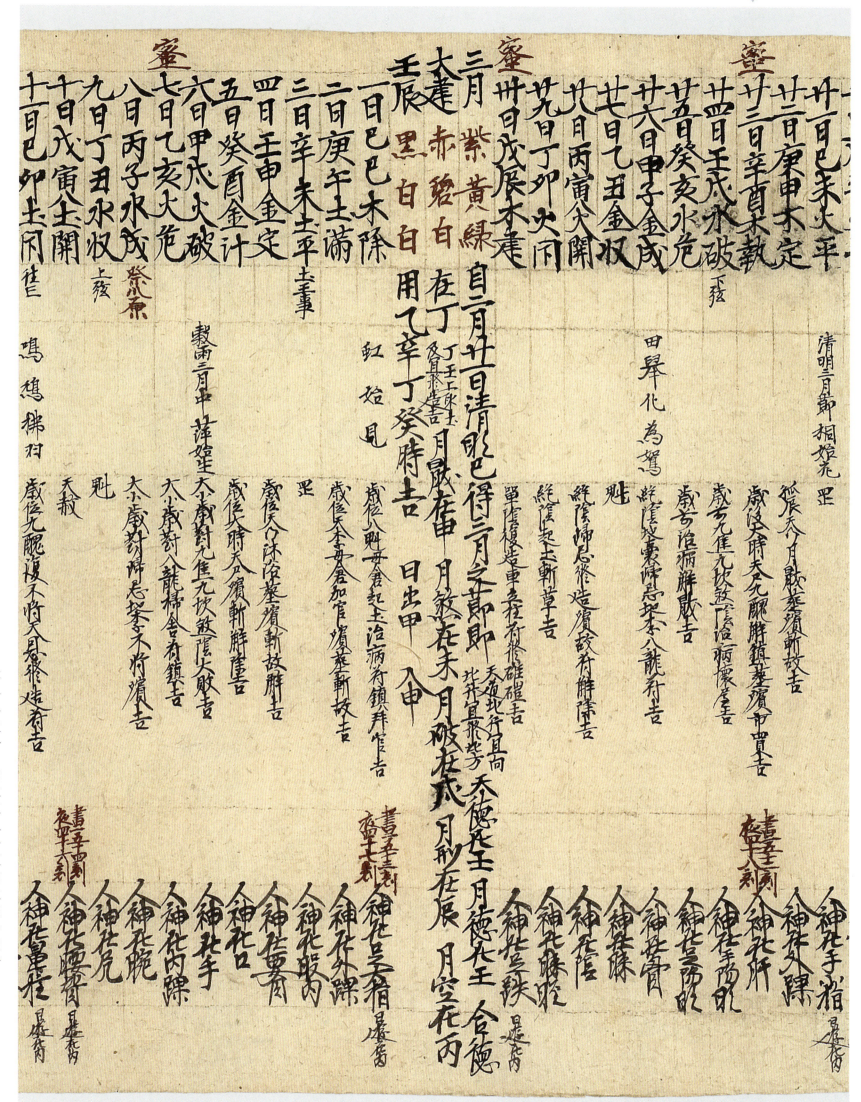

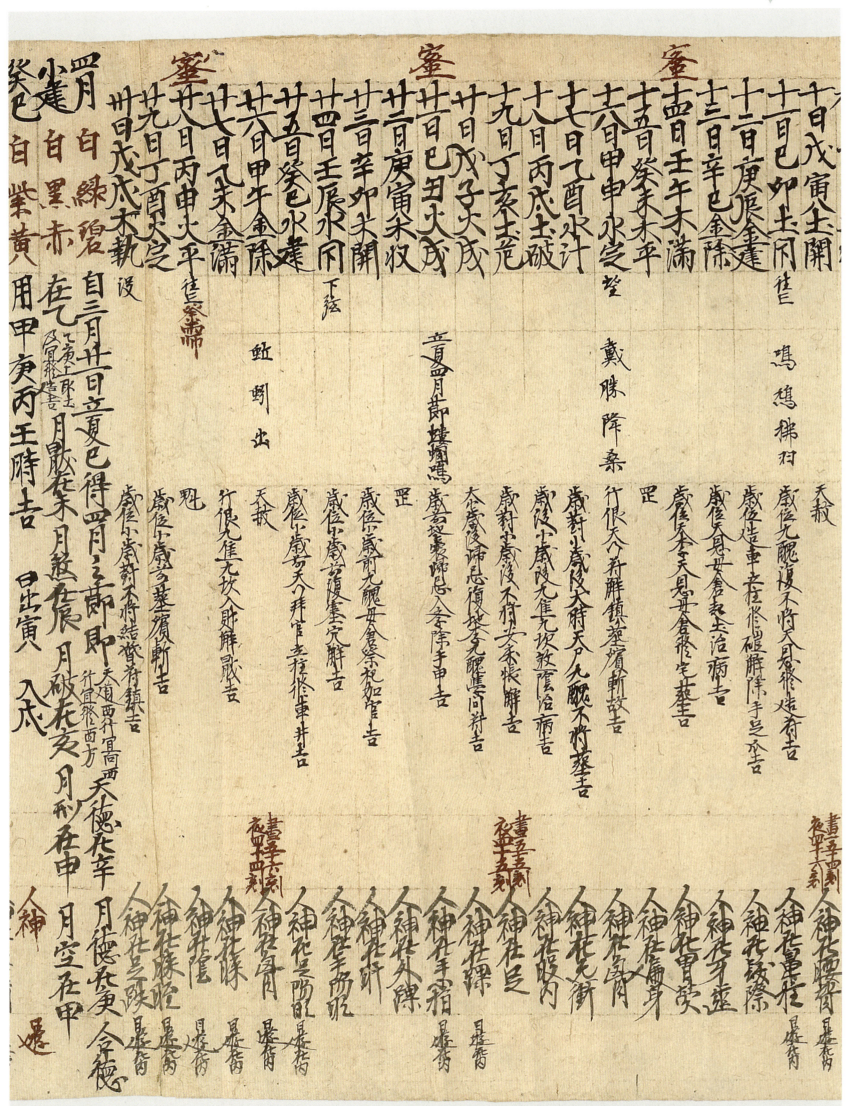

P.3403　宋雍熙三年（986）丙戌歲具注曆日并序　（21—7）

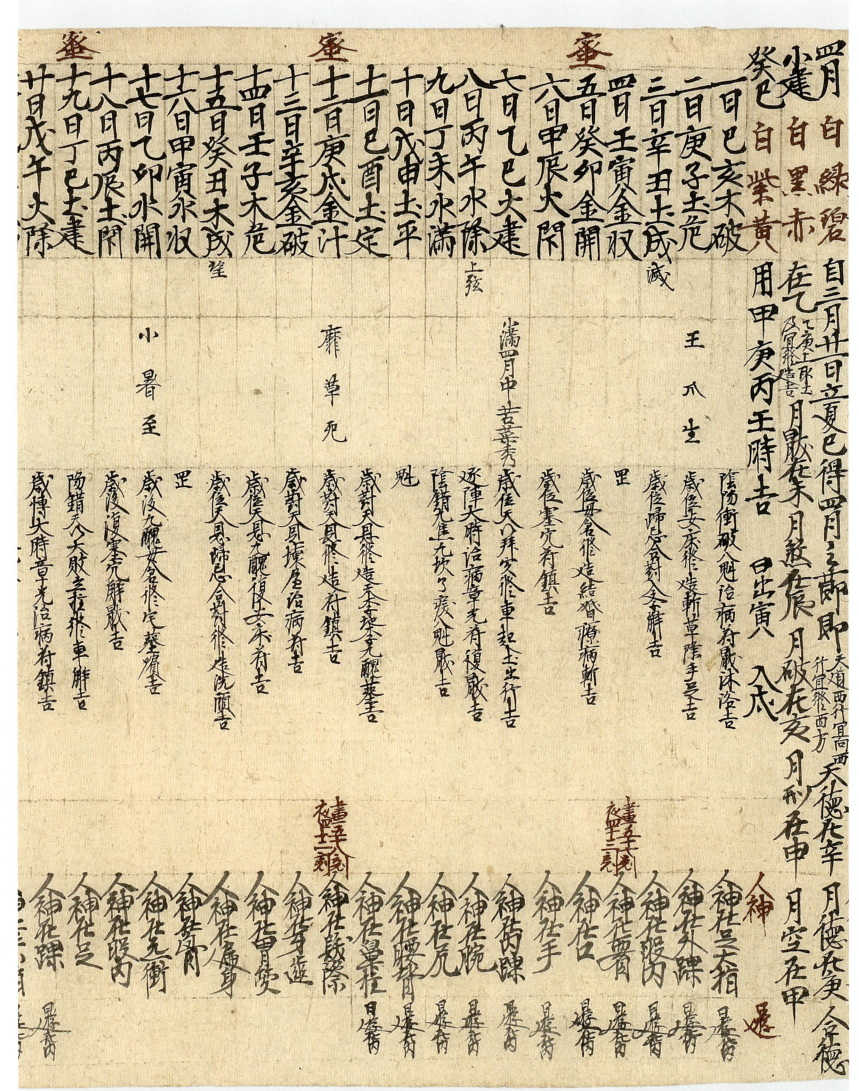

P.3403　　宋雍熙三年（986）丙戌歲具注曆日并序　　（21—8）

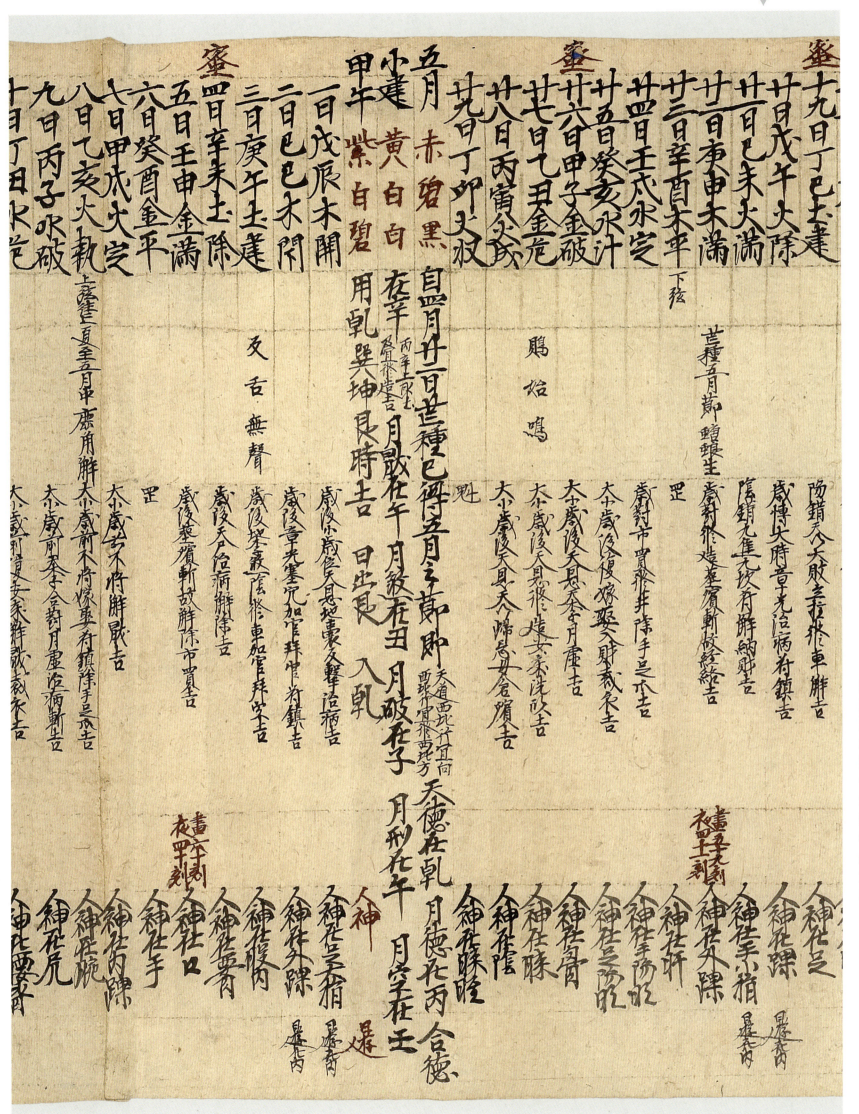

八月丁亥火執 上弦 立夏至五月中庚角觧天小歲前不將嫁娶吉鎮陳手足瓜吉

九日丙子水破
　太歲前天倉合對之月虚治病新吉

十日丁丑水危
　太歲前天吏嫁安泰榮月虚治病亦吉
　大小歲對埽忌天囚母倉後造有鎮吉

十二日戊寅土成
　歲後天恩急令治病俗宅胖吉

十三日庚辰金開
　歲後天吏從笵宅章先移徙觧吉

十四日辛巳金閉
　歲後吏悬塚坌發殷宅醜生重有吉

十五日壬午木建
　歲後天恩徙造不將嫁娶吉

十六日癸未木除 望
　歲後不將從井有鎮塞吉

十七日甲申水滿
　鵙始鳴

十八日乙酉水平
　歲前小歲對後七烏入賜洗顧歲吉

十九日丙戌土定
　半夏生
　歲前小歲對復七烏入賜洗顧歲吉

廿日丁亥土執
　歲前不歲對復不將嫁娶徙造觧殷吉

廿一日戊子火破
　歲前秉空天破大醜浴病有鎮吉

廿二日己丑火危
　歲前奏李月虚天破大醜浴病有鎮吉

廿三日庚寅木成 下弦
　小暑六月節温風至
　歲前秉空异壇結管華殷殯陳起吉

廿四日辛卯木收
　歲後不歲前天金大歲李九醜殯殯起吉

廿五日壬辰水成
　天赦
　歲後不歲前天金女後徙造通東出行吉

廿六日癸巳水開
　蟋蟀居壁
　歲後不歲前女後徙造通東出行吉

廿七日甲午金建
　天道東行宜祭東方　天德九申
　東往宜祭東方

廿八日乙未金除
　歲後小歲苦浴病有殷鎮觧墓吉

廿九日丙申火除

六月　白黑白
　自五月廿二日小暑巳得六月之節即
　甲巳上配辰　天道東行宜祭

本建　綠紫黃
　在巳　及月上殺在辰　月破在戌　月形花丑　月空在庚

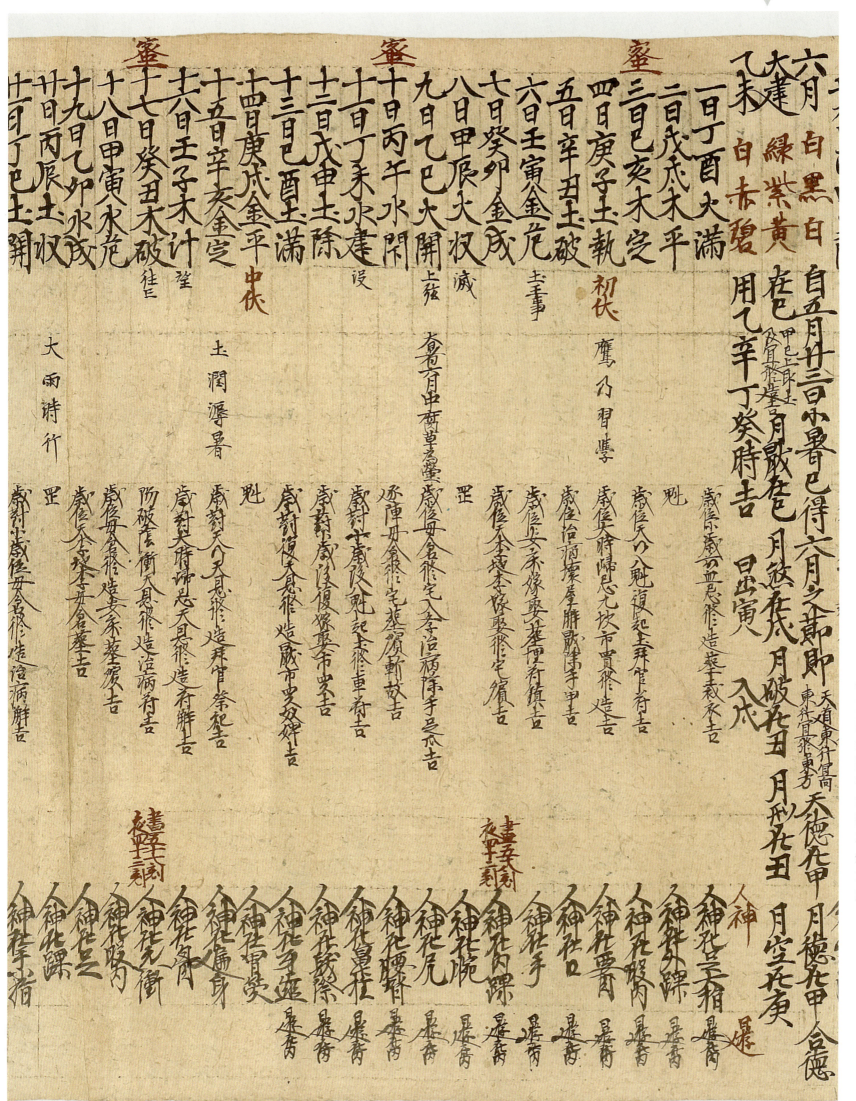

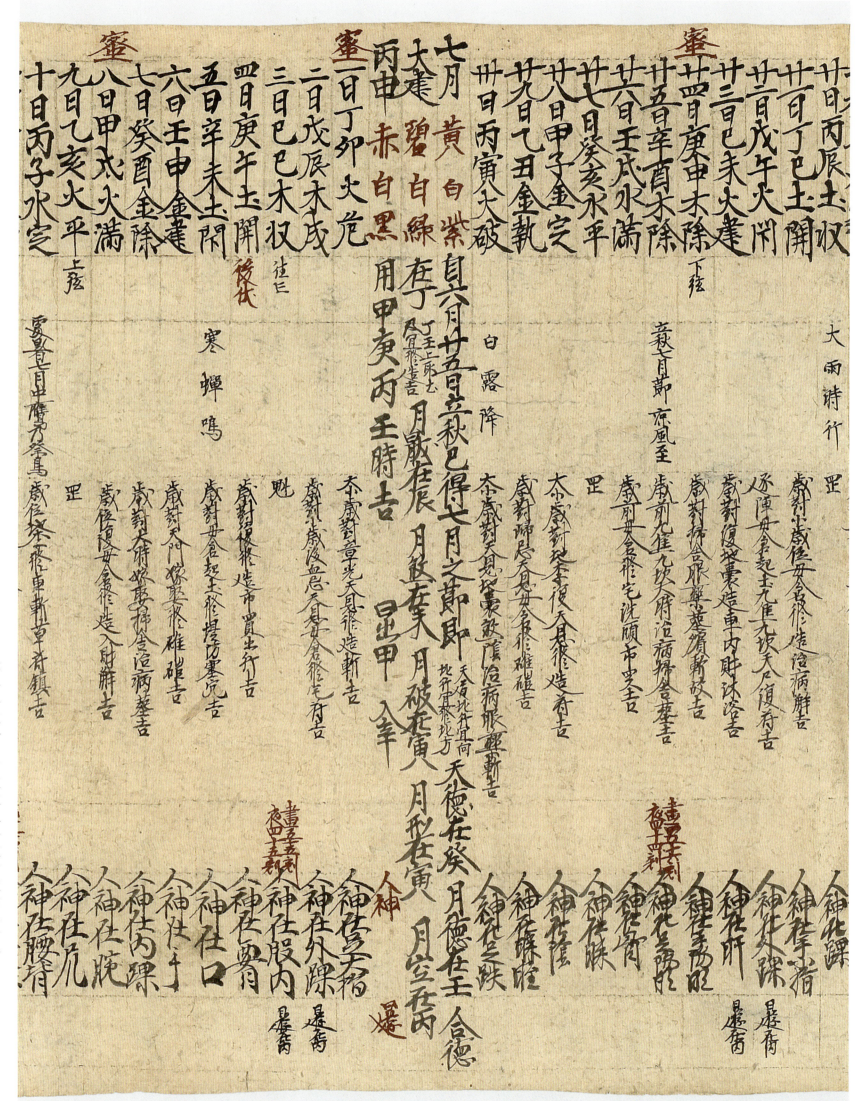

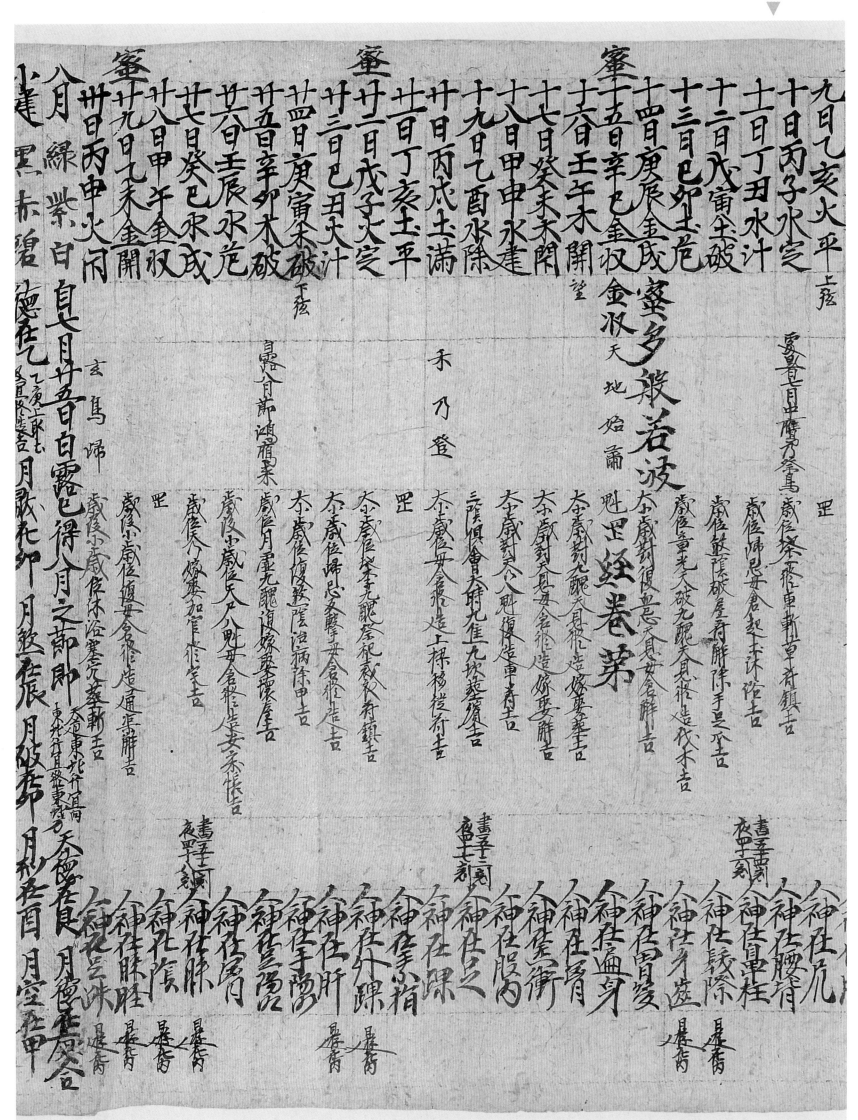

P.3403　宋雍熙三年（986）丙戌歲具注曆日并序　　（21—13）

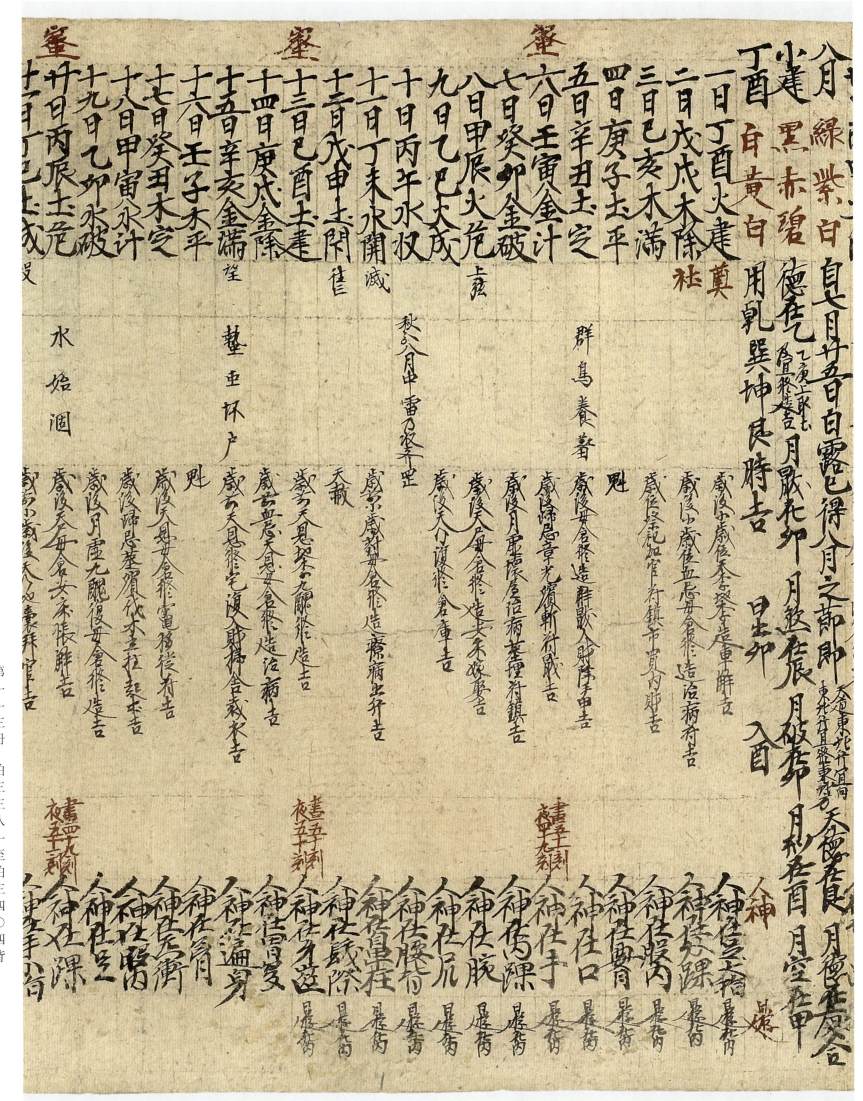

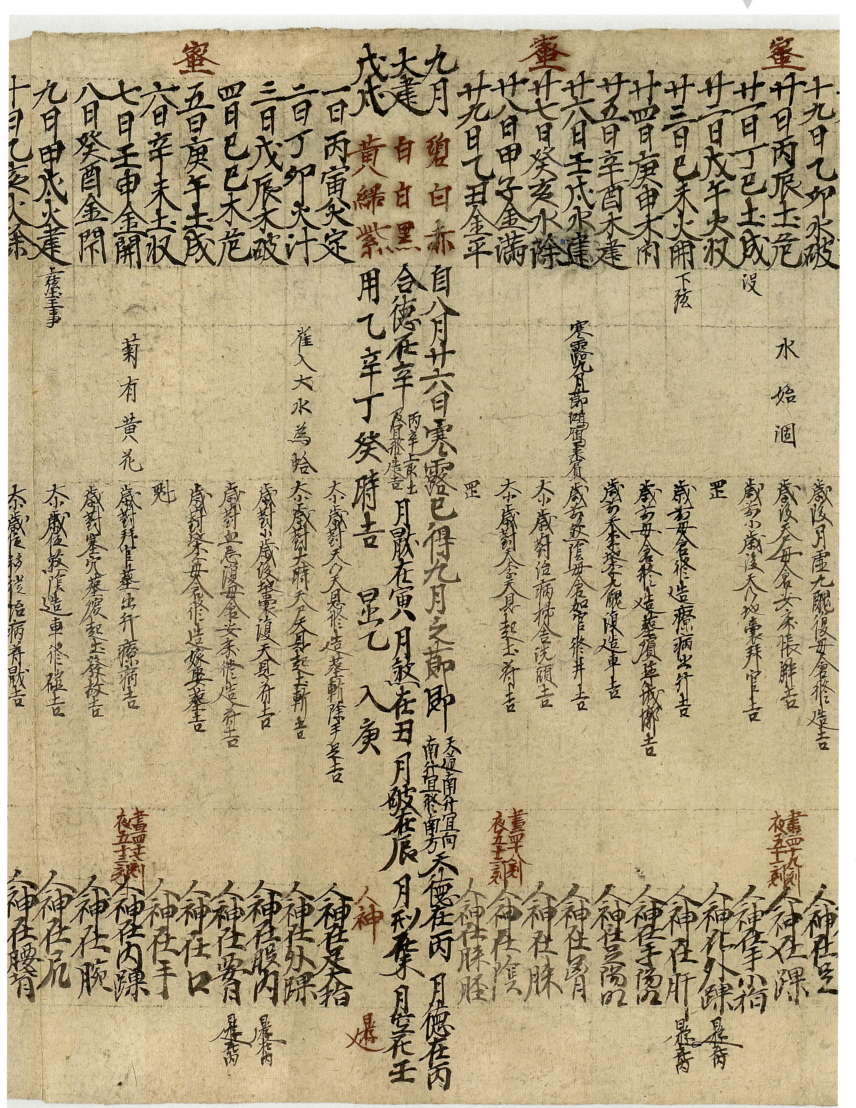

P.3403　　宋雍熙三年（986）丙戌歲具注曆日并序　　（21—15）

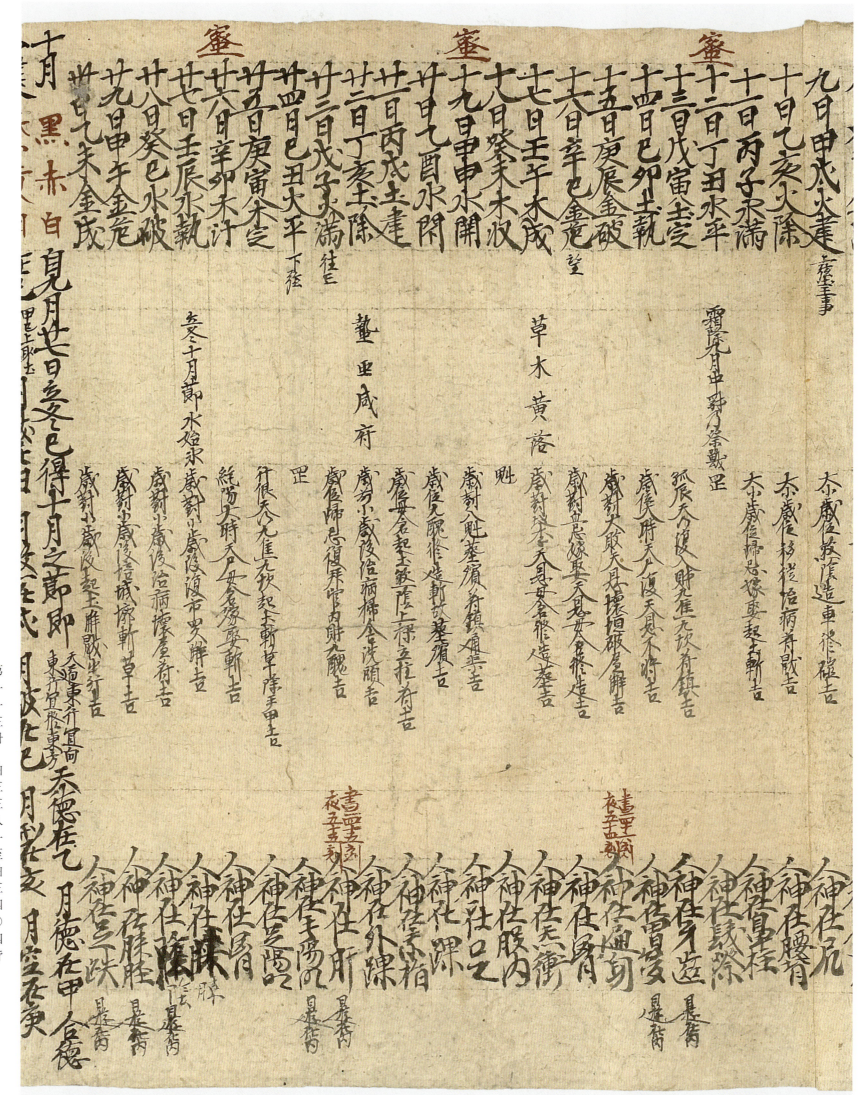

第一一三册　伯三三八一至伯三四〇四背

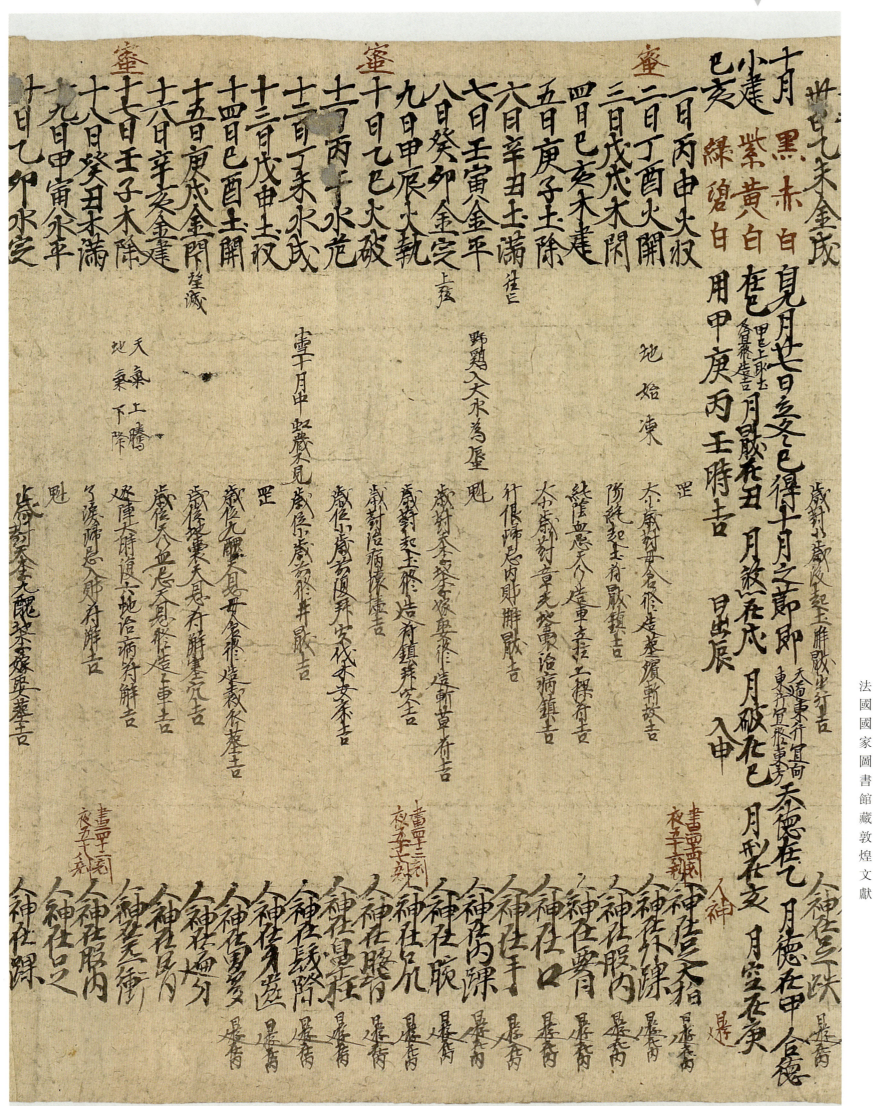

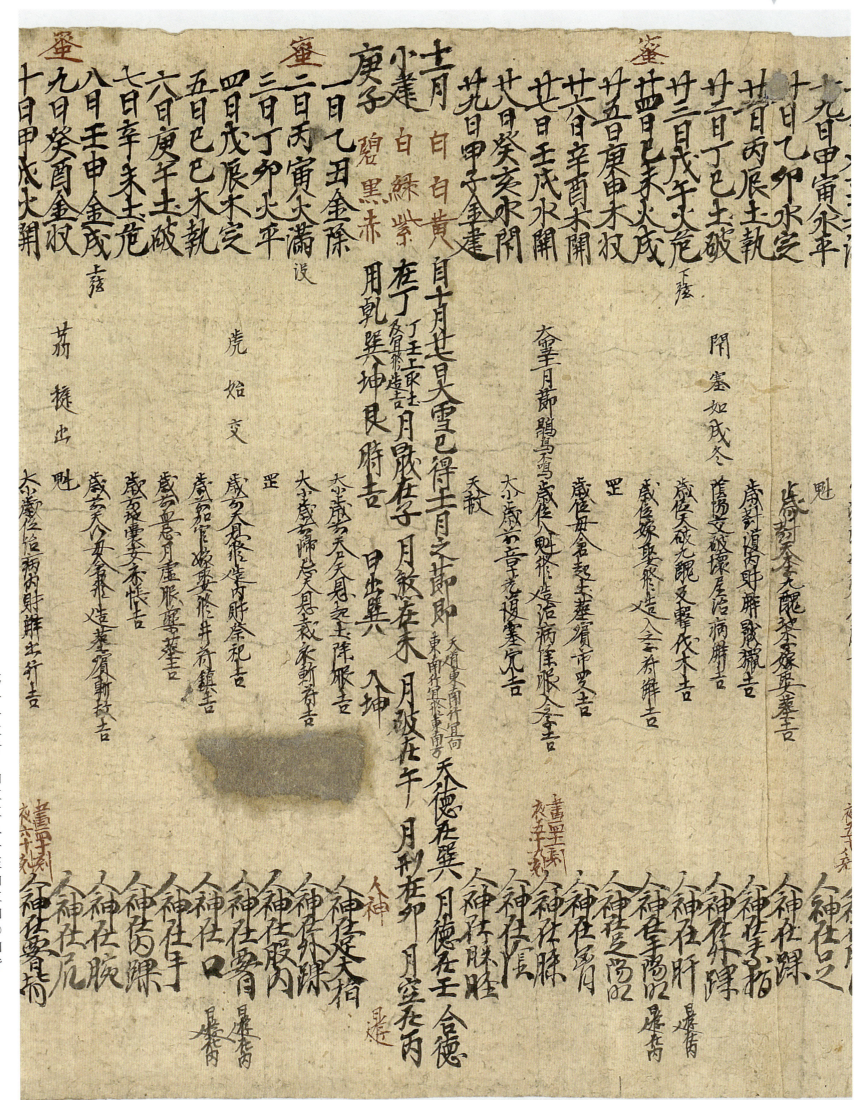

P.3403　宋雍熙三年（986）丙戌歲具注曆日并序　（21—18）

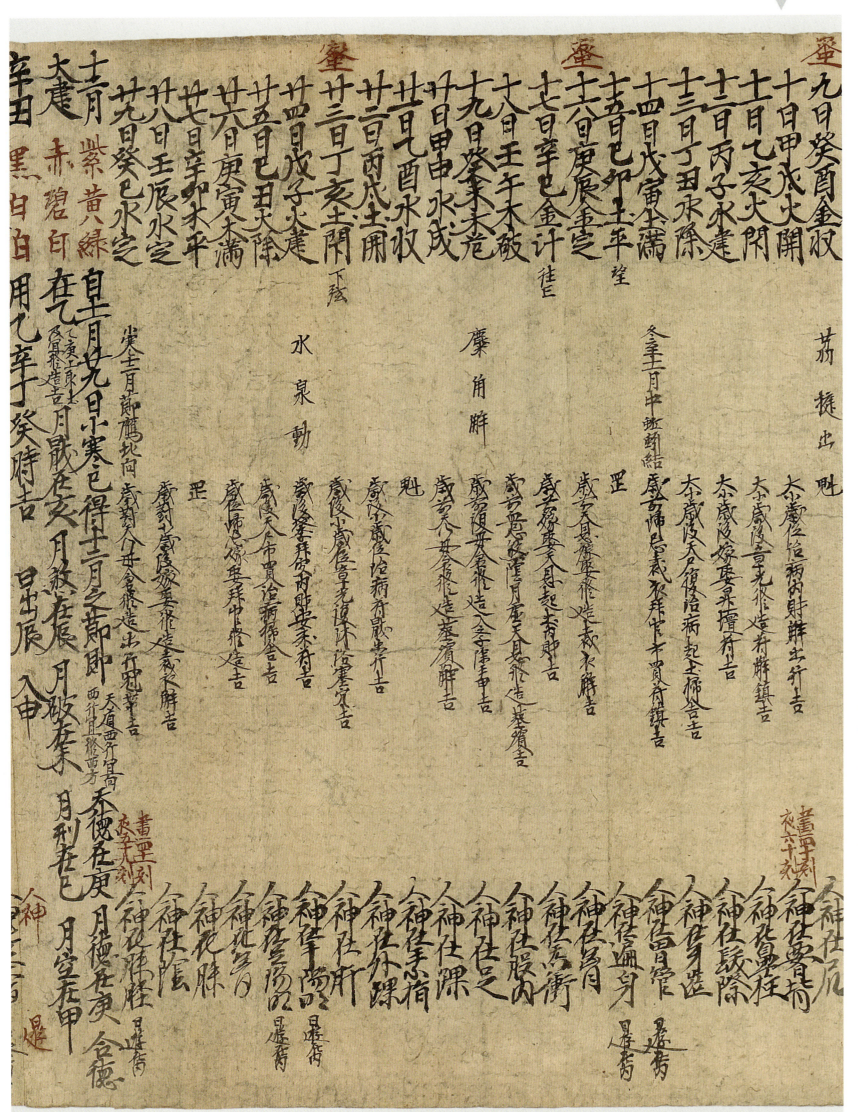

P.3403　宋雍熙三年（986）丙戌歲具注曆日并序　　（21—19）

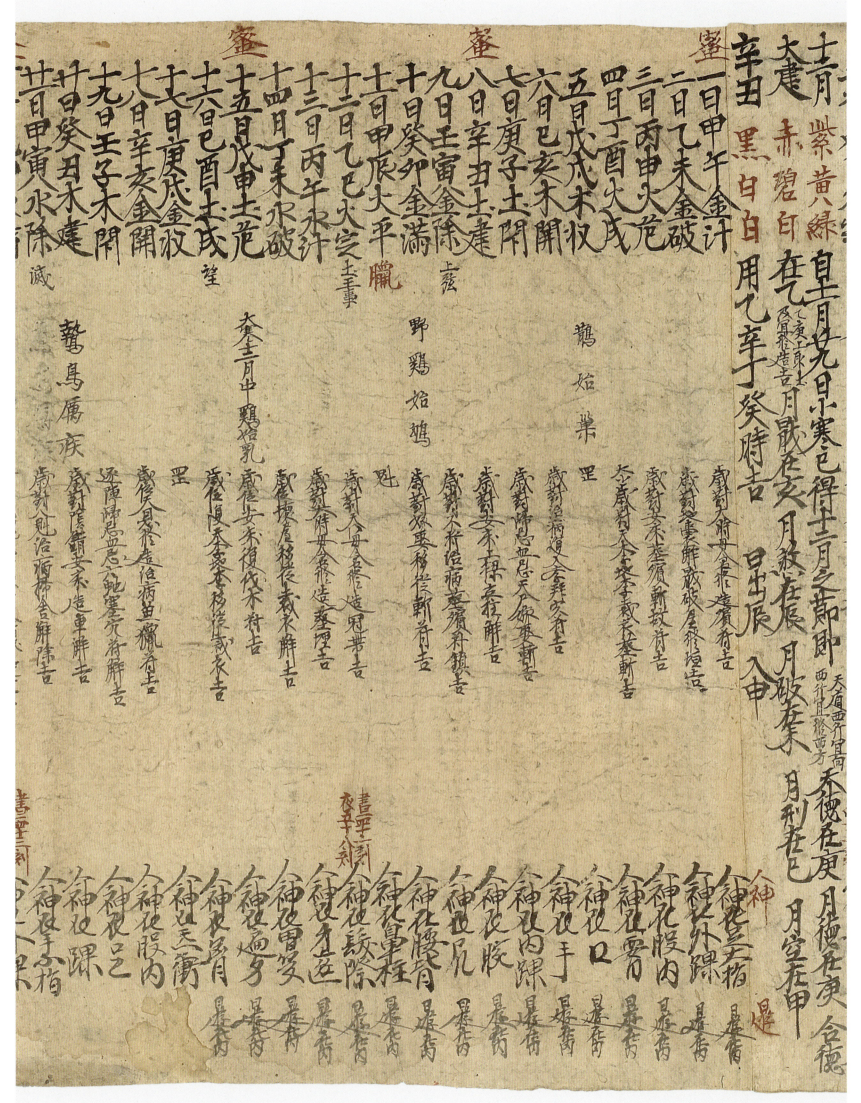

P.3403　宋雍熙三年（986）丙戌歲具注曆日并序　　（21—20）

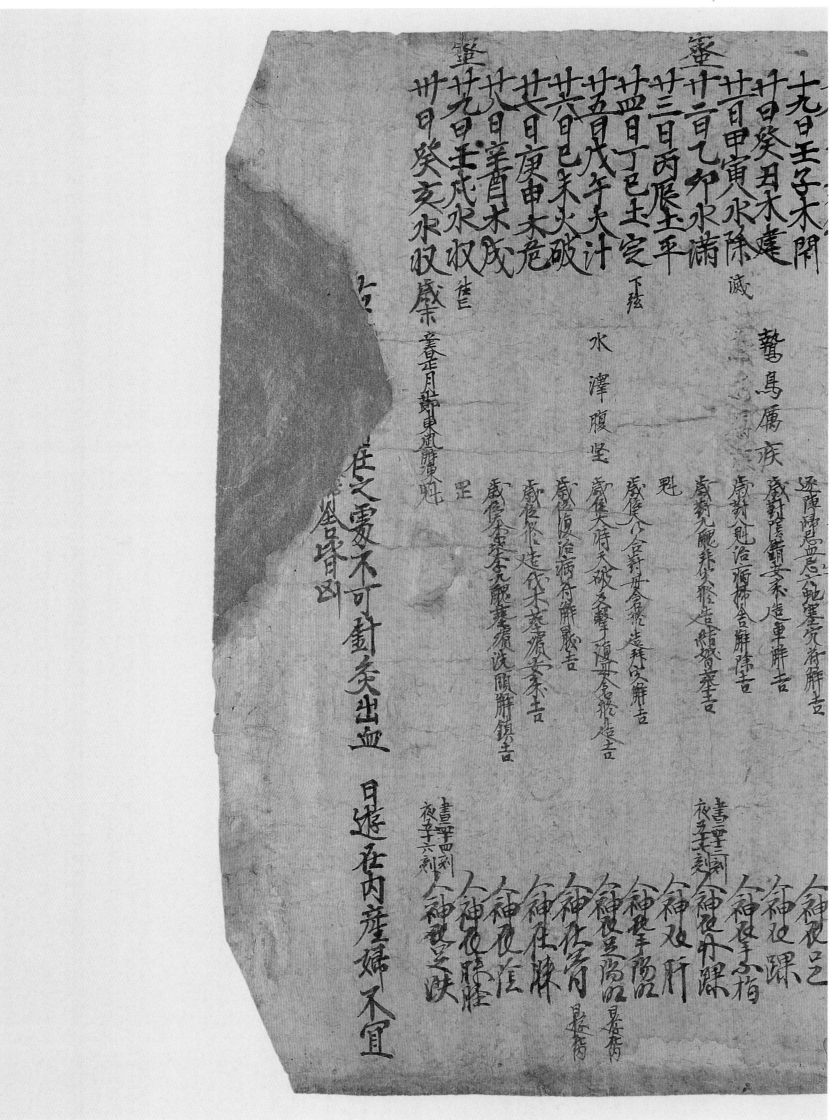

大般若経莱

3403

復次善現菩薩摩訶薩大乘相者

初分辯大乘品莱第十五之一

謂内空外空内外空空大空胜義空有為空無為空畢竟空無際

空散空無變異空本性空自相空共相空一切法空不可得空無性

空自性空無性自性空是菩薩摩訶薩大乘相善現白佛言世尊

云何内空佛言善現内謂内法即是眼耳鼻舌身意此中眼由眼空

何以故非常非壞本性尒故耳鼻舌身意由耳鼻舌身意此中眼由眼空

故非常非壞本性尒故善現是為内空善現白佛言世尊云何外

空佛言善現外謂外法即是色聲香味觸法此中色由色空何以故

非常非壞本性尒故聲香味觸法由聲香味觸法空何以故非常非

壞本性尒故善現是為外空善現白佛言世尊云何内外空佛言善現

P.3403v　　　大般若波羅蜜多經抄　　　（12—1）

非常非壞本性尒故暓香味觸法由暓香味觸法空何以故非常非

壞本性尒故善現是為外空善現白佛言世尊云何內外空善現

內外謂內外法即是內六處外六處此中內六處由外六處空何以故

非常非壞本性尒故外六處由內六處空何以故非常非壞本性尒

故善現是內外空善現白佛言世尊云何空空佛言空空謂一切

法空此空由空空何以故非常非壞本性尒故善現是為空空善

現白佛言世尊云何大空佛言大空謂十方即是東南西北四維

上下此中東方由東方空何以故非常非壞本性尒故南西北方四

維上下由南西北方四維上下空何以故非常非壞本性尒故善現是

為天空善現白佛言世尊云何勝義空謂涅槃此

勝義由勝義空何以故非常非壞本性尒故善現是為勝義

白佛言世尊云何有為空佛言有為謂欲界色界無色界此中

欲界由欲界空何以故非常非壞本性尒故色界由色界此空

白佛言世尊云何有為空佛言善現有為謂欲界色界無色界此由

欲界色界無色界空何以故非常非壞本性尒故色無色界由色界無色界空

何以故非常非壞本性尒故善現是為有為空善現白佛言世尊

去何無為空佛言善現無為謂無生無住無異無滅此無為由無為

空何以故非常非壞本性尒故善現是為無為空善現白佛言世尊

去何畢竟空佛言善現畢竟謂諸法究竟不可得此畢竟由畢

竟空何以故非常非壞本性尒故善現是為畢竟空善現白佛

言世尊去何無際空佛言善現無際謂無初中後際可得及無往

來際可得此無際由無際空何以故非常非壞本性尒故善現是為

無際空善現白佛言世尊云何散空佛言善現散謂有放有棄

有捨可得此散由散空何以故非常非壞本性尒故善現是為散

空善現白佛言世尊云何無變異空佛言善現無變異謂無散

有捨可得此散由散空何以故非常非壞本性尒故善現是為散

空善現白佛言世尊去何無憂異空佛言善現無憂異謂無散

無棄無捨可得此無憂異由無憂異空何

善現是為無憂異空善現白佛言世尊

本性謂一切法本性若有為法性若無為法性皆非聲聞所作非

獨覺所作非菩薩所作非如來所作亦非餘所作此本性非

空何以故非常非壞本性尒故善現是為本性空善現白佛言世

尊去何自相空佛言善現自相謂一切法自相如變礙是色自相

顧納是受自相取像是想自相造作是行自相了別是識自相如是

等若有為法自相若無為法自相此自相由自相空何以故非常

北壞本性尒故善現是為自相空善現白佛言世尊去何共相空

佛言善現共相謂一切法共相如苦是有漏法共相無常是有為

佛言善現共相謂一切法共相如是善是有漏法共相無常是有為

法共相空無我是一切法共相如是等有無量共相此共相由共

相空何以故非常非壞大性尒故善現是為共相空善現白佛

言世尊云何一切法空佛言善現一切法謂五蘊十二處十八界若

有色無色有見無見有對無對有漏無漏有為無為法此一切

法由一切法空何以故非常非壞本性尒故善現是為一切法空

善現白佛言世尊云何不可得空佛言善現不可得空謂此中一切

法不可得若過去不可得若現在無過去未來可

法不可得若過去不可得現在不可得若過去未

未現在可得無未來無過去現在

可得此不可得由不可得空何以故非常非壞本性尒故善現是為

不可得空善現白佛言世尊云何無性空佛言善現無性謂此中

可得此不可得由不可得空何以故非常非壞本性尓故善現是為

不可得空善現白佛言世尊云何無性空佛言善現無性謂此中

無少性可得此無性空由無性空何以故非常非壞本性尓故善現

是為無性空善現白佛言世尊云何自性空何以故非常非壞本性尓故善現自性謂諸法

能和合自性此自性由自性空何以故非常非壞本性尓故善現是

為自性空善現白佛言世尊云何無性自性空佛言善現無性自

性謂諸法無能和合性有所和合自性此無性自性由無性自性空

何以故非常非壞本性尓故善現是為無性自性空復次善現有性

由有性空無性由無性空自性由自性空他性由他性空云何有性空

有性空無性由無性空謂五蘊此有性由有性空五蘊生性不可得故是為有性

有性空云何無性由無性空謂無為此無為由無性空是為

無性由無性空云何自性由自性空謂一切法皆自性空此空非智

有性空云何無性由無性空無性謂無為此無性由無性空是為

無性由無性空云何自性由自性空謂一切法自性空此空非智

所作非見所作亦非為餘所作是為自性由自性空云何他性由他

性空謂若佛出世若不出世一切法法住法定法界法平等性

法離生性真如不虛妄性不異變性實際皆由他性故空是為他

性由他性空善現當知是為菩薩摩訶薩大乘相　　大般若經卷第一 波羅蜜

大寶般若波羅蜜多經卷第五十二

初分辯大乘品第十五之二

復次善現菩薩摩訶薩大乘相者謂四念住何等為四謂身念住受念

住心念住法念住善現諸菩薩摩訶薩循行般若波羅蜜

多時以無所得而為方便雖於內身住循身觀而竟不起身俱尋思

熾然精進具念正知為欲調伏世貪憂故諸菩薩摩訶薩循行般若

般若波羅蜜多時以无所得而為方便雖於外身住循身觀而竟不

P.3403v　　大般若波羅蜜多經抄　　（12—7）

熾然精進具念正知為欲調伏世貪憂故諸菩薩摩訶薩循行般若

般若波羅蜜多時以无所得而為方便雖於外身住循身觀而竟不

起身俱尋思熾然精進具念正知為欲調伏世貪憂故諸菩薩摩訶

薩循行般若波羅蜜多時以無所得而為方便雖於內外身住循身

觀而竟不起身俱尋思熾然精進具念正知為欲調伏世貪憂故

現是為菩薩摩訶薩身念住者諸菩薩摩訶薩循行

般若波羅蜜多時以无所得而為方便雖於內受住循受觀而竟不起

受俱尋思熾然精進具念正知為欲調伏世貪憂故諸菩薩摩訶薩

循行般若波羅蜜多時以无所得而為方便雖於外受住循受觀而竟

不起受俱尋思熾然精進具念正知為欲調伏世貪憂故諸菩薩摩

訶薩循行般若波羅蜜多時以無所得而為方便雖於內外受住循

受觀而竟不起受俱尋思熾然精進具念正知為欲調伏世貪憂故

訶薩循行般若波羅蜜多時以無所得而為方便雖於內外受住循

受觀而竟不起受俱尋思熾然精進具念正知為欲調伏世貪憂故

善現是為菩薩摩訶薩受念住善觀心念住者諸菩薩摩訶薩

循行般若波羅蜜多時以無所得而為方便雖於內心住循心觀而竟不

起心俱尋思熾然精進具念正知為欲調伏世貪憂故諸菩薩摩訶

薩循行般若波羅蜜多時以無所得而為方便雖於內心住循心觀而竟

不起心俱尋思熾然精進具念正知為欲調伏世貪憂故諸菩薩摩

訶薩循行般若波羅蜜多時以無所得而為方便雖於內心住循心

觀而竟不起心俱尋思熾然精進具念正知者諸菩薩摩訶薩循行般若

是為菩薩摩訶薩心念住善觀法念住者諸菩薩摩訶薩循行

波羅蜜多時以無所得而為方便雖於內法住循法觀而竟不起法俱

尋思熾然精進具念正知為欲調伏世貪憂故諸菩薩摩訶薩循行

尋思熾然精進具念正知為欲調伏世貪憂故諸菩薩摩訶薩循行

般若波羅蜜多時以无所得而為方便雖於外法住循法觀而竟不

起法俱尋思熾然精進具念正知為欲調伏世貪憂故諸菩薩摩

訶薩循行般若波羅蜜多時以無所得而為方便雖於內外法住循

法觀而竟不起法俱尋思熾然精進具念正知為欲調伏世貪

憂故善現是為菩薩摩訶薩法念住

大般若波羅蜜多經卷第五十三　　大般若波羅蜜多經卷第五十二

初分難信解品第十五之三

復次善現菩薩摩訶薩大乘相者謂四正斷何等為四善現若菩薩

摩訶薩循行般若波羅蜜多時以無所得而為方便於諸未生惡不善法

為不生故生欲策勵發起正勤策心持心是為第一若菩薩摩訶薩循行

般若波羅蜜多時以無所得而為方便於諸已生惡不善法為永斷故生

欲策勵發起正勤策心持心是為第二若菩薩摩訶薩循行般若波羅

蜜多時以無所得而為方便未生善法為令生故生欲策勵發起正勤

蜜多時以無所得而為方便亦生善法為令生欲策勵發起正勤

策心持心是為第三若菩薩摩訶薩備行般若波羅蜜多時以無

所得正為方便已生善法為令安住不忘增廣倍備滿故生欲策勵發

起正勤策心持心是為第四善現當知是為菩薩摩訶薩大乘相

復次善現菩薩摩訶薩大乘相者謂四神足何等為四善現菩

薩摩訶薩備行般若波羅蜜多時以無所得而為方便備勤三摩地

斷行成就神足依離依無染依滅迴向捨是為第一若菩薩摩訶薩備

行般若波羅蜜多時以無所得而為方便備勤三摩地斷行成就神足依

雜依無染依滅迴向捨是為第二若菩薩摩訶薩備行般若波羅蜜多

時以無所得而為方便備勤三摩地斷行成就神足依離依無染依滅迴向捨

是為第三若菩薩摩訶薩備行般若波羅蜜多時以無所得而為方便

備觀三摩地斷行成就神足依離依無染依滅迴向捨是為第四善現

當知是為菩薩摩訶薩大乘相　復次善現菩薩摩訶薩大乘相者謂五

根何等為五善現若菩薩摩訶薩備行般若波羅蜜多時以無所得而

根何等為五善現若菩薩摩訶薩備行般若波羅蜜多時以無所得而
為方便所備信根精進根念根善現當知是為菩薩摩訶薩大眾
相復次善現菩薩摩訶薩大眾相者謂五力何等為五善現若菩薩摩訶
薩備行般若波羅蜜多時以無所得而為方便所備信力精進力念力定力慧力
善現當知是為菩薩摩訶薩大眾相　復次善現菩薩摩訶薩備行般若波羅蜜
者謂七等覺支何等為七善現若菩薩摩訶薩備行般若波羅蜜
多時以無所得而為方便所備念等覺支擇法等覺支精進等覺
喜等覺支輕安等覺支捨等覺支依離依無染依滅迴向
向捨善現當知是為菩薩摩訶薩大眾相復次善現菩薩摩訶薩大
眾相復次善現菩薩摩訶薩大眾相者謂八聖道支何等為八善現若
菩薩摩訶薩備行般若波羅蜜多時以無所得而為方便所備正見
正思惟正語正業正命正精進正念正定依離依無染依滅迴向捨善現
當知是為菩薩摩訶薩大眾相

# Pelliot chinois 3404

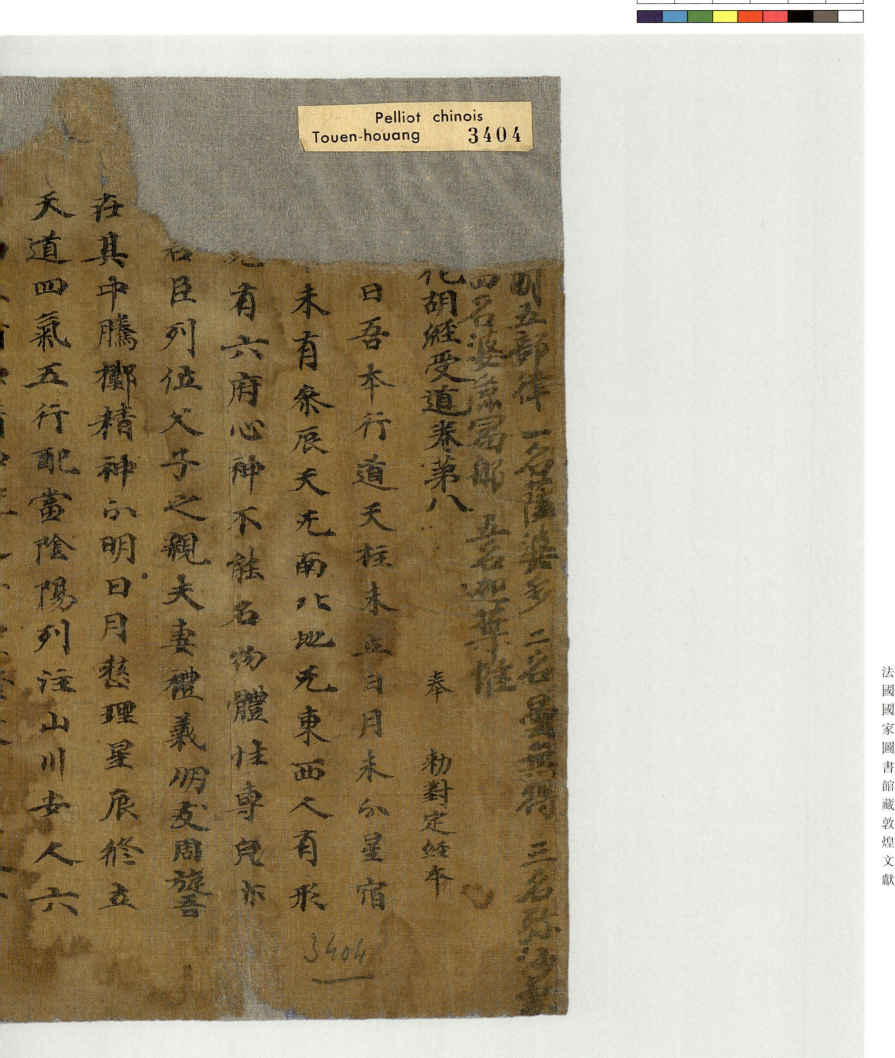

則五郡停 一名蓬婆多 二名畫無得 三名

四名婆□爾窟郞 五名□□葉不惟

化胡經受道卷第八

奉 勑對定姓本

日吾本行道天柱赤盈自月未分星宿

未有象辰天无南北地无東西人有形

有六府心神不詮名揚體性專兒市

臣列位父子之觀夫妻體義明友周旋善

在真中騰櫛精神分明日月慈理星辰終立

天道四氣五行配當陰陽列注山川去人六

識至真統領天地亦无師人體性遲直无行
謂詢喜則順理瞋則然人亦无法律師意所行
遠天逆理定氣流行或及王身或及臣身故
不醒悟守迷意堅吾為作囊非玄通所聞
雷出青天雨沙礫石旋周框天曰晝昏魚
飛翩翩國王怖怕仰噢含天天玄遼遠地亦
幽深所喚室廓心順懍然橫行无道容然臣
民朝則五百夕則五千主民檽檽守死万千
行政墮淚亡失精神國王懷悒褒計不言
布吉國內椎覓聖人吾乃出見與王相聞王曰
君是何人老子曰吾是万歲小童千歲老人
辰日更黑齒搖更堅長生无極出於自然胎
髓能補皮膚更鮮室家眷屬有三万七千

P.3404　　1.四分律疏　　2.老子化胡經卷八　　（12—1）

髮曰更黑齒槁更堅長生无極出扵日然船

髓能補皮膚更鮮室家眷屬有一万七千

亦不田力衣食自然亦不樂貴爵祿自天亦

不灾衰尋常靜然王曰君言奇異非古非今其

至及覆難可平論吾聞年歹則老歹少則小

如君所論懷抱有何由緣白髮更黑槁齒更

堅轉老作少皮膚更鮮異状異扵殊古邈

今君是天人之身上古之神道事渺深日遠

曰玄吾今聞之不悶不鬧聽說遠遠附口而

甘願与先生深室而談同車而戴遊沙万方

朝聞慕老不顔寧康老因何業壽命延長

咄氣勃勃達風而香身體容貝殊姿異光家

長古老子曰奉道約身壽命千年約身奉道

不逢灾考練形受道天地相濃神亦不遠由玉

於造天受道日月明雷而行地受道山川生百

物榮天子受道民人滋國主清天不受道日

月不明地不受道草木不生結菓不成人不

受道无恩情灾考生是以有物之類皆合道

而生玉曰天地受道道有何形老子曰道也

无形无氣之精或散或聚出函入宑或出万

方造化随形藏形匿景太清之間玉曰巍巍

之神元復過爲老子曰道躰經天序地置玉

乹坤晝出天道安動山川肫遍陰陽列景星

辰二十八宿各有名字身或長九丈或長一

句或籠天合地日月不明或整理遂順轉死

辰二十八宿各有名字身或長九丈或長一

句或籠天合地日月不明或整理遞順轉死

易生或呼召甲子役使眾神或吹歔寒暑

呼吸陰陽玉日蕩蕩大聖天地之大神願示

法律吾奉之焉

老子曰太上者万物之所尊上天為眾神之

所祖宗在地為萬國之師君道是虛无難名

之神成功不名其効救死不認其生或居世

界或居九天或在宵虛監視世間順天者吉

敗聖者亡或上歷九府下入黃泉濤演宵虛

无匹无倫或嚴痓顯服受度真賢或上高

匹首為說死生或蕆隱合口與天地相畢或

巍巍乎滄海之弥淪老子曰百億之祖宗萬

天之靈根乾坤之所出雲而之所生王能事之

風而順之隣國不侵臣忠子孝國主長全王

曰妙哉聖尊天地之根開論時俗說合人心矣

老子曰道身長丈六金色照天發言雷電

石辟山崩或擢軒耶孝然不仁王曰渕乎何

道之深妙巖巖子真為大神老子曰奉天梲

地走使星辰駈馳日月或東或西一日六時節

度其間冬溫夏暑其神序焉王曰懇天之

神一代之君王曰先生内老外少非今世之人

變形易聖不亦吾真假道說化天地授心說

文成行快不可言目非玄聖道不可尊聽不

可猷披朝尋惟夕丟不昬吾雖宜滿預是

瘦形象聖不亦吾真假道說化天地撥心諵

文成行快不可言目非玄聖道不可尊聽不

可猒披朝尋惟夕衣不昏吾雖宣漏預是

國君今得遭遇與君相因經今積載十有餘

羊家口大小茅奉君身夙興夜寐不辞勞勤

望君感悟屈神衰怜見亦好惡治國平民民

无惡想改故就新民忠子孝不役害人豈非

聖人靈澤之恩吾聞遇賢聖前身有緣福力

接得見聖人勿以宣薄不為開明伏頗先生

垂慈哀矜示以聖旨可以咨承老子曰王大

國君貢養群生開通全教表裏應明捐弄

王眠下問凡人屈天覆地何以荅恩王心遂

悟請問懃懃勝行跪起南蜀而言王曰蓋聞

聖者不荅見一儿一聖遊恩毫之願矣若干

齋盧木朴朴之人外朴朴空

作元元不稱來問王曰回者發迹見聖人遠

地迹天經歷八荒呼吸之間預觀成敗開解

自然吾雖不仁荷是國君天迴曰運典知萬

乘向君請問靜然无言懷聖置天亦同作吾

吾聞天高邈遠向之元元亦降靈屈神而澤

豐沛恩及群生體質含耀外朴明自言終應

窨對无窮祕言不聖何言而生吾雖不敏教

卿先生伏顏體練為說道元老子迹謂胡吾

統國領民无所禀永瞋則與死喜則與生不

求天謁地何用問道之元王曰先生云道能

傾天覆地輪轉萬方舉手動之言合官商或

深或淺不可測量是以吾今敢不奉望老子

曰盖聞天子非是常人德膺萬物行合乾坤

傾天覆地輪轉萬方舉手動足言合官商或
深或淺不可測量是以吾今敢不奉望老子
曰盖聞天子非是常人德應萬物行合乾川
開化天地大國之君君之有福國主長全寢
甲休兵萬國僉狀歸投王命濟於人民於民
无福國主覆淪多嬰災難毒及臣民王宜神
菁奉道求主身无災考國嗣欣然隣國消服
軒惡不侵王但叩心迎地憑神杖靈壽命永
終興天相傾月不夜食日不晝曷死各以次
不炎天羊父不哭子臣不謀君王宜體之尊
道敬天天䏻彌覆地䏻植生道䏻變通栽倒
邪精王曰大道家廓造化根无移天易地刻
利星辰舒張日月普照万天運籌易筭轉

先多嬰災禍毒氣縱橫雨少旱多餓然万人

星辰青黃白黑虛盈五岳陇崖河海水生災

子之道骨肉之親夫婦礼義朋友周旋老子

日有天有地乃有民人賢愚相對三才並行

曰運天而血脉相連天有南北地有東西隂

陽相對男女婚姻醫姻院立乃有君臣父子

唯有天地不可得聞上有金樓玉殿鐵城火

山地有二十四獄主者罪人傳聞不見道不

至真王君得知須吾上聞謂三十六天道主百

千萬重道君太上皇老无极之尊千竹神顔

興王問為王曰以吾屈重速問聖人吾是天

子道是天尊能寒能暑能死能生顔檣徵

與王問為王曰以吾屈重速問聖人吾是天

子道是天尊躰寒躰暑躰死躰生顏槽微

信繰繒黃金為鄙國長时妻曲至誠盖闻言

者不易聽者亦難天明旡雪日没時寒婴龍

然人懼色而言憂末至旡聖不辝煩天道遠

迴路難可經吾有龍飛大馬黃金作鞍行不

壞影日沙三千顏与先生乘此上天老子曰天

道港港不知根源亦旡阪蹐繩索可攀飛

為不通馬安躰行吾才雖不敢候忿而還

為說天地青黃浉洙吞列日月歷數虗盈四

時節翔男女婚姻五岳陇崖河海山川君臣

父子具釋王情天王歡喜咸稱万年不知何

辛遇值聖人開通至教表裏俱明百節関孔使

相貌挺智无邊説微妙理耳所未聞開一天
之道九天盡明金樓玉殿鐵城火山地下獄訟
罪人由緣藏形隱聖君子所鈎顏气先生衰
愍元元留神賜教亦以道元朝聞夕殞不
顏更生今日拜請明日復然弃國逐家委命

先生亦以道形爲居何室爲在何天身體長
酌面目姿顏威儀光千炎羊一出何時見身
左右侍從斯是何神老子曰威儀相好不可
得論大王聞之逐國揃身家國大小何所稟
承王曰弃身求道亦念於吾寘共死地不得
更生火中生花尔時乃至真不離數終合會目
然國非我國身非我身授湯赴火不顧身形

更主火中生花尒時乃至真不離數終合會目

然國非我國身非我身授湯赴火不顧身形

伏願垂神示以道要老子曰以王驕寒喜生

退心百陳呎實永口不言左右恡之舉國愕

然有何不及不允聖人請召公臣八百万人

七日七夜從廪湛然開破獄門不復然人剋

肌剋骨蕩滌心情一言不至不敢悔心五身

亦不動口亦不敢言國王目谷咸激不言方

便布吉國中有意臣民各擔信命縹繒黄

金臣民運集盡在殿庭齊執金簡兩手挾心手

持香火䫻倒吾前叩頭數百拜跪萬千聲淚

俱下歔欷而言吾知心至為訹道根

老子曰道有千二百形影萬二千精光七十

臣相无邊面廣一丈二尺上下齊平頂有華
髮炎有光明頷有九千目有九精鼻有雙柱
耳有三門足蹈二五手把十文項有圓光觀
徹万天發言雷電萬種音聲在地為有古先
生在天為无名之君周行八極變化一身窮
神盡聖唯道為尊无極世界五億諸天論說
經試開度愚聖莫不從吾教化以我為先開
王好道致此殷勤吾今去矣王其奉為胡王
舟拜請日雲兮雨散重合无期魚夫於水會
未有時聖人既別劫載莫知頷得受道永世
奉持矣
老子曰吾昔受太上教吾下戒域教化諸國

奉持矣

老子曰吾昔受太上教吾下戒域教化諸國
出脏訖誡依者㡬人我不為隱但告无心王
日伏聞大聖以无上妙道教化罽賓八十一
國皆依匹真吾今岁弱未豪樂愿得遇大道
顏示愚實使擧國男女終世奉行老子曰吾
中到加尒其王好煞滛奢无度初不信真友
見陵辱吾以左手把日右手把月藏扵頭中
又放頭中日光明照天地草木焦枯復使四
天地暗昧不見光明國人恐怖莫知所依吾
方上下一時雷電霹靂作聲山飛山裂人獸
震驚海水逆流山川空行日虹貫日里雲暗
宾迦尒國王臣民男女一時恐懼遂擧國盟

妙試若比丘者受二百五十試若比丘尼受
五百試若初發心者受三試若邪心者受五
試若如王者受十八試若優婆塞優婆夷能
受三試五試十八試者誦之万遍長齋苦行
練試持身得清淨道果所以名初發心者謂
始有善行之人服心者已伏情於法優婆塞
優婆夷者迎夷國大兵衆侵然隣國棄人男
女財寶人皆忘之相率於國男五塞使殭兵
防守女人老翁令在家中胡名劫棄日劫叛
婆故女子居家者憂其男子在塞上為迎夷
所劫棄傷然遂呼男為優婆塞男子守塞者
憂其女子在家須為迎夷所劫棄鹵略乃呼

形劫奪復無逃呼男慈復優婆塞男子守塞者

憂其女子在家復為迎衷所劫奪鹵略乃呼

女為優婆夷比丘比丘尼者无求以行道也

吾又教剔除鬚髮著衣偏袒捧鉢持錫乞食

而居常持六齋之時礼拜不得嫉妬慳貪然

主煜慾雖未證泥洹亦得滅罪生天王今受

道當行此法亦得保護國內臣民男女永世

休康王曰吾雖重物微賤亦願長生永為至

拯大聖弘慈气垂開悟復聞有極樂之國速

在西方欲彼託生可得以不老子曰有天地

万物一切人民即有死有生長生之道衆難

以貴贄湏累劫種困今身積行持齋奉試布

施慈悲行道誦經方始可得王先業惡未得

无為湛寂常樂我淨始得託生常住湛然不

生不滅无上正真之大道也王今造次可得

生乎吾所以言在西方二百六十万里有趣

樂國者欲使諸國胡王伏道繫心於彼故耳

彼實无也旦西方之氣獷惡凶庆人多獷伐

不信正真何得遐絕更有聖人吾特欲諸王

歸道故發此言耳王曰未知何處定可託生

過去捨身願彼安樂老子曰五方淨土有快

樂之處可生死往持王恒敬奉正真即得隨

心所頹王曰惟气大聖弘慈賜見開悟老子

曰佛者是弟子尹喜託身一時教化雖未

至趣亦是聖人王能奉事持試布施令國民

男女可生使樂死得託生過去未来見存皆

至趣亦是聖人王能奉事持試布施令國民

男女可生使樂死得託生過去未来見存皆

獲福无量王今信奉遂試言

第一貳者先須捨離妻子一生不妻不娶

第二貳者不得畜使僕𤌶下賤及生惡心

第三貳者唯當剔髮削頭偏袒露肩赤脚

毀形易貌

第四貳者不得耕種五穀麻麦黍豆儲畜

三升外施人

第五貳者提鉢乞食若至七家一家不得

必住七日虛齋

第六貳者三衣𥁊鉢六物七筯不得雜於

嗜噉不得踏虫蟻槓傷物命

第八戒者身披偏祖手費散袖之衣

第九戒者蠺糸皮草不得服也布葛毛氊

而已若无可取冀掃中破衣灰汁九過浣

度然後納戌名曰納長八丘

第十戒者常披壞色赭衲之衣勿著五色

華艷之脈

第十一戒者裙裾向前不得跨履高床廣座

容身而已

第十二戒者法者煗祖紗披以為法衣散

福破袖之衣

第十三戒者偏祖石肩合掌向師心存太上

盡夜不息即得仙道

P.3404　　2. 老子化胡經卷八　　（12—10）

·337·

第十三戒者偏袒右肩合掌向師心存太上

畫夜不息即得仙道

第十四戒者不得坐於氈褥之上

第十五戒者單景獨宿在於巖穴莫栖於世

第十六戒者頭陀山林禪定獨處不得在世

第十七戒者一月三別瘥一日三洗浣必湏

香淨

第十八戒者北五北五尽不得狡獪於物

於是胡王合掌礼拜曰能持如此不敢有

達老子又說三戒一者師教勸化皆不得

達二者奉道不得中退三者信行聖言又

五貳者一慈悲万物不鍐衆生於諸舍識

寶不生貪取四中平信寶不欺於物於諸一

切生歸向心五永斷酒肉內外香芳一切世間

尊甲不祀受此貳者生死護持劫劫生生

證真道胡王普首叩頭唯唯頓如貳循行上

徹太上照領丹心使道備具永享福祐尔時

老子乃說偈言

吾先无先　生於无生　　窈化恍惚　出入宕宴

在世乘龍　依天御星　或聚或散　一濁一清

光分萬像　神洞百靈　先天布氣　後天長生

蕩蕩不測　巍巍難名　王期吾道　湏盡至誠

吾登九天　上入三清　遷歸於世　永念衆生

尔時老子偈說吉諸衆曰我乘雲御氣遊於

老子凡說偈言

吾先无先　生於无生　變化恍惚　出入宥冥

在世乘龍　依天御星　或聚或散　一濁一清

光分萬像　神洞百靈　先天布氣　後天長生

蕩蕩不測　巍巍難名　王期吾道　洎盡至誠

吾登九天　上入三清　運歸於世　永念眾生

尒時老子偈說告諸眾曰我乘雲御氣遊於

八挻之外履行十方教化八十餘國降伏九

十五種邪道或夏或夷種種變見或在火上

或在水中或作小身或作大身何種不涉何

種不經何國不化何世不生或儒或道或仙

或凡傳經說二種種教道示令開悟一切眾

生胡王既伏教二吾當遊於九天時鬼谷等

P.3404　　1. 四分律疏　　2. 老子化胡經卷八　　（12—12）

法國國家圖書館藏敦煌文獻

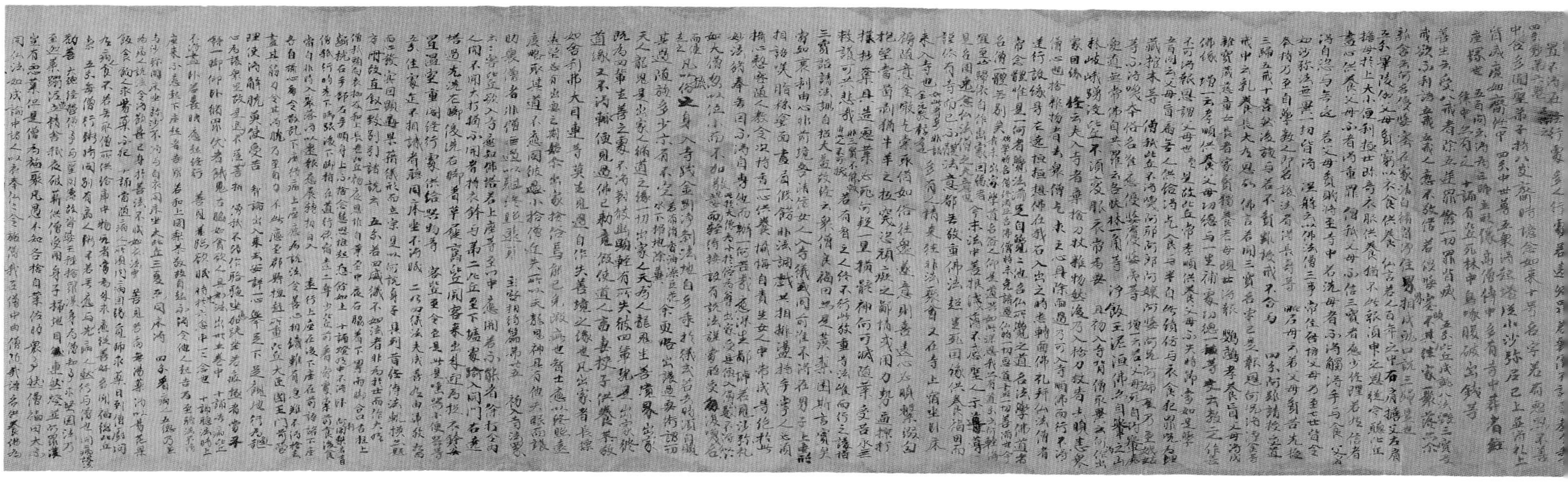

P.3404v　　四分律疏（總圖）　　（一）

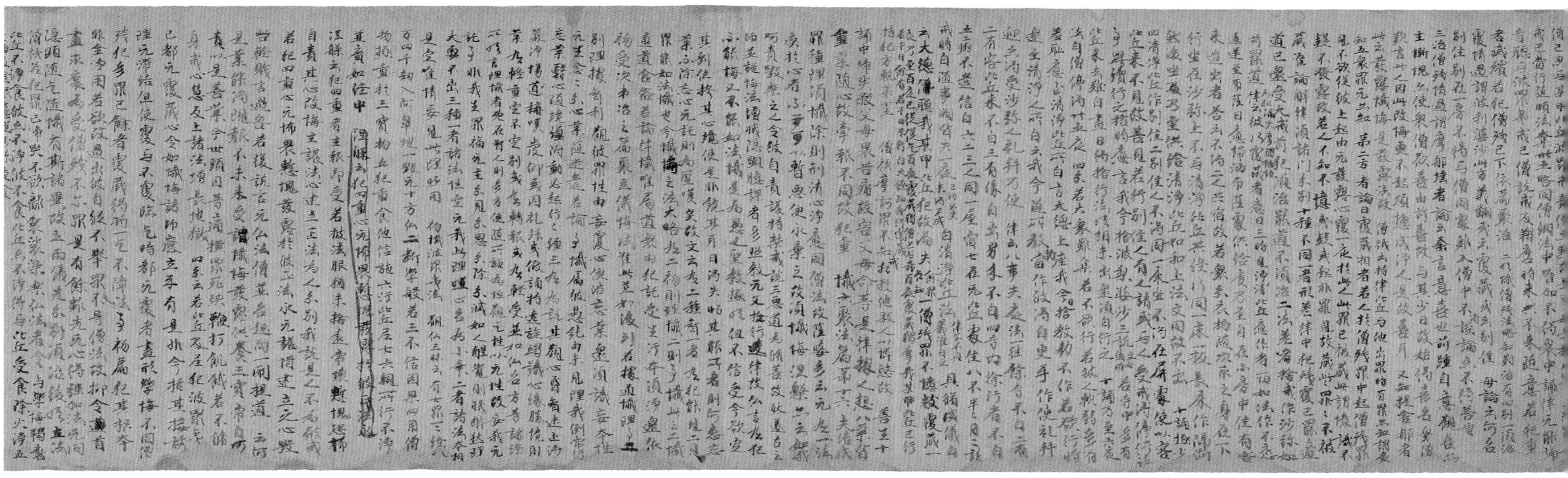

P.3404v　　四分律疏（總圖）　　（二）

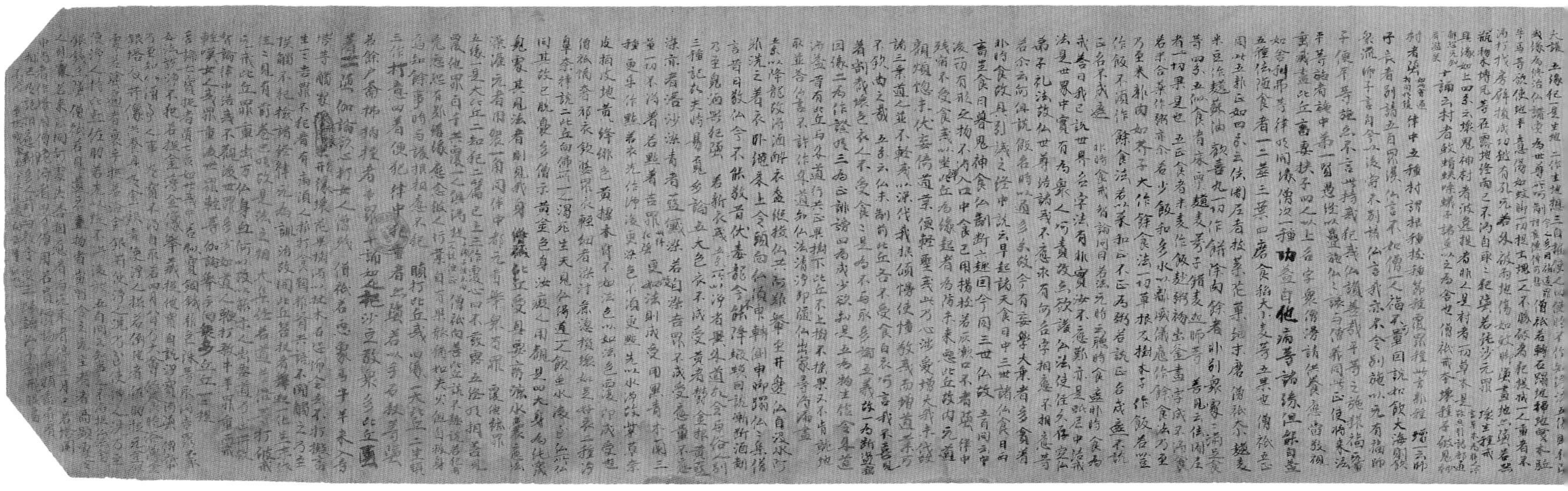

P.3404v　　四分律疏（總圖）　　（三）

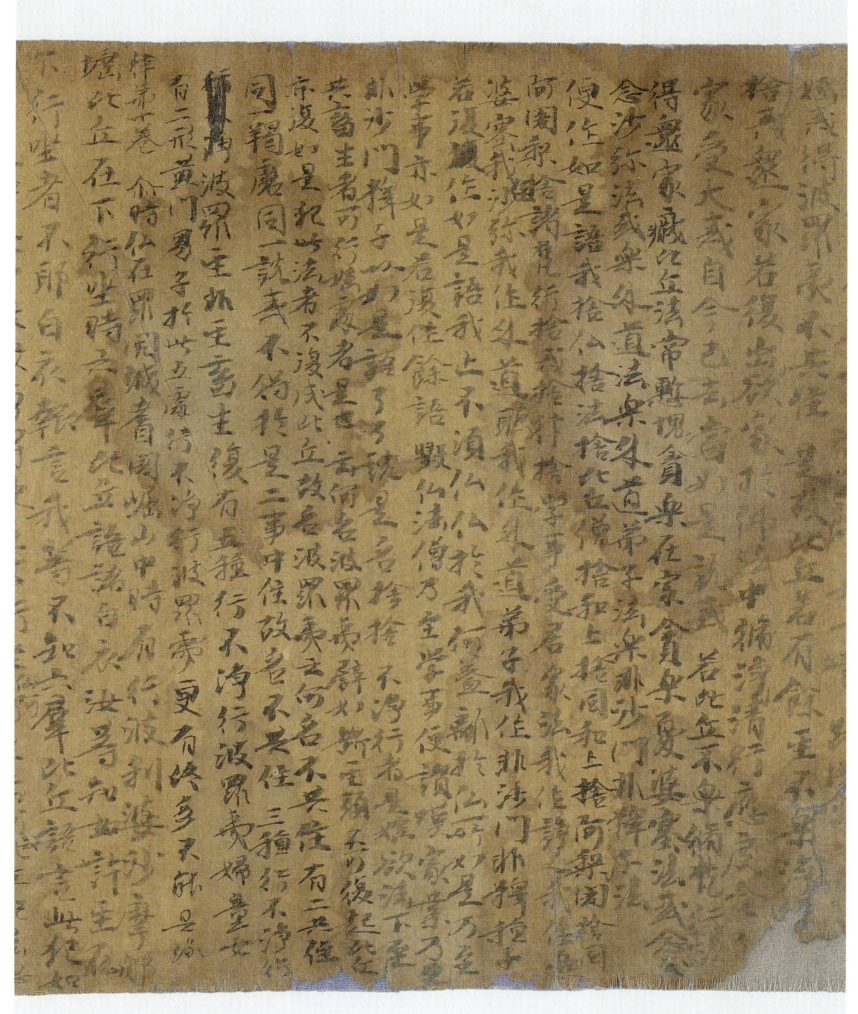

P.3404v　　　四分律疏　　　（26—2）

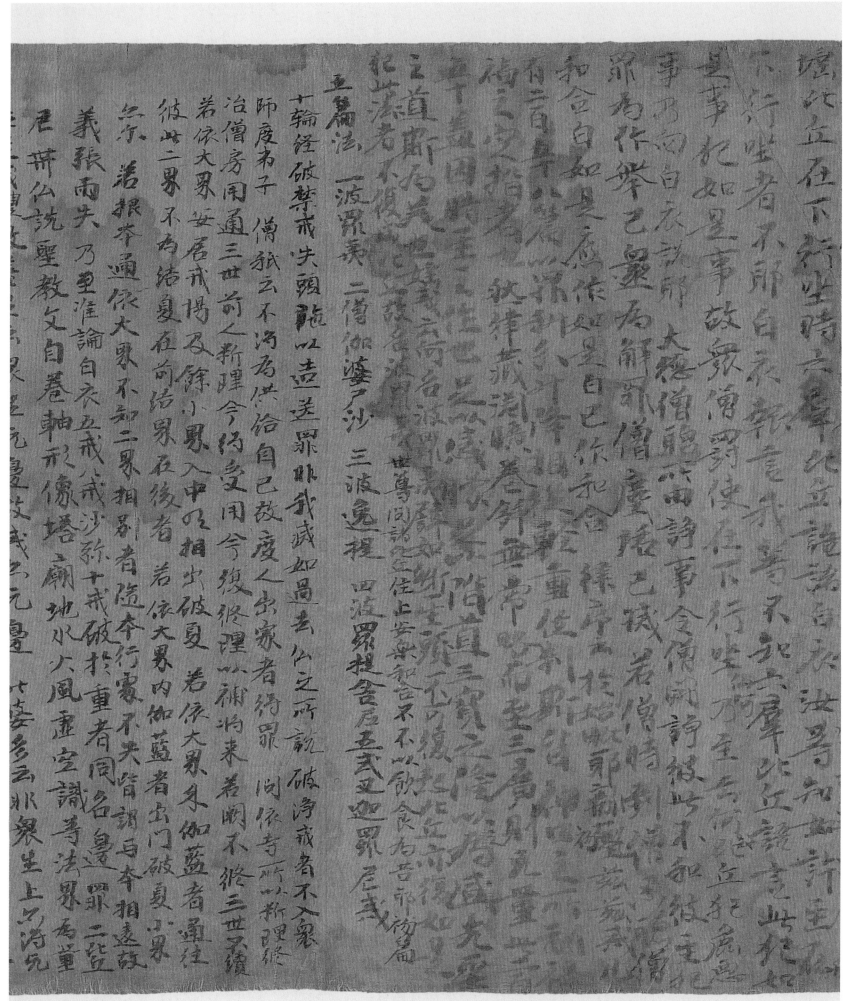

義張兩矢乃聖准論自衣五戒戒成沙弥十戒破於重者同名邊衆二云
尼并仏說聖教父自巻軸形像塔廟地水火風虗空識等法界而量
並是戒體故善生衆生云无邊故戒云无邊此娑多云非衆生上之淨戒
量戒如十方大地下重虗空界若傷如虗並淚其界今翻為戒善故
遍隂地即善生言大地元无邊戒如无邊暨海水元无邊虗空
元際戒二同等六娑多云雜受戒与仏戒齊德也以此而推出家僧尼
真是善法功德之聚位尊人天良由於此羅論受而具持功德雖起若殺
破者由利无邊故十輪云破戒此丘雖見死人見戒鮹力猶能示於之
戒者輪轉三界十誦律若此丘許讀聖經善細星名愍賊来同善有失
四宗云若不樂梵行者聽捨戒還家若復欲於仏法俻清淨行者還
聽出家受具　問若亞重出何故開捨若一為不成波界来故二兩来
隨流苦海永无解脱智度論言寧受戒而破初入地獄後得解脱不受
去无无障礙此丘建立義彊故　眤尼母云詣寺乞人无粮食者嬰兒
淨抄第六巻諸报要行篇第芒　僧猇狄火七事乞利一壞眼
城因壞任等類施之气　過此丘應學僧祇戒壞七墙世俗語
二壞色三身气赧四衣垢壞五壞卧其六生此戒壞七墻世俗語
揥集百緣経掃地五德一自除心垢二亦除他垢三去憍慢四調伏心
五增長功德主童霓　十住云法貴如説行不貴多讀多誦
无知如此清家古德所示云誦除漏一仏法眼大小乗

中含多聞聖弟子持八戒齋時憶念如來十號皆具足
背戒廣如齋經從中　四天世尊遶五衆遶起塔遶小沙彌居已上並得礼上
座縷也　　五百問云何為正跪重敬儼高僧傳中多有寺中葬者銘

善生云受八戒者除五逆罪餘一切罪皆戒
戒欲而利語五戒人應不敬信若優婆塞不其律家一聚薩以茶
壹心供養父母而者得重罪僧祇父母不信三寶者應少修理若好信者
自恣与等之　　若父母貧賤将至寺中若洗母者不得觸得手与食父者
如沙称法無異一切皆得涅解云以佛法僧三事常住啓悟父母万重七世皆令
奉持乃至自學教人即名護法者得長壽等　毗母云弟父母貧若先授
三歸五戒十善然後施与若不貪敬戒不令与　　四事阿鏺請授登道
戒中云乳養長大九恩故　佛言若同三寶名索己是報恩何況汝父母冷食等
雜寶藏慈童女長者母覩此得報　鸚鵡孝養旨父母冷成
佛緣增一云孝順供養父母一切德与一生補衆印德一種等文云教之作善
不可得報恩謂父母也　是故此丘常孝順供養父母不失時節寧如是學
藏掘本等　偁我此丘不得嘆阿邪阿郎阿婆阿兄阿婦直万里娘姑
菩不得名喃本俗名谁應慢婆羅漫婆乗等増一云若父母死自可冲肇處
新舍云何名優婆塞居家清白循習冲住界相成就口說三歸具也
五子畢陵伽父母貧窮以衣食供養　仙言若人百年之中右肩擔父左肩
擔母於上大小便利拯此弥奇衣服供養猶不以報酒中之恩從令頭此缸
音自問云父母旨病等人供給冲乞食与半自竹債仿与衣食犯罪晚有理

藏指本寺 傳我此立不得噘阿耶阿郎阿孃阿婆阿兄阿弟⋯⋯
寺不得噘本俗名誰戀優婆塞優婆等⋯⋯
愛道無常佛自共罪云各快林一角等 淨飯王泥洹佛⋯⋯
林岐峨嶺沒盡不須憂服衣常為要 且初入寺⋯⋯
家回縁 經云夫入寺者乗捨刀杖雜物然後乃入捨刀杖者⋯⋯
僧心也捨雜物者在遠恒抱想佛在我右入出之時悲轉面佛禮拜⋯⋯
達行誠縁母在速恒抱想佛在我右入出之時⋯⋯
常念體唯是一何者覽法滿足自覽二他名仏所覽之道名法學佛道者⋯⋯
名僧一體無別矣我未出家學道名俗之御是道哭如此深思我不有道⋯⋯
宜至此歸依自作出家回縁者 今末法中善根淺薄不感聖人示導⋯⋯
是省圍兔念仏法僧之大意也⋯⋯
謹依有寺而已不識法意都無敬重佛法超生死回縁供養福田而⋯⋯
來入寺也全无敬指者也 多有人情來往非法聚會又在寺止宿坐臥床⋯⋯
懈隨意食噉乞索承借如俗往還遂意別喜遠心必順繫綴旬⋯⋯
抱望寄畫剃猶牛羊之拉突恐頑之癡之鄙情或用力勢亙撩打⋯⋯
救護可共悲哉 若有眷之人終不行此敬重寺法唯而行之護攝⋯⋯
攝拆奪其造惡業必死向起一旦横骸神向可減隨業受吾永無⋯⋯
三寶諸請法訓自招大蓋故經云衆僧良福回以是蕖圍斯高寶吳⋯⋯
寄如裏刺由心作前境各清信女人入寺儀武同前准不得在男子上⋯⋯
相語噗脂粉塗面畫眉假飾朴法調戲共相排盪拘手掌之必須⋯⋯
端心慙愧隨人教令汄於香心供養懺悔自責生女之中常成導絕於此⋯⋯

P.3404v　四分律疏　（26 — 7）

相語嘆脂粉塗面晝眉假餝外法調戲共相挑逗拊手弄掌人必須
攝心慈念隨人教令況持香心供養懺悔自責生女人中常成尋絕於此
妙法術奉等同示海自專他而辦一何菩薩應深生慚愧若見沙彌礼
如大得勿以徒小而不加敬愛而輕待接設有說法謹審聽受身復嘆若
而便志之凡以俗之身入寺踐金剛淨剎法地自多乘於儀式若去時須自願
其過隨施多少亦有不空水下掃地除薰　余更略出讓過喪術記初
天人龍見是出家人術道之緣一切出家之天為人龍飛生善境界出家
既為四輩主善之喪不為對彼幽顯輕有所失彼四輩兇是出家終
道緣又不為輒便見過佛已勅竟假使道人畜妻挾子供養茶敬
如舍利弗大目連等莫生見過自作失善境之緣也凡必出家者長標
遠望必有出塵之期餘出家捨俗焉能已免殃病也皆土應以終眺遠
度略取其道不應同彼過小捨僧近失所以天龍見神耳有他天眼而鏡
助銀僧者州僧無過以班終眺退列　　　初入寺法眾
六二客監欲入寺應知佛塔若上座等至中應開若小能者徐拓令內
人間不聞大打摘不開者持衣鉢与第二比丘至下礙蹄入開門右遶
塔過先洗左腳後洗右腳香草綖窩監開客來出斗迎為挍衣鉢令
置溫室重閣綖行眾供給興物等客監至令至是此覺喫器等
眾住家近不相諫者聽同床坐不為眠二乃四綖法夫成善九由導教為
已上發事同顧卅果薩義於而立宗是以何說身子具列音經傳法軌摸一題

五分住處近不相識者聽同床坐不得眠　二依四分法夫成善九由導敘焉
惡發實因顯過果藉儀形而立宗是以所說身子具列昔經傳法軌模無題
方冊故直敘一致別引諸說云　五分若四威儀不如法者非為於世而作大怪
僧祇頭向衣枷及和上長老比丘初夜思惟自業至中夜右脇著下累兩脚合口舌拄上
齗捉右手鉾右手順身上亦捨念慧思惟起想餘如上　十誦燈明中不得臥　阿闍梨者看
僧祇行時先下脚跟後下脚指　在道行欲宿處二年少比丘前看宿處案前食後食
當白非時入聚落得以塵報應展轉相白入
各自攝心勿令散亂下座待病上座應為說法令善心相續雖有急難不得捨去
盡其筋力令其得脫乃至自力不能應至郡縣檀越所重比丘大臣國王門前營
理使得解脫莫使受苦　智論出入來去安詳一心舉足下足觀地行為避
心為護衆生故是四不隨善相　僧祇不得作駱駝坐應加趺坐若疲極者當斂
髀一脚押脚臥循眾伏者餓鬼左脇如貪欲人無如法出卅五卷中　十誦看病比丘
不得盡臥若善眠應起經行　善見若睡欲眠時於六念中一二念也　十誦聽法時上
座來亦應起下座起者吉羅若和上阿闍梨恭敬故自起亦得令他人起吉羅乃至聽法不得
與沙彌同床坐沙彌不得與白衣同床坐大比丘三夏五夏同床得　四分看病人五德乃至
為病人說法令得歡喜己身於善法不減如衣法中　善見若病無湯藥得以易花果
飯食餉之求湯藥亦犯　十誦當隨病人所須問病因緣覓師求藥日到僧廚問
看病人食不若無取僧所供給庫中物無者當為外求應從善好名聞福德比丘
索　五分每僧行粥時間別有病人粥不若無應與先病人然後行與僧也　問病讚
歎善　大德經營僧事與聖同儔故昔婆王種捨羅漢身為僧知事求堅固法乃
至迦葉踴泥立精舍祇夜破薪供僧受用身子掃地目連然燈並成羅漢
豈有惡業但是僧為福聚凡愚不知各捨自業佐助衆事然僧福田大小

法國國家圖書館藏敦煌文獻

P.3404v　四分律疏　（26—9）

至迦葉蹋泥造立精舍祇夜破薪供僧受用身子掃地目揵連然燈並所羅漢
豈有迦葉但是僧為福聚凡愚不知各捨自業佐助眾多然僧福田大小
同仏法如伐論中諸人以衣奉仏〻令施僧我在僧中由僧隨我語名供養佛為
解脫故名供養法眾僧受用名供養僧供養僧者具足三歸故知僧德大也 看病緣
佛為極地之人猶勵諸比丘親自下接況同法義重如何捐棄乃至送終
意同斷斯述問供養病者等何邪答謂悲心看病拔苦与樂慈
行同佛故也〻 又云隨順我語供養佛 僧秖二人為伴往看仏一伴過
病便捨來詣佛所具述因緣佛種〻呵責已遂令看病等又云有
病人得隨病藥食看守則差不者則死是故應好看務令如法安隱
即為施命得大功德諸仏讚嘆 二簡人之中四句若有病者聽和上同和上阿闍
梨若同房闍梨若弟子從親至疎若都無者眾僧應与瞻病人若不肯者
應次第差又不肯者如法治若無比丘沙彌優婆塞者比丘尼式叉摩
那沙彌尼優婆夷隨所可作應作不應囑比丘 僧秖十誦齊令二師同
學同房比房從親至疎看之當隨病人多少差往若不看者一切僧得
罪 簡重病比丘說在生緣持律誦經座禪講法隨人所能善言簡
之 若誦經者吉云大德常誦某經以為正業實勝行凡聖同欽
鷄鶴聞四諦尚七反生天沒得道迹大品九經耳品漫解常住
二字尚聞不生惡道況復依教廣誦無謬遍過何些陷惡生
善處等 若持律者云大德護持禁戒順佛正言能於像末載隆三寶
正法久住由大德一人今者處患綿久恐持後世人誰不死但恐無善知

P.3404v 四分律疏 （26—10）

善衣等　若持律者云大德諸持禁戒順佛正言能於儀末載隆三寶

正法久住由大德一之令者虔患綿久恕恃後世誰人不死但恕無善九

緣以法自持無橋他諸佛自讚堂唯言議但當專志佛法餘善垂

若法師者云由大德說法教化令衆生識知三寶四諦開其盲眼破

其心病光顯佛法使道俗生信以令作仏又正法久流實大德之力

若禪師者佛法貴如說行不貴多說多誦又云不以口之所言而洧清淨

如說行者乃見仏法大德順佛正教依教而循內破我倒執著止

則成聖正曰勿先此業如是等隨其學業於後譽之經云懷所循福

念於淨命等傳云中曆終者不問道俗親緣在邊者尋及其根識未

壞便為唱讀一生已來所循善行意病者內心歡喜不憂前金便淨正

念不乱故止好憂　智論經中云送生作善臨終惡念便生惡道經云

造惡臨終善念而生天上　問曰臨終少時何以勝一生行業若以決徹故捨

諸根事急故便能感苦樂必須別憂安圓五百問云昔有比丘念著銅盤

死作餓鬼僧索物時便來捉其身絕大擲如黑雲有渭道者以發惡患之

跋溝便吾記放地而去諸比丘取之絕鬼更鑄作器猶鬼不可用又有此丘憂

衣而死作化里虵蓐本零為要　其瞻病者隨其前人之病有強弱

心有利鈍業有廉細情有去來當依志願隨後述之或緣西方專當

壽佛或兜率弥勒佛或靈就依如本師或李吞之一妄自立識

或朱相似有實自空無如色始憂則善水救或為說催識無墳

唯情委見各隨而誘導之　四尓當問病者持何等衣彼病人受

好衣益及送与他恐瞻病者渭唯吉之此衣益其佛所制畜有披

著者出此因緣及止未來受生常著三衣而生如面主比丘知持何等

好衣益及送与他恐膽病者涛　應惟吉之此衣益其佛所制畜有披
着者出世因緣及少未来受生常着三衣而生　如面王比丘如持何等
衣益坐當見吉示為承着之現在未来為仏所讚　若見貪物心無大至
尓不将去往昔國王為寶所誑及至臨終無一隨已可不實乎　住存
眼看不救乃至脫死尓無一隨大德坐照出尓不将一卧来脫至後世
膝棄耳尓不須付囑餘人此則妄行顏面終非送大德死法但用仏語
善台十方凡座大象鞠台之　如法受用令大德彖功力必生善事堂
佛勅可不好也如是種二軟諫喻不為遠差又非順意以臨終妄業覺
集多無立志此是一期大要與天隔　諸新要行篇第七　各論并盡三
帝行三多一者清旦偏袒右肩合掌礼十方諸仏言我其甲三世三
葉界顯除懺更復作二者十方三世諸仏功德仍随喜勸助二者勸
請十方諸仏初轉法輪及久住於世行此三行功德彖量　菩婆多
不為以老香暖洛庄嚴具著仏身上不為散地供養良僧尒尒不為
香花蒼漿飲食上供養僧五句光仏幡洿承作餘仏多若施主
示德不為　傳祇仏塔恶壞更好作洿　智論供養說法人星供法寶
二衆多人象堂法先酒户予預安靜心律云應以五濁一以慈心
慈救悉　二自早下如栱盧巾已常已過不誡彼短　由僧通凡聖行
重法尊之二自早下坐起若見上座不愿　沙彌如通酒
安坐若見下坐不座起彖人愿杙他引曲向
法若油說法象依於法　四彼在僧中心為新話諫世俗了若說
僧十涌五人亦為亢此三罗戍囗　五見偹中有不可多心不安彖愿作嘿

安坐若見下坐起立亦不為起接要四彼在僧中亦不為新語誹世俗子　善說
法若他說法象復抃法　　　　　　五見僧中有不可妄心不安忍應作唄
僧十誦五人不應為說毗尼謂護閃号敬閃不為悔所犯故問不受語問話
陸故呵者蓋不須答　　　四於上座不學戒亦不讚戒於餘此丘衆學戒者
不以時勸免讚歎我見如是上座過失故不讚歎過解人習學長夜蓮
若五千半刀一剃髮除去人煩緣　毗尼毋云剃髮者須除頭上毛及鬢鬚
餘毛一切不合却硗蒯者為橋慢自持心故　涅槃頌讀爪鬚志皆長
利破藏之相四爾不嚼楊枝五過口氣臭不善別味熱蔭不消
不別食眼不好　經行五益堪遠行以思惟少病消食飲渴堂
久住十誦若經行應直行不屈疾盡地作扎石終行室圖三
千二同叟衣扵塔前四扵塔下五扵圍下五要隨行也
十誦若杷重戒如法乞羯磨仏所結戒一切受行在大此丘下坐不得与大僧
過三夜自不得与白衣沙弥過二夜得為僧作布薩自恣二羯磨
不得足數餘一切羯磨不得作得受歳伽論云調元能位者得為前
二法毋論云与白四悔法已名清淨持戒但此一身不得受歳伽
不入地獄治禪病絰云杷重懺者眠僧伽梨　善安多會心生慚愧似僧
苦侵掃廁擔糞等此行懺法須者如彼　律中應教乞言大德僧聽我
其甲此丘犯婬波羅夷令覆藏會從僧乞波羅夷羯磨應言大德僧戒
慈隀故三乞已僧衆欶問善云与波羅夷羯磨應言大德僧聽此其

某甲比丘犯媱波罪元覆藏今從僧乞波罪夷我顛倒與我波罪戒
慈愍故三乞已僧素欲同答云與波罪夷羯磨應言大德僧聽此其
甲比丘犯媱波罪夷元覆藏今從僧乞波罪夷我戒若僧時到僧忍
聽僧今與某甲比丘波罪夷我戒白如是　大德僧聽此某甲比丘犯媱波罪
夷元覆藏今從僧乞波罪夷我戒竟僧忍默故是事如是持佛言與波罪夷
僧已忍與某甲比丘波罪夷我者哩然訣訟不忍者訟是初羯磨應訟已第二第三
戒已當行隨順法奈此三略同僧綱法中誦律元脈誦
者聽與波罪夷戒已僧訟戒及羯磨時來興不來隨意若犯重
者戒殘殯若犯僧殘已下依篇聚治　二形僧殘法略知對治有四別一須治
覆情過謂波利婆沙此方義翻或云覆藏或云別住　每論之何名
別住別在一房不得與僧同室卻入僧中不誦論六不得苦也
三治僧殘情過謂摩郁填者論云秦言意喜也前踵白意觀喜心
欵言此之因此改梅更不起須怱成淨之是故喜耳　又如提舍郁者
主斷愧久使衆僧欲喜由前喜故與其少日故始得喜名衆僧
此云鼓露懺梅是鼓露汝故　僧祇云持律比丘與他出界時有界出如誥廣
知五衆罪元六知　弟二方者論曰覆藏捐者若之於僧殘罪中起僧殘罪
見不欵從彼上起由元鼓露心覆一宿於此之此罪已被藏此謂憶識不
起不發露故若之不知不憶　或欵戒起外罪見故藏此罪不憶　不被
藏淮論解律須諸門永別十種不同者形差律中犯殘覆已罪之道

疑不發露故若之不知不憶或疑或起或非罪見故藏此罪心不被
藏准論解律須諸門未別十種不同者形差律中犯殘覆已罪之道
道已竟受大戒前犯治罪道不須治二法差者捨藏作沙彌如
前罪道 律云彼乃覆藏者應曰三時見淨清此丘應作者兩如法作不應
遠達至菩薩曰應掃洒布薩處供給乃至自在小房中住有善
未遊出者各云不淨之共宿故若衆多衣物隨次所之身在下
行坐在沙彌上不與清淨此丘共後門同一床一被長床作屛斷
然後坐乃重供給清淨此丘如和上法文同故不出
四清淨此丘作別住二別佳之不淨同一床坐不淨在屛處使以客
坐來不見故善見若行別佳人有人請戒與人受戒淨傳行法
乃興續行之捨時應言我今捨波利婆沙三說後文咐若寺中多有
坐來去雞曰盡日咐捨行法唎相未出盡須自行之下誦乃至六夜
法自僧傳淨乃五夜 四夜若大象難集若不敬行若被人賴弱多有
羞恥應正清淨比丘所白云盡大德上座我今捨教勑不作若勤行時
處至清淨之所白云我今隨所教當作彼爲淨自更手作使礼拜
迎乡淨受沙弥人礼拜万使 律云八事夫夜法一往餘奇羊不白二有
二有客此丘来不自三有傷自出男来不自四奇内徐行者不有
五五病不遂信曰六三三之同一屋宿七在元坐棄住八不半三月二說
戒時自通事關皆共一屋 已淨皆夫 自清淨此丘法義准曰之 其律威儀曰
戒時自通事關皆共一屋 未內戒 寂界 其律威儀曰

五二病不遠信白六二三人同一屋宿七在元坐處住八不半三月二誦

戒時白隨事閣省夫一夜已消不共末內不戒白清淨比丘法義雜白之律安不共 具循威儀白

六大德僧聽我其申比丘犯故漏失若夜覆藏闍僧已與我百夜覆藏羯摩我其申比丘已行

覺乎日衞有若于日末行白大德如我行覆藏犯故漏失在衞界不憶我其申比丘已行

持犯方軏第十五 僧祇摩訶界不知此戒約教他殺人以瞋恚故 善王十

誦中啼哭殺父母果若痛故宮父毎命苦是律擲人超八業皆

重葉隨心故牟報不同故犯重 懺六聚法篇第十六 夫悟成

罪種理須懺除則刑清心淨應同僧法故薩婆多云元是一法

疾於心者不更可以暫惡便永棄之故須懺悔泥槃此云懺

呵責懲藥之令彼自責護持禁戒謗三惡道為循善故然遠古云犯

師並施悔法增減隱顯臆課者多監行遠律故公言在犯

小懺悔又不眠如法懺是局惡之聖教極取但不信受令欲覓

其剒伍於其心境使是邪鏡其元日洶失明其所者則何患忘

葉不除忘心元託則為聖嘆笑故文云九二雜商一者在犯能見二見

界懺如法懺也今懺悔之法大略九二初則理懺二則事懺此之二懺

通道會俗若論律懺唯局道眾由犯託受生污本須淨靈依

禍受次未治之篇聚三儀悔法推此並如後列若懺通懺理之五

別理擾首利觀彼界性由妄覆心便沽忘葉還須識妄本性

元王念六引心葉道達豈巻俞 戒為比丘具九理兄刑言

別理攬有利觀彼眾生性由妄覆心便浩忘業還須識妄本性
元止念二念心業隨迷處若論于惱屬彼愚鈍由未見理我倒常行
忘業翳心隨附動必起行之種三名為說其觀心昏有迷止洹
嚴淨楊道稱嘆虔仰藏因礼辣或彼誦持虔旋竭識心緣腦境則
業九輕重定不定別我為能轉報受並如仏名方等諸經
所形言理城者免在智人則多方便遂所施為恒觀元性以元性故妄我元
託予那我主眾福元主念見分恩予除予減如人醒覺則眼醉鈦理
大要不出三種一者諸法性空元我此理唯心名為小乘二者諸法本相
是空唯情妄見此涅盤同 初惱波眾毒法 觀仏三昧云有七眾三緣八
万四千劫入阿鼻地一證元十方仏二斷學般若三不信因果四用僧
物捉重於三寶物 五犯重食他信施六汙尼七六親所行不淨
並賣如經中 涅盤云犯四重心元怖畏懃愧發露持彼正法故
涅槃云犯四重者放法眼猶未捨遠常壞懃愧恐怖
自責其心改悔主護法心違正法為人予別我就是之不為彼戒
若把四重心元怖畏懃愧發露於彼正法永元護情建立之心毀
嵓輕賤言過各若後訛言元仏法僧並名趣向一闡提道二何
是業絲汙視報不未來受謂悔梅發露供養三寶常自呵
責以是善業令世頭目等痛黃眾元決硬乃凱誡若不情

且業餘海現報不未來受謂懺悔菩薩露供養三寶帝自兩
責以是善業今世頭目等痛橫罪死殃鞭打飢餓若不銷
身戒心慧及上諸法增長地獄 四禾云若比丘及尼犯波罪戎
已都元覆藏心令如懺悔諸師癡立子有且扐今捨其接誘
理元滯結但使覆與不覆臨气時都元覆者盡形學悔不同僧
殘犯多眾已餘者覆藏得衍一气不障法了初篇犯其根本
挑全淨用若欲改過出彼自從不舉眾不導僧法故抑令蘆首
盡求衰惡再受僧殘不下界更有餘斷先元心得強加法元同
隱頭隨气隨懺有斯諸異故立兩儀光糸別須治後好立法
僧祇若犯罪已帝夬不欲部聚裝染棄仏法者令与學悔羯磨
此丘不淨食彼点不淨彼不食此丘糸不淨得与比丘受食除火淨五
生種及金銀應從沙弥受食
過量床乏戒第六    律云木床高如來八指 多論木床高大巷犯俗人八戒
魚同八指者一指二寸姫周尺一尺六寸唐尺一尺三寸強五分淨高床過
念作藏却淨受不下者藥    毗罪偽眠床縟                           律云自樣
二野麻褥三為已四自作使人五成便犯五分臨坐結蓮    光奇後海    揵寶戒
若王覺者菩言已作塔若素者愿以塔物若气遞之若王問律中中菩極地淨寶藏者淨之不可信當自王淨人方信偽至二年愿作諮用
云何菩三仏言隨塔僧地淨者遠作塔僧用之若寶藏上有鐵

若王覺者答言已作塔若素者應以塔物若先遶之若王同偉中

云何答三仏言隨塔僧地為者麤作塔僧用之者寶藏上有錢

象姓名知海直用進退如上成論地中何以故給孤獨等聖之市永此物犯盜

者答云但地上屬王不論地中何以故給孤獨等聖之市永此物犯盜

元界又自然海物不名劫盜　僧祇入栗蓉中有遺物不冷永九之

永与比丘者海即是施鉄若曠見有寶者与淨之賣作衣栗首

以脚蹋斷栗拯使之見至笠裏見有寶者與淨之賣作衣栗首

五百問云寄白衣物過明不未自衣持来施此丘不合永若洽是有

主若死屬僧物　二者可學制正如嫂通三境盜分四主等　二者制作

如衣盡體量等二者不可學了由心述例随境未了等見麤音義也

長衣大小具此不可學者事同前述但述挍教元遠前後想轉故

結不定　三齊者就教對行從根三別言就教者學擧始終不學即結

元知之眾五夏後倍對行者怨心逃蔫自恃少解望齊賢聖故通

防忘境背見可事但述非手了故亡切用　詠聽門者事上二言可辛者如房又量

形優劣相隆文云五歳智高此丘從十歳省北丘受依止乃墨

分法身成亦离依心約根者若利根易悟始終二罪以不學繁

元知也若鈍根終不學元知律云愚癡此少盡

若能治行者必持對廉過故治行易成故芳作持對細過

若形依正四就行止持離重過為脈作持對庭過故芳作持對細過

二諸行者必持對廉過故治行易成故芳作持對細過

形依止 四就行止持離重過為脇作持輕輕重過為脇此輕重難堂

若脱治行者止持對麁過故治行易成為作持對細過

治行難成故脇 五就心止為三一善心持為謂離離染清淨行對振

本惡惡過三時不淨等是世不善心者為名利故世報是也元記

者在亂睡眠等若以作投之上中下不等若堂順教莫不持戒不為

三心 六約就所求四種一賊心求齊如語媚邪命脇他名利等二罪求

齊者恐隨三塗故成論云行者染心求求為惡名淨持戒 三

福求齊欲生天受樂等四道求齊者傳著等黑由戒淨解故

七約方便持閻淨提者脇煩惱重故西方東方持戒為弱 八約僧

凌佛在時滅後劣正法像末法漸弱以受波極多同居為證佛

在世六群極為麁果滅後元等威儀不及也 次明二把十門優劣

役約住不元學誤犯故輕三果故犯為重三果元瑞力種難犯么輕

內凡道劣故重乃至外凡相此可知 二對行者作犯見重止犯為

輕名可故重誤輕 六就時約佛前後辨犯輕重如持中可解 七約

心堂境如母論云犯心成業心有墳慨境有優劣故世或心境

俱重人作之想殺或境輕心重非之之想論

通一切不局 一或婬中自有輕重齋主及之三中有在家出家

中持戒破戒出家五衆持衰破戒乃至堂重同報異

為二重為天及之元是在之三寶堂列前物寂重一

中持戒破戒出家五衆持戒破戒乃至壓重同報異

第二盜重者天及人乃至壓人三寶若別僧物寂重之

第三殺戒戒論云如上是眠躄中説殺邪見之輕殺重轉此淨染世

聞多損戒故

<br/>

四呆律第四　四呆五呆因法師此立常好論義以嘆是為非以非為是　餘人問故若云

我實知非非墮貪囊僧中妄語罪重百呆漢前

若説法義論傳語一切是非莫自稱為常是令推寄有本則元過也不尒行

在口中津云見聞觸知邊相説更邪云見異不相嘆皆是妄語又有

三時前後知是妄語吉罪口言妄者墮若僧説戒時三問揵念罪而黙

説吉罪　十誦六呆本者填很惡性貪嫉諂曲元懃邪見四呆惡法種類

毀呰者六呆言甲姓家生行業市早伎術工巧多呰若言汝是犯過人

罵者汝多活使人若盲若禿瞎人有三行罵法初面罵者言汝是除董

此罪汝是似除董等二自此罵者我非除董種乃至我非

家生等二喻罵者汝是似似除董等三

飯賣敦牛羊跛蹄人等皆隨　二者善法罵言汝是阿練

乃至坐禅人餘二罵例如二説者皆僧祇云若以上惡法毀餘此丘及每

吉波父母兄是者為提此和上闍梨是　偷蘭汝不與女人同宿如此

法行罵父母和上同友等十誦乃至界漢不與女人同宿如數欲食人之

所欲女人欲易魚東此律以罪漢為起尚被娘惱餘見何須拒抗

室中通夜坐者不犯必應多人共寥有乃不瞻　多論與十女宿淨十

墮隨一丶起更卧隨一丶轉各三淨十墮　若衣舍与女人並房不閇戶吉羅

五呆同覆異隔若大會説法若母若姊妹近親患者有知男子自伴不

不犯者不犯伽論云二夜五沙弥宿弟三夜其女人宿淨二波提

与未具人同誦律中

五未同覆異隔若大會說法若母若師妹近親患者有知識子自伴不

不卧者不犯 伽論云二夜五沙彌宿弟三夜共女人宿為二波提 与未具人同誦律第

法者佛所說聲聞所說從天所說若書授說了三犯 若師不教言

我說竟汝說何者師者罪 善見一切三藏佛說者同誦為臨話若自

撰集文字乃至書外仏說故不犯十誦隨一句一章一段各為頌

多論云寧破塔壞像不說他罪罪則破法身不問前此立元罪有罪皆墮七 向外具人說撿罪

七緣一是此立二作初篇罪三知犯四元儞法開五向未受具其說六言詞了七前知聞

五未足向白衣說僧說余小三罪過皆墮 僧祇若人同言其用此立犯婬飲酒者

苦云彼已作法人倒問彼言何霉開苦言其霉同此立云其名某霉 出家已經久宜應終梵行

開圓俗人東寺六摩示之寺犯僧殘俗女說僧云凡夫元垂不可說犯垂人奉戒一制不犯用制何為

童子戲不止云何受之施 五緣由五六語汙解故便制戒 四未五語者色受想行識 元我也 六語者眼耳

苦制垂為遮 兄若後向說耶如是凡夫為謗大妄不令有犯豈非是要也

鼻舌身意 元常也 不汙更增一句故僧祇本說六句已云使汝速盡音為頌

若五六語有智蜀子前過說若元有異前請虞各賣說授五戒及法授八開齋前法

八聖道十不善法女人開義不解賣說若錯一切不犯 掘地或于多論不掘地

壞生三益一不惱害眾 生故二西謗謗故三眉大讃法故仏若不壞此三戒者國王

大臣侵使此立由仏制故王臣息心不覆使使為 令靜像終道蓋智斷或是若

大臣侵治仏譜壞為世尊所同制令人多因謗遠罪 僧祇若轉石蹋地掃地喫木櫈

或緣為終治仏譜壞為世尊所同制 五傷則犯墮

牛馬等欲使地乎意傷如蚊脚一切提土塊之不曉破有犯提減一人重者不

壞生三益一不惱害眾 苦外破有孔若元若外破傷如蚊脚墮畫地無墮若眾

瓶打找房辟撗成功越有孔元不淘自取 犯墮若洗沙元罪

瓶物木塼瓦等在露地經雨已不淘自取二 壞生種戒

滿打拆房辟攝成切越有孔元若尔破雨地傷如蚊脚蹳盡地不蹳若坐

瓶物木博瓦在露地經雨已不滴三犯蹳若徒沙元泵　壞生種戒

且緣如上四尔云壞思神村村者波免提者乕人是村者一切草木是　言草木乃非谷通

解恐元知　青溢笑　十誦云村者致蛣蜴嗥蟻子諸虫以之居舍也　僧祇戒本壞種子破見神

村者墾　如此賣通　律中立種村謂根種枝種節種覆界種此言新種　增云師

子長者別請五百界漢僧言不如僧一人福不重回說如飲大海則飲

衆流師子言自令以後當不別請仏言我亦不令別施以元有福師

子便平等施仏言此持戒犯戒善善哉平等之施樣福一重

重病盡此丘高妻扶子四之以上名字衆僧湯請供養應當敬視

如舍利弗等律明聞緣僧次一種　功益自他病等諸緣但餘自益

五種住隨食者一二並三葉四磨食稻大小麥等五果也僧祇云

同此五新正如四尔云佉闍尼者枝葉花草細末磨僧祇大小麥麵麥

米豆作麹蘇油歡喜九一切作餅除肉餘者非別泉麥三滿是食

等四尔五似食者麻粟麵麥蒡子鮨麥如師蒡善見云佉闍尼者

者一切果是也五正食者粥物出金盡字成不滴食

若米合豢作粥亦余若少飯和多水以都威儀應作餘食法乃重

乃至米新肉如荠子大作餘食法一切草根及樹木子作飯若豆

作飯不湏作　餘食法戒若以菜和正不正為粥若說正名戒重　不說

正名不成重　北作食戒省論引曰若法元寺同惡與

作飯不須作餘食法若以菜和正不正為粥若說正名成受[不須]
正名不成受
我若曰我已說世界名字法有非實安不應斯亦是此尼中淨戒〔非時食戒智論問曰若法元時二聽時食處非時食為〕
法是世界中實有為眾人何責故佛欲護佛法使住久存定佛
弟子礼法故佛世尊說諸戒我不應求有何名字相應不相應等
若余云何但說假名時以通多余故今有妄學大乘者多貪著
非時食故具列諸之經中說云早起諸天食日中三世諸佛食日西
畜生食日暮鬼神食仏割斷六趣回令同三世仏故〔五百問云中〕
後初有形之物不淨入口中食已用揚枝若灰漱口不者頭律中
殘宿不受食哉以坐此丘為緣起者為防未來惡此丘故内元道
顛煩惚未伏妄倚道棠便輕壓哉此乃心沙愛增大我未伐哉
諸三棄道之並不輕哉以深代我根傾慢使憧教哉而增道棠可
不欽曲之哉　五云仏未制前此丘各不與冰受食自衣何言我不喜見
著割哉壞色衣人不受食三是為不受多論五義故一為斷盗竊
回像二為作於呎三為正誹謗四為成少欲知是五為物生信令身道
淨盞昔有此丘與冰道行共正果樹下此丘不上樹不搖果又不肯就地
取並菩仏言不許作身道知仏法清淨即隨仏出家尋道漏盡
棠以降龍故淨酒醉衣盆縱撗仏共為鄭筆重井臾仏自汲求阿
鄰洗之著衣卧繩床上令頭向仏須東轉側申脚踊仏之兵僧
言昔日教仏令不能教晉伏毒龍令能降蝦蟆回說漸斷酒制

瀊洗之著衣卧繩床上令頭向佛頂東轉側申脚踹仏之集僧
言昔日教仏令不能敦昔伏毒龍令能降蝦蟇回說漸斬酒劑
乃至見酒罪犯頸　若新衣戒青木道灰金与俗人別
三種記云夫時易覓多論五大色衣不成受黃者欝金根黃藍
沫亦者落沙染青者藍靛　若自染吉罪不成更染色不湏更點先以水淨故紫草柰
量一坊不淨著若吉罪此絲　更如法則成受用黑青木兩三
種更手作點若衣先作淨後更染色不湏更點先以水淨故紫草柰
皮柏皮地黃绛绯色黃蘗木皆不如法色以如法色西覆即成受也
僧祇憍奢邪衣鈦婆罷衣輕細者染汁氣滆樻壞如是好衣二種汙
鼻柰律說二此丘向佛所一乙渭死生天見仏得道二乙飲垂水復乞仏所仏
問其故已脫憂多僧示黃金色身汝處人用觀是四大身為純哉
見衆其見法者剝見我身　僧藏此丘受且要滆滆水裹應洗
瀊滆元者用袈一角同伴中都元者舉衆方罷　復他稱罪
五緣一是大此丘二如犯二篇已上三作覆心四不鼓露吒捐善見
覆他界百千共覆一人俱湖提文說便正　僧祇向善監說不趣說若犯者
覔惡恝有郼緣復應念彼之行業自百果報他夫火但自殺身
為知餘事時与護根應不犯　瞋打此丘戒　四緣一天此丘二生頭
三作打意四著便犯律中打重者無齒若以手石教吉墮
若餘戶蕭枑枑捏者眾　十誦如化𤺺沙豆散衆多此丘𤺺

三作打意四著便犯律中犯重者無墮若以手石扳等墮

若餘户齋佛柄捉者重罪十誦如此扰沙豆散衆多此丘

著二題伽論欲心打女人僧殘僧祇若惡象馬牛羊來入寺

塔菩觸寶□□□開形漫壞花果樹浸水杖木石恐師金杖不打擬畫

生三喜罪不犯者有病頂人挪打貪瞋無語不聞觸之乃至

誤觸不犯檢諸經律元為訓治故開此丘答杖者舉如一化並未他

往三見有前卷巳明故是法之相大集佊若道苦惱等打破戒

元戒此丘罪重出血仏身血何以故以胝不人出要道乃至辨教

當論律中括害不觀後世罪鞭打教十羊罪重兩戒

輕嘆女之義界重波世罪輕等伽論舉手句衆多比丘三提

善論七寶捉者頭七后如世我中若似寶鋼鑞欲色珠等所行音罪衆

知流說浄不把金薄金像舉手藏捉他寶自說浄寶捉須

乃里知似酒自人事貪寶不酒若四月八句夫會似養晚治似金

銀塔及菩像供養耳及金銀者史浄人捉若倒地者依助挺元金銀

銀錢不隨僧祇若先洛金銀开使浄人洗乃己使浄人洗乃至

人見寶若東所閙向麥夫各相憑者元主卷者高頋寶金

便浄人持此比立佐助若先以捉不浄後教五百問云元主事之不浄捉仏衆金

中鳥者作塔用僧用若賁顧物不须顯露骨者

相巳九鬼烟應刘多人間与敬念受三帰語仏不刹藏眼看

不浄□捜窓應畜葯分□齊

# MANUSCRITS DE DUNHUANG CONSERVÉS À LA BIBLIOTHÈQUE NATIONALE DE FRANCE

## VOLUME 113

**Directeur par**
RONG Xinjiang
**Publiés par**
Les Éditions des Classiques Chinois, Shanghai
( Bâtiment A 5F, No.1-5, Haojing Route 159, Minhang Régions, Shanghai, 201101, China )
Téléphone : 0086-21-64339287
Site Web : www.guji.com.cn
E-mail : guji1@guji.com.cn
www.ewen.co
**Imprimé par**
Impression artistique Yachang de Shanghai S.A.R.L.

787×1092mm  1/8    50 feuilles in-plano    4 encart
Premiére édition : Mai 2025    Première impression : Mai 2025
ISBN  978-7-5732-1596-3/K.3850
Prix :  ¥3800.00

# DUNHUANG MANUSCRIPTS IN THE BIBLIOTHÈQUE NATIONALE DE FRANCE

## VOLUME 113

**Editor in Chief**
RONG Xinjiang
**Publisher**
Shanghai Chinese Classics Publishing House
( Block A 5F, No.1-5, Haojing Road 159, Minhang District, Shanghai, 201101, China )
Tel : 0086-21-64339287
Website : www.guji.com.cn
Email : guji1@guji.com.cn
www.ewen.co
**Printer**
Shanghai Artron Art Printing Co., Ltd.

8 mo 787×1092mm    50 printed sheets    4 insets
First Editon : May 2025    First Printing : May 2025
ISBN  978-7-5732-1596-3/K.3850
Price :  ¥3800.00

圖書在版編目（ＣＩＰ）數據

法國國家圖書館藏敦煌文獻．113 / 榮新江主編．
上海 ： 上海古籍出版社，2025. 5. -- ISBN 978-7-5732-
1596-3

Ⅰ. K870.6
中國國家版本館 CIP 數據核字第 2025LJ5018 號

法國國家圖書館藏敦煌文獻　第一一三册
主 編
榮新江
出 版 發 行
上海古籍出版社
上海市閔行區號景路 159 弄 1-5 號 A 座 5F
郵編 201101　傳真（86 – 21）64339287
網址：www.guji.com.cn
電子郵件：guji1@guji.com.cn
易文網：www.ewen.co
印 刷
上海雅昌藝術印刷有限公司
開本：787×1092　1/8　印張：50　插頁：4
版次：2025 年 5 月第 1 版　印次：2025 年 5 月第 1 次印刷
ISBN 978-7-5732-1596-3/K.3850
定價：3800.00 元